Ein Vergleich der Sozialpolitik Kanadas und Australiens
aus österreichischer Sicht

Für meinen Sohn Liam

(18. 10. 2012 – 26. 10. 2012)

Martin Bolkovac

Ein Vergleich der Sozialpolitik Kanadas und Australiens aus österreichischer Sicht

ÖGB VERLAG

Die Sachverhalte in diesem Buch wurden von Herausgeber und Verlag sorgfältig erwogen und geprüft, dennoch kann keine Garantie übernommen werden. Eine Haftung des Herausgebers bzw. des Verlages und seiner Beauftragten für Personen-, Sach- und Vermögensschäden ist ausgeschlossen.

Verlag des Österreichischen Gewerkschaftsbundes GmbH
Johann-Böhm-Platz 1
1020 Wien
Tel.-Nr.: 01/662 32 96-0
Fax-Nr.: 01/662 32 96-39793
E-Mail: office@oegbverlag.at
Web: www.oegbverlag.at

Umschlaggestaltung: Kurt Schmidt
Layout und Grafik: Walter Schauer

Medieninhaber: Verlag des Österreichischen Gewerkschaftsbundes GesmbH, Wien

Hersteller: Verlag des ÖGB GesmbH, Wien
Verlags- und Herstellungsort: Wien
Printed in Austria
ISBN 978-3-7035-1572-9

Inhaltsverzeichnis

Verzeichnis der Abbildungen

1. Einleitung

Das vorliegende Buch ist eine leicht erweiterte Version meiner heuer am Institut für Staatswissenschaft an der Universität Wien fertig gestellten Dissertation. Mit Hilfe des *most similar systems designs* wird in dieser Arbeit die Sozialpolitik Australiens mit jener Kanadas verglichen. Dabei gehe ich der Frage nach, wieso zwei Länder, die so große Gemeinsamkeiten auf der formalpolitischen Ebene, die ich in Form von 11 institutionellen Variablen darstelle, aufweisen, zu doch recht unterschiedlichen Outputs und Outcomes in der Sozialpolitik tendieren, und das nicht als Momentaufnahme, sondern über Jahrzehnte hinweg.

Ich stelle zwei Hypothesen in Form von experimentellen Variablen voran, welche die Unterschiede in den Policies der beiden Länder erklären sollen:

» Zum einen behaupte ich, dass die unterschiedlichen Ergebnisse in den sozialpolitischen Outputs und Outcomes auf die unterschiedliche Parteiendominanz zurückzuführen sind. Während in Kanada zu zwei Drittel der relevanten Zeitperiode (links-)liberale Regierungen an der Macht waren, ist es im Falle Australiens genau umgekehrt: hier dominierte eine rechtsgerichtete Koalition zwischen den konservativen Liberals und den Nationals.

» Die zweite Hypothese zielt auf den Sonderstatus der kanadischen Provinz Québec ab. Wie zu beweisen sein wird, rang der Druck der frankokanadischen Provinz, verbunden mit der fortwährend im Raum schwebenden Drohung einer unilateralen Abspaltung, den kanadischen Regierungen mehrere gewichtige Zugeständnisse ab, die in Folge auch allen anderen Provinzen zu Gute kamen. In Australien findet sich kein Äquivalent zur Sonderrolle Québecs.

In Kapitel 2 erkläre ich die Grundlagen des methodischen Ansatzes, das von Adam Przeworski und Henry Teune (vgl. Przeworski u. Teune 1970) entwickelte Modell des *most similar systems designs*. Im Rahmen dieses Modells werde ich in weiterer Folge zunächst die unabhängigen Variablen (= kontrollierende Variablen, welche die Gemeinsamkeiten symbolisieren), dann die abhängigen Variablen (diese symbolisieren die Differenzen) und schließlich zum Schluss die auf Grund oben aufgestellter Hypothesen zu bildenden experimentellen Variablen, welche die Differenzen erklären, analysieren. Ausgehend von Arend Lijpharts Analyse von 36 Demokratien (vgl. Lijphart 1999) bzw. ergänzenden Arbeiten (vgl. vor allem Vatter 2009) bilde ich im Kapitel 3 die 11 unabhängigen Variablen, welche die großen Gemeinsamkeiten der politischen Systeme Australiens und Kanadas darstellen.

Zunächst werden Anzahl und Struktur der Parteiensysteme analysiert, wobei auch eine kurze Darstellung aller relevanten Parlamentsparteien der beiden Länder erfolgt. Es folgt eine Analyse der Regierungsform sowie des Verhältnisses von Regierung und Parlament. Die Macht des Staatsoberhauptes wird an Hand der Amtsbefugnisse der Governors General in Australien und Kanada dargestellt. Danach werfe ich einen Blick auf die beiden Mehrheitswahlsysteme und ihre hohe Disproportionalität von Stimmen- und Mandatsanteilen im Parlament. Den Interessengruppen-Pluralismus stelle ich in Form einer Beschreibung der politischen Interessenvertretungsorganisationen der beiden untersuchten Länder dar, wobei die für die Ausprägung der Sozialpolitik wesentlichen Gewerkschaften einen besonderen Stellenwert einnehmen. Eine weitere Variable stellt der Grad an Föderalismus dar, der in beiden angloamerikanischen Staaten stark ausgeprägt ist. Die Konzentration der Legislativmacht wird durch eine Beschreibung der beiden bikameralen Parlamente dargestellt, dem *House of Commons* und dem vom Premierminister ernannten Senat in Kanada sowie dem *House of Representatives* und dem gewählten Senat in Australien. Die Variable „Rigidität der Verfassung" beschreibt das Procedere, das notwendig ist, um die jeweilige Verfassung abzuändern. Die unterschiedlichen, aber gleichsam mit hohen Verfassungsquoren versehenen Dokumente der beiden Staaten werden dabei gegenübergestellt. Schließlich werden die Obersten Gerichtshöfe bzgl. Ihrer Eingriffsmöglichkeiten in den legislativen Prozess bzw. die Parlamentssouveränität betrachtet. Die abschließend dargestellte Variable ist die „Direkte Demokratie" und ihre, geringe, Rolle in Kanada und Australien.

Kapitel 4 beschäftigt sich mit zwei ausgewählten Theorien der vergleichenden Wohlfahrtsstaatenforschung, die eine Hilfestellung bei der Analyse der Sozialpolitik der beiden Länder bzw. bei der anschließend folgenden Bildung der experimentellen Variablen bieten sollen. Die erste Theorie ist der Powerressourcenansatz, der vor allem durch Goesta Esping-Andersens berühmte Idealgruppenbildung und die Einteilung der entwickelten Sozialstaaten auf Grund liberaler, konservativ-korporatistischer und sozialdemokratischer Ausprägung geprägt wurde (vgl. Esping-Andersen 1990). Als zweiten Ansatz habe ich die Vetospieler-Theorie von George Tsebelis (vgl. Tsebelis 2002) ausgewählt, welche den Zusammenhang zwischen der Anzahl der institutionellen Vetoplayer und der Ausprägung der Sozialpolitik (je mehr Vetoplayer beteiligt sind, desto schwieriger wird es, eine neue sozialpolitische Maßnahme zu initiieren) erklärt.

Kapitel 5 und 6 analysieren die Sozialpolitik Kanadas und Australiens anhand von fünf verschiedenen Policy-Feldern: Alterssicherung, Gesundheitspolitik, Leistungen bei Arbeitslosigkeit, Sozialhilfe und Familienleistungen, wobei jeweils historische Entstehung, aktuelle Entwicklungen sowie Leistungshöhe und –umfang näher dargestellt werden. Beiden Kapiteln vorangestellt ist zusätzlich ein ausführlicher historischer Abriss der jeweiligen sozialstaatlichen Entwicklung und der dahinter stehenden treibenden politischen Kräfte. Ergänzend gibt es in beiden Kapiteln einen Exkurs zur besonderen sozialen Lage der Ureinwohner.

Kapitel 7 fasst die Ergebnisse der vorangegangenen Kapitel zusammen und stellt im Rahmen des *most similar systems designs* die Unterschiede im sozialpolitischen Output und den Outcomes der beiden Länder dar. Das höhere Leistungsniveau Kanadas manifestiert sich dabei vor allem im Pensions- und Gesundheitsbereich, aber auch bei Leistungen auf Grund von Arbeitslosigkeit.

Kapitel 8 analysiert mit Hilfe der Sozialpolitiktheorien die experimentellen Variablen, welche die in Kapitel 7 beschriebenen Ergebnisse erklären, und die am Beginn dieser Arbeit dazu aufgestellten beiden Hypothesen. Dabei arbeite ich einerseits heraus, dass trotz ähnlich starker föderalistischer Strukturen in Kanada und Australien durch den Sonderstatus der Provinz Québec in Kanada eine treibende Kraft am Werk war, die in der politischen Realität Australiens keine Entsprechung findet, und welche die unterschiedlichen Outputs und Outcomes in der Sozialpolitik teilweise verursacht oder zumindest positiv beeinflusst hat. Zum anderen analysiere ich als zweite experimentelle Variable die parteipolitische Zusammensetzung von Regierung und Parlament in den sozialpolitisch entscheidenden Phasen der jüngeren Geschichte der beiden Staaten, die durch eine deutliche Dominanz linksliberaler Kräfte im Falle Kanadas gekennzeichnet ist.

Abschließend erfolgen zwei weitere kleine Exkurse in Form eines Artikels, den ich heuer im Rahmen eines Aufenthaltes in der kanadischen Provinz Nova Scotia verfasst habe und der zuerst in der Zeitschrift Arbeit und Wirtschaft erschienen ist, sowie einer kurzen Darstellung der Migrations- und Bildungspolitik Kanadas. Schließlich gehe ich noch kurz der Frage nach, welche Erkenntnisgewinne sich aus der Darstellung der Sozialpolitik Kanadas und Australiens für die österreichische politische Praxis ableiten lassen.

Als Arbeitsmethode wurde hauptsächlich eine Sekundärliteraturanalyse, ergänzt durch offizielle Veröffentlichungen der jeweiligen Regierungen, angewendet. Im Zuge eines kürzeren fünfwöchigen Forschungsaufenthaltes in Australien, u. a. an der University of Wollongong/New South Wales, im Jahr 2007 und eines viereinhalbmonatigen Aufenthaltes in Kanada an der Memorial University in St. John`s/Newfoundland and Labrador in Rahmen einer Bildungskarenz im Jahr 2009 habe ich auch Vorortrecherchen und Interviews mit Politikern und Politikwissenschaftern beider Länder durchführen können.

Wenn in der Arbeit männliche Schreibweisen verwendet werden, sind beide Geschlechter inkludiert.

2. Methodik: Das *most similar systems design*

„The response to the classical objection to comparing `apples and oranges´ is simple: they are `fruits´." (Przeworski u. Teune 1970: 10)

Intersystemische Gemeinsamkeiten und Differenzen sind der Fokus des *most similar systems designs*, das erstmals von Adam Przeworski und Henry Teune in ihrem Werk „The logic of Comparative Social Inquiry" ausführlich vorgestellt wurde. Auch wenn sich Adam Przeworski später zum Teil vom research design des *most similar system designs* distanzierte, so wird sein Hauptwerk nach wie vor in zahlreichen Universitätskursen in der ganzen Welt verwendet und hat nichts von seiner Nützlichkeit für die komparative Forschung eingebüßt.

„The book`s main theoretical contribution, which originates from Polish sociology, is that comparative politics is not about comparing, but rather it is about testing hypotheses across countries. What we are involved in when we conduct `comparative research´ is testing general hypotheses under different historical conditions. " (Przeworski 2003: 28)

Das *most similar systems design* kann sowohl für Untersuchungen mit einer kleinen Fallzahl als auch für eine große Anzahl an Fällen angewendet werden. Nachdem ich für meine Untersuchung die kleinst mögliche Fallzahl, nämlich zwei, gewählt habe, sind die Ergebnisse kaum generalisierbar, jedoch gut geeignet, verschiedene Theorien der vergleichenden Sozialpolitikforschung „abzutesten". Auf die mangelnde Generalisierbarkeit wiesen im Übrigen bereits Przeworski und Teune selbst hin: „ ... even if we assume that some differences can be identified as determinants, the efficiency of this strategy in providing knowledge that can be generalized is relatively limited" (Przeworski 1970: 34). Lauth und Winkler definieren Vergleichsstudien mit wenigen Fällen, d.h. zwei bis vier, als Übergangsform von Einzelfallstudien zu kompletten Vergleichsanlagen. Sie würden eher Auskunft darüber geben, wie die Gemeinsamkeiten und Unterschiede der Fälle gelagert seien als über deren Ursachen (vgl. Lauth u. Winkler 2006: 55).

Arend Lijphart wies das *most similar systems design* den statistischen Methoden zu, bei denen allerdings bei der Fallauswahl darauf geachtet werden sollte, dass die kontrollierten Variablen minimiert werden (vgl. Lijphart

1971: 164). Das würde bedeuten, dass es dem Forschungsdesign dienlich ist, homogene Länder-Gruppen zu untersuchen, wie zum Beispiel westeuropäische Länder, südostasiatische Länder oder karibische Inselstaaten, also Länder die große Ähnlichkeiten etwa bezüglich ihrer Geschichte (Kolonialstaaten versus ehemalige Kolonien), Religion (Buddhismus versus Christentum) und geostrategischen Lage aufweisen.

> *„For example, Scandinavian countries or the two-party systems of the Anglo-Saxon countries are seen as good samples because these countries share many economic, cultural, and political characteristics; therefore the number of „experimental" variables, although unknown and still large, is minimized. ... It is anticipated that if some important differences are found among these otherwise similar countries, then the number of factors attributable to these differences will be sufficiently small to warrant explanation in terms of those differences alone."*
>
> (Przeworski u. Teune 1970: 32)

Lijphart verwendet in seiner Analyse von 36 Demokratien dagegen interessanter Weise so unterschiedliche Fälle wie Mauritius, Österreich, Indien oder Kolumbien (vgl. Lijphart 1999). Lijpharts Forschungsdesign wurde deshalb in vielen Artikeln kritisiert, worauf ich im nächsten Kapitel noch näher eingehen werde.

Das *most similar systems design* basiert neben der Forderung nach einer homogenen Fallauswahl auf dem Glauben, dass eine Anzahl theoretisch interessanter Differenzen unter ähnlichen Systemen gefunden wird und aus diesen Differenzen Erklärungen abgeleitet werden können.

> *„When we find that societies differ with regard to a particular characteristic, we can ask what it is about these societies that causes this difference. If the factor first considered does not answer this question satisfactorily, it is possible to consider other factors, gradually replacing the notion that "nations differ" by statements formulated in terms of specific variables."*
>
> (Przeworski u. Teune 1970: 29f.)

Gemeinsamkeiten sind kontrollierte Variablen, während die Differenzen als erklärende Variablen fungieren. Die Anzahl der gemeinsamen Charakteristika ist maximal, die Anzahl der Charakteristika, die nicht geteilt wird, ist minimal. Das ausgewählte Variablensystem ist isoliert: das Erklärungsmuster ändert sich nicht, wenn neue Variablen hinzugefügt werden (vgl. Przeworski 1970: 33f.). „Allerdings kann man niemals ganz sicher sein, ob die kontrollierten Variablen nicht doch Einfluss auf die abhängige Variable ausüben" (Jahn 2006: 234).

Wird eine essentielle Differenz entdeckt, ergeben sich daraus zusammenfassend also zwei Folgen:

» Die gemeinsamen Faktoren sind möglicherweise nicht irrelevant für die generelle Bestimmung von Verhaltensmustern, aber jedenfalls irrelevant für die Erklärung unterschiedlicher Verhaltensmuster der Fälle.

» Faktoren, die sich unterscheiden und mit den beobachteten Verhaltensmustern korrelieren, können für die Erklärung herangezogen werden (vgl. Przeworski u. Teune 1970: 34).

Przeworski und Teune legen die gemeinsamen Variablen mit X_1, X_2, X_3 etc. bis X_k fest, die experimentellen Variablen mit X_{k+1}, X_{k+2}, X_{k+3} etc. bis X_n. Die abhängige Variable ist schließlich Y - oder X_8Y_8, wenn es sich um eine Beziehung zwischen einer unabhängigen Variablen X und einer abhängigen Variablen Y handelt (vgl. Przeworski u. Teune 1970: 37f.).

Abbildung 1: most similar systems design

Land	Kontrollierte Variablen					Experimentelle Variablen			Abhängige Variable
	X_1	X_2	...	...	X_k	X_{k+1}	...	X_n	$Y (X_8Y_8)$
A	1	1	...	...	0	1	...	1	1
B	1	1	...	...	0	0	...	0	0
C	1	1	...	...	0	1	...	1	1
D	1	1	...	...	0	1	...	1	1
E	1	1	...	...	0	0	...	0	0

Quelle: *Przeworski u. Teune 1970*

Przeworski bezeichnete sich einmal selbst als Methodologischen Opportunisten. „I don't think everything should be done with game theory, or with statistics, or with structural analysis, or with stories. Methods are tools, and some methods are good for some questions and other methods are good for other questions" (Przeworski 2003: 33).

Ich definiere nun für die Untersuchung der Gemeinsamkeiten der politischen Systeme Kanadas und Australiens eine Reihe von unabhängigen Variablen. Die Auswahl dieser Variablen stützt sich vor allem auf den von Arend Lijphart 1999 erschienenen Vergleich von 36 Demokratien bzw. die zehn Jahre später erschienene Aktualisierung und Ergänzung der darin analysierten institutionellen Variablen durch Adrian Vatter (vgl. Lijphart 1999 und Vatter 2009). Von den zehn ursprünglichen Variablen Lijpharts verwende ich nur neun, unter Auslassung des (eher ökonomischen als politisch institutionellen) Zentralbankindexes, der die Unabhängigkeit der Zentralbanken misst. Dieser Index ist sehr komplex, aber auch ungenau. Stattdessen verwende ich zwei zusätzliche Variablen, zum einen die „Macht des Staatsoberhauptes“, zum anderen einen Index der Direkten Demokratie. Diese vorläufig[1] 11 institutionellen Variablen sagen in unserem Fall aber nur eines aus, nämlich, dass sie nichts aussagen, weil sie in beiden untersuchten Staaten/Ländern sehr ähnlich bzw. in mehreren Fällen sogar de facto identisch sind. Die beiden experimentellen Variablen, welche die abhängigen Variablen bzw. die unterschiedlichen Outputs und Outcomes in der Sozialpolitik erklären sollen, sind Arbeitshypothesen, die weiter unten zu überprüfen sein werden. Ich definiere sie als „dominante linke/liberale Regierungsbeteiligung und links-, liberaldominiertes Parlament“ (kurz: „linke/liberale Dominanz“) und „Sonderstatus von Québec“. Beide Variablen treffen laut Hypothesen auf Kanada zu und auf Australien nicht. Definieren wir weiters die Unterschiede im Policy-Output, der ja die Folge der experimentellen Variablen darstellt und wie diese weiter unten darzustellen ist, so erhalten wir weitere fünf Variablen: Öffentliche Altersvorsorge, Gesundheitspolitik, Leistungen für Erwerbslose, Sozialhilfe und Familienleistungen. Ich treffe hierbei die Annahme, dass sich die Leistungen der beiden Gesundheitssysteme, des öffentlichen Pensionssystems sowie die Höhe der Leistungen an Arbeitslose dahingehend deutlich unterscheiden, dass sie in Kanada ein messbar höheres Niveau aufweisen, während Sozialhilfeleistungen und Aufwendungen für Familien in beiden Staaten ein bloß rudimentäres Leistungslevel erreichen, das typisch für Vertreter des liberalen Wohlfahrtsstaatentypus ist (siehe unten).

Wenn man die für diese Arbeit notwendigen Variablen nach dem Konzept von Przeworski/Teune gegenüberstellt, ergibt sich folgende Tabelle:

[1] Einige Variablen werde ich später bei der Auswertung doppelt verwenden, zum einen für den von Lijphart berechneten Zeitraum von 1945-96 bzw. 1971-96, zum anderen in einer aktualisierten Form von 1997-2006, somit werden sich insgesamt 15 unabhängige Variablen ergeben.

Abbildung 2: Die *most similar systems* Australien und Kanada

Land		Kanada	Australien
Unabhängige Variablen	Parteiensystem und Parteienanzahl	1	1
	Regierungsform	1	1
	Verhältnis Regierung versus Parlament	1	1
	Kompetenzen des Staatsoberhauptes	1	1
	Wahlrecht/Disproportionalität der Sitzverteilung	1	1
	Interessengruppenpluralismus	1	1
	Föderalismus	1	1
	Konzentration der Legislativmacht	1	1
	Rigidität der Verfassung	1	1
	Supreme Court/Parlamentssouveränität	1	1
	Direkte Demokratie	1	1
Experimentelle Variablen	Linke/liberale Dominanz	1	0
	Sonderstatus von Québec	1	0
Abhängige Variablen	Öffentliche Altersvorsorge	1	0
	Gesundheitspolitik	1	0
	Leistungen für Erwerbslose	1	0
	Sozialhilfe	0	0
	Familienleistungen	0	0

Quelle: *eigene Zuordnung*

3. Unabhängige Variablen

Im folgenden Kapitel werde ich die großen Übereinstimmungen bei den institutionellen Variablen Australiens und Kanadas analysieren. Australien und Kanada gehören zu der geringen Anzahl von weltweit bloß sieben Ländern, die während des gesamten 20. Jahrhunderts hindurch demokratisch regiert wurden.[2] Beide haben eine ähnliche Geschichte und Tradition als ehemalige Teile des Königreiches Großbritanniens. Und beide Länder lassen die britische Tradition auf ihre jeweils eigene Weise in ihren politischen Institutionen, vom Parlament bis zum Staatsoberhaupt, weiter leben.

3.1 Parteien: Anzahl und Struktur der Parteiensysteme

> *„Der Begriff der politischen Partei bezeichnet im Allgemeinen eine Gruppe gleichgesinnter Personen, die sich in unterschiedlicher organisatorischer Form an der politischen Willensbildung beteiligt und danach strebt, politische Positionen zu besetzen und ihre Ziele in einem Gemeinwesen durchzusetzen."* (Winkler 2006: 182)

Wesentlich bei allen Beschreibungen von Parteiensystemen ist die Anzahl der Parteien in den Parlamenten. Eine einfache Unterscheidung ist beispielsweise die Einteilung in Einparteien-, Zweiparteien- und Vielparteiensysteme. Letztere können weiter in begrenzt pluralistische und extrem pluralistische Parteiensysteme unterteilt werden. Bei Vielparteiensystemen mit geringen ideologischen Differenzen kann man von moderatem Pluralismus sprechen. Das Gegenteil wäre dann der Typus des polarisierten Pluralismus mit relevanten Anti-Systemparteien. Mehrparteiensysteme mit langer Vorherrschaft einer Partei werden als Prädominanzsysteme bezeichnet (vgl. Winkler 2006: 193).

Zweiparteien-Systeme bilden das majoritäre Modell der Demokratie, während Multiparteien-System das Konsensmodell repräsentieren. Lijphart identifiziert drei Vorteile bei Zweiparteiensystemen. Zum einen bieten sie dem Wähler eine Alternative zwischen zwei unterschiedlichen Policy-Sets, zum anderen haben sie einen moderierenden Einfluss, weil sie um die Stimmen im politischen Zentrum (*swing voters*) buhlen müssen. Drittens sind Einparteien-Kabinette in Zweiparteiensystemen die Regel,

[2] Die anderen fünf sind Großbritannien, Neuseeland, Schweden, die Schweiz und die USA.

und diese weisen eine weit höhere Lebensdauer auf als die durchschnittlichen Koalitionsregierungen (vgl. Lijphart 1999: 63f.).

Großbritannien wird gerne als Paradebeispiel eines angelsächsischen Zweiparteiensystems zitiert. Tatsächlich wechseln sich die beiden stimmenstärksten Parteien Labor und Conservatives an der Regierung ab, doch berücksichtigt man die Anzahl der Parteien, die bei den Parlamentswahlen von 2010 den Einzug ins britische Unterhaus schafften, so sind wir mit einer stattlichen Anzahl von 10 Parteien konfrontiert! Das relative Mehrheitswahlrecht begünstigt in einem Land mit starken nach politischer Unabhängigkeit strebenden Regionen regionale Gruppen in Nordirland (Democratic Unionist, Sinn Féin), Schottland (Scottish National) oder Wales (Plaid Symru). Nachdem diese Parteien allerdings auf Grund ihrer geringen Anzahl an Sitzen kaum Einfluss auf die Bundespolitik ausüben können, muss eine andere Methode angewendet werden, als bloß die Anzahl der Parteien im Parlament zu zählen.

Die neuere vergleichende Forschung verwendet folglich meistens eine „effektive Anzahl von Parteien", d.h. sie unterscheidet zwischen wichtigen und unwichtigen Parteien. Sartori schlägt vor, jene Gruppierungen, die zum einen für die Regierungsbildung nicht relevant sind und zum anderen weder „Zünglein an der Waage" sind noch andere Erpressungspotentiale aufweisen, einfach auszuschließen. Eine Partei hat Koalitionspotenzial, wenn sie an Koalitionsregierungen oder Einparteienregierungen teilgenommen hat, bzw. wenn sie von anderen Parteien als möglicher Koalitionspartner angesehen wird (vgl. Sartori 1976: 122f.).

Laakso und Taagepera entwickelten für die Ermittlung der effektiven Anzahl der Parteien 1979 eine eigene Berechnungsmethode (vgl. Laakso u. Taagepara 1979). Die Stimmen- oder Mandatsanteile aller Parteien werden quadriert, anschließend die Summe gebildet und danach 1 durch die Summe dividiert:

$$N = \frac{1}{\sum_{i=1}^{n} p_i^2}$$

In einem Zweiparteiensystem mit zwei exakt gleich großen Parteien wäre die effektive Anzahl der Parteien genau 2, bei drei exakt gleich großen Parteien genau 3. Wenn Parteien nicht gleich groß sind, so wird die effektive Anzahl immer kleiner sein als die tatsächliche Anzahl. Lijphart berechnet die effektive Anzahl der Parteien zwischen 1946 und 1996 jeweils beim ersten Zusammentreffen der Legislative nach einer Wahl und bildet einen Durchschnittswert für die gesamte Periode. In Zweikammernparlamenten zählt nur das Unterhaus, was im Falle Kanadas unproblematisch ist, aber etwa bei unserem Beispiel Australien die Frage aufwirft, wieso ein de facto gleich mächtiges Oberhaus und die dort einziehenden Parteien, die schon oft, obwohl nur im Oberhaus vertreten, Zünglein an der Waage waren, nicht berücksichtigt werden. Lijphart identifiziert dagegen ein gänzlich anderes Problem, nämlich die Frage, was passiert, wenn zwei Parteien so eng miteinander kooperieren, dass sie eigentlich nur als eine Partei anzusehen sind. Als Beispiele führt er unter anderem die deutsche CDU/CSU-Kooperation an, sowie das Bündnis von Liberals und National Party in Australien. Bei der Berechnung der effektiven Anzahl der Parteien geht Lijphart in solchen Fällen derart vor, dass er zwei Berechnungen durchführt. Bei der ersten zählt er zwei Parteien, bei der zweiten nur eine. Anschließend bildet er den Durchschnitt dieser beiden Berechnungsergebnisse (vgl. Lijphart 1999: 69f.).

Ich folge der Analyse Lijpharts bezüglich der Liberals und Nationals in Australien nicht und werde daher für den Vergleich die Berechnungen der effektiven Parteienanzahl heranziehen, die diese Parteien als getrennt behandeln. Eine Gleichsetzung mit der deutschen CDU/CSU erscheint mir aus zweierlei Hinsicht als problematisch. Zum einen kandidiert die CSU nur in einem Bundesland, in Bayern, während die CDU in allen anderen Bundesländern kandidiert und die beiden Parteien so niemals gegenseitiger Konkurrenz ausgesetzt sind. Das steht in Kontrast zur Situation in Australien wo die Liberals und Nationals sich zwar des öfteren auf Verzicht einer Kandidatur in manchen Wahlkreisen einigen, um der jeweils anderen Partei den Sieg zu sichern, aber auch gegeneinander antreten, und das noch dazu in mehreren Provinzen. Zum zweiten darf auch nicht übersehen werden, dass, während die CSU immer mit der CDU koaliert, wenn es eine entsprechende Regierungsmehrheit gibt, die National Party in Australien zwar (noch nicht) in einer Bundesregierung, aber sehr wohl auf Provinzebene mit der Labor Party kooperiert hat und dadurch etwa in South Australia in der ersten Regierungsperiode von Premierminister Mike Rann sogar einen Ministerposten bekam.

Die Anzahl der effektiven Parteien liegt in Australien und Kanada sehr nah beieinander, sie beträgt im Zeitraum von 1945 bis 1996 2,5 (Australien) bzw. 2,4 (Kanada) und von 1997 bis 2006 2,5 (Australien) und 2,8 (Kanada). Auch wenn man das australische Oberhaus mitberücksichtigt, kann für beide Länder die Aussage getroffen werden, dass es vier relevante politische Parteien gibt.

3.1.1 Parteien in Kanada

> *„Until the rise of third parties in 1921, the Canadian party system was developing along the lines of a classic two-party system. Since then, particularly after 1961, third parties have fairly consistently captured about a quarter of the federal vote … Until 1993, the Canadian system, therefore, fell somewhere between the two-party and multi-party systems … With the election of five parties in 1993, 1997 and 2000, and four in 2004 and 2006, the party system shifted further toward the multi-party end of the spectrum."* (Jackson u. Jackson 2009: 386)

Die Wegentwicklung vom klassischen Zweiparteiensystem hin zu einem echten Multiparteien-System ist für ein Land mit relativem Mehrheitswahlrecht eigentlich ungewöhnlich und wurde in der kanadischen politikwissenschaftlichen Literatur häufig beschrieben (vgl. hierfür z.B. Cross 2002 oder Thorburn 2001). Der Trend wurde durch die Wahlen von 2008 fortgesetzt, bei denen die beiden einst großen Parteien, Liberals und Conservatives, zusammen nur 64% der Stimmen bekamen. Während von 1961 bis 1993 die sozialdemokratische New Democratic Party (NDP) die einzige „Third Party" war, spielten ab 1993 die rechtskonservative, später in die Canadian Alliance übergegangene und schließlich mit den Progressive Conservatives verschmolzene, Reform Party und der nationalistische nur in Québec kandidierende Bloc Québecois eine größere Rolle. Der kanadische Föderalismus verursacht einige Spaltungen im kanadischen Parteiensystem. So sind die regionalen Parteien oft nicht identisch mit ihren nationalen Counterparts. Es operieren etwa die liberalen Parteien in Ontario, Québec, British Columbia und Alberta unabhängig von ihrer Mutterpartei, und das auch ideologisch und finanziell (Jackson u. Jackson 2009: 386ff.).

Bei den Wahlen 2011 erhielten die Conservatives und die Liberals zusammen nur mehr 58,5% der Stimmen und die NDP stieg zur *official opposition* auf. Die Kanadischen Grünen erhielten immerhin zum ersten Mal in ihrer Geschichte einen Sitz im Kanadischen Parlament, auch wenn sie nicht an den Fernsehdebatten der Spitzenkandidaten teilnehmen durften. Ob die Grünen den Bloc als vierte Partei ablösen werden, ist noch nicht absehbar.

Liberal Party

Die Ideologie der Liberals ist in ihrer Geschichte oft durch den Einsatz für wohlfahrtsstaatliche Politik und einen starken Zentralstaat, eine besondere Verantwortung für die frankokanadische Minderheit sowie eine kritischere Haltung gegenüber den USA geprägt gewesen (vgl. Malcolmson u. Myers 2005: 184f.).

Bereits 1848 erhielten die Vorgänger der heutigen Liberalen Partei, die sogenannten „Reformer“, die Mehrheit im kanadischen Parlament. Die erste große Ära der Liberalen war jedoch erst die Periode von 1896 bis 1911. Sie traten von Anfang an für einen aktiven Bilingualismus ein, also einer angemessenen Berücksichtigung beider Sprachgruppen in der Partei, um Diskriminierungen und Spannungen zu bekämpfen. Wegen der Schwäche sozialistischer Strömungen hefteten sich die Liberalen schon früh das Thema Soziale Wohlfahrt auf ihre Fahnen (vgl. Bolkovac u. Autengruber 2003: 37). Den verpflichtenden Wehrdienst im Ersten und Zweiten Weltkrieg lehnten sie ab bzw. zögerten diesen so lange wie möglich hinaus.

In der Zeit zwischen 1921 und 1948, in der der Liberale William Lyon Mackenzie King überwiegend Premierminister war, wurden auch wichtige soziale Reformen initiiert und ein Einwanderungsprogramm verabschiedet, das zum größten Anwachsen der kanadischen Bevölkerung in der Geschichte des Landes führte. Lester B. Pearson, der als Außenminister für seine Vermittlung in der Suezkrise den Friedensnobelpreis erhalten hatte, setzte in seiner vergleichsweise kurzen Regierungszeit (1963-68) eine große Reihe an Sozialreformen durch, deren bedeutendste das universale Gesundheits- und Pensionssystem war. Der Pearson-Report deckte in aller Deutlichkeit die Versäumnisse der westlichen Welt gegenüber den unterentwickelten Ländern auf. Sein charismatischer Nachfolger Pierre Trudeau (1968-79, 1980-84) forcierte sozialliberale Reformen wie die Entkriminalisierung der Homosexualität oder die Aufhebung des Abtreibungsverbotes und betonte den Vorrang sozialer Sicherheit vor Budgetrigidität. Außenpolitisch verurteilten Trudeaus Liberale das US-amerikanische Engagement in Vietnam, Trudeau war dagegen der erste westliche Staatschef der nach der Kulturrevolution nach China reiste. Die nach langwierigen Verhandlungen geschaffene *Charter of Rights and Freedom* von 1982 legte die endgültige Unabhängigkeit von Großbritannien fest und garantierte die Rechte von Minderheiten in allen Provinzen. Sie wurde zu Trudeaus Triumpf (vgl. Bolkovac u. Autengruber 2003: 37f.).

1993 erreichten die Liberalen unter Jean Chrétien das drittbeste Ergebnis ihrer Geschichte und reduzierten die ab 1984 regierenden Konservativen auf bloß zwei Sitze. Bis 2004 konnten sie mit absoluter Mehrheit regieren, um dann 2004 bis Jänner 2006 unter Paul Martin als Minderheitenkabinett weiter zu machen, das wie schon in der ersten Hälfte der 70er Jahre von der NDP unterstützt wurde. Chrétien hatte schon in seiner ersten Amtszeit einige seiner Versprechen gebrochen: Er verabschiedete sich von den sozialpolitischen Werten der Ära Trudeau und setzte bei den Sozialprogrammen den Sparstift an. Auch wurden die Einführung der Mehrwertsteuer oder das NAFTA-Abkommen nicht wie angekündigt rückgängig gemacht. Der konservative, wirtschaftsliberale Flügel bekam immer stärkeren Einfluss auf die Partei (vgl. Jackson u. Jackson 2009: 403). Kurz vor der Amtsübergabe an seinen Nachfolger und ehemaligen Finanzminister Paul Martin betonte Chrétien jedoch noch einmal öffentlichkeitswirksam seine liberalen Wurzeln: Unterstützung gleichgeschlechtlicher Ehen, Entkriminalisierung von Marijuana, vehemente Ablehnung der US-Intervention in den Irak (vgl. The New York Times, 14.11.2003).

Die knappe NDP-unterstützte Mehrheit der Liberalen konnte im Mai 2005 nur durch den Übertritt der Konservativen Belinda Stronach und zusätzlich der entscheidenden Stimme des Speakers gehalten werden. Im November stürzte die Regierung Martin schließlich nach einem Misstrauensvotum, das auch von der sozialdemokratischen NDP mitgetragen wurde, die ihre Unterstützung von einem Stopp der Privatisierungen im Gesundheitssystem abhängig machte.

Traditionell wird die Führungsrolle bei den Liberals abwechselnd von einem Anglo- und einem Frankokanadier übernommen. So folgte auf Jean Chretien Paul Martin und auf diesen der farblose Politikwissenschafter Stéphane Dion. Der glücklose Dion wurde schließlich durch den noch glückloseren anglophonen Michael Ignatieff ersetzt, unter dem die Liberalen bei den Wahlen 2011 das schlechteste Ergebnis ihrer Geschichte einfuhren und von den Sozialdemokraten von Platz 2 verdrängt wurden.

Conservative Party

Die heutige Conservative Party entstand erst im Dezember 2003 aus einem wahltaktischen Zusammenschluss der Progressive Conservative Party und der Canadian Alliance, die nur vereint in der Lage waren, die Liberalen aus der Regierung zu verdrängen. Nach der Bildung zweier konservativer Minderheitenkabinette nach den Wahlen 2006 und 2008 konnte Premierminister Stephen Harper 2011 schließlich die lange ersehnte absolute Mandatsmehrheit erringen. Schon zuvor hatte Harper, für den Fall, dass er die Regierungsmacht verliert, alle vakanten Senatorensitze konsequent mit Konservativen besetzt.

John A. Macdonald wurde 1867 zum ersten Premierminister Kanadas gewählt. Seine konservative Partei war die ersten 30 Jahre lang die dominierende Kraft des jungen Landes, 19 Jahre davon regierte McDonald selbst. Die Konservativen unterstützten ursprünglich noch Protektionismus und britischen Imperialismus und wandten sich gegen den Freihandel mit den USA, den die Liberalen damals unterstützten. Außerdem forderten sie mit dem Slogan „one nation, one flag, one leader“ die Assimilation der Frankokanadier.

Innerhalb der Partei bildete sich alsbald auch ein sozialliberaler Flügel heraus. Diese sogenannten *red tories* stellten in den 30er Jahren mit Premierminister R.B. Bennett sogar die Regierung. Bennett kam selbst aus armen Verhältnissen und geißelte die Ausbeutung durch die seiner Ansicht nach zahlreichen Unternehmer ohne Seele. Kapitalismus solle der Diener des kanadischen Volkes sein, nicht sein Herr. Trotz aufrichtiger Versuche, der Weltwirtschaftskrise zu begegnen und das Leid der Bevölkerung zu mindern, bescherten die Wahlen von 1935 den Konservativen eine schwere Niederlage (vgl. Granatstein u. Hillmer 1999: 103 u. 110ff.). Die folgenden fünf Jahrzehnte waren die schwierigste Zeit für die konservative Bewegung in Kanada. Zwischen 1935 und 1984 stellten die Progressive Conservatives mit John Diefenbaker nur ein einziges Mal, abgesehen von Interimspremierminister Joe Clark 1979/80, für sechseinhalb Jahre (1957-63) den Premierminister.

Erst Brian Mulroney konnte bei den Wahlen 1984 und 1988 wieder beachtliche Erfolge verbuchen. Mulroney war allerdings im Gegensatz zu seinen Vorgängern sozial konservativ und durch und durch pro-amerikanisch, setzte das Freihandelsabkommen FTA (Free Trade Agreement) durch und unterstützte Präsident George Bush sr. im ersten Irakkrieg mit kanadischen Truppen. Die Ideen der Neuen Rechten hatten endgültig auch Kanada erreicht. Mulroney scheiterte jedoch mit dem Meech Lake Accord und dem Charlottetown Accord (siehe genauer unter Abschnitt 3.7.) zweimal an der Föderalismus-Reform (vgl. Granatstein u. Hillmer 1999: 197ff.). Nach seiner Regierungsperiode (1984-93) verloren die Konservativen ihren Status als eine der beiden großen Parteien und wurden bei der Wahl von 1993 auf zwei Sitze reduziert, ein Fiasko, das auch bei den darauf folgenden Wahlen von 1997 und 2000 nicht mehr wesentlich ausgeglichen werden konnte.

Inzwischen war mit der Reform Party ein aggressiverer konservativer Player in die Politarena eingestiegen, der vor allem die Interessen der westlichen Provinzen stärker betont haben wollte. Die später in Canadian Alliance Party (CA) umgetaufte Gruppierung strebte, um wieder eine konservative Regierung in Kanada zu etablieren, mittelfristig die Vereinigung mit den Progressive Conservatives an, die schließlich 2003 auch gelang (vgl. Brede u. Schultze 2008: 331f.).

Traditionelle christlich-soziale Ideale (*red tory ideals*) wie staatliche Verantwortung für soziale Wohlfahrt wurden nach der Vereinigung mit der

Canadian Alliance Party weiter zurückgedrängt. Die Canadian Alliance stand für starke Annäherung an die USA und wurde vom US-amerikanischen Konservativismus inspiriert: *law and order*, starkes Militär, Auslandseinsätze in Kooperation mit den USA, Wirtschaftsliberalismus, Zurückdrängung des öffentlichen Sektors, niedrige Steuern (vgl. Malcolmson u. Myers 2005: 184).

Nicht alle Abgeordneten der Progressive Conservatives unterstützten die Vereinigung mit der CA. Viele fürchteten, dass sich ihre Partei dadurch zu sehr nach rechts bewegte. Zahlreiche Parlamentarier verzichteten auf eine Wiederkandidatur oder liefen zu den Liberalen über. Die klare Wahlniederlage der *progressive conservative*-Kandidatin Belinda Stronach gegen CA-Kandidat Stephen Harper bei der Wahl zum Vorsitz der neuen Partei, scheint diese Einschätzung zu bestätigen: „The former Alliance/Reform forces formed the more powerful faction within the new party, and their former leader, Stephen Harper, was easily elected leader" (Malcolmson u. Myers 2005: 184). Stephen Harper vertritt klassisch konservative Positionen. So tritt er etwa für die Einschränkung des Streikrechtes ein, für deutliche Sparmaßnahmen in der Sozialpolitik sowie für die Abschaffung der öffentlichen Parteienfinanzierung (vgl. Dornan 2009: 8). Dazu treten ein härterer Kurs bei der Kriminalitätsbekämpfung und eine außenpolitische Annäherung an die USA, die sich u. a. durch Verstärkung der kanadischen Truppenkontingente in Afghanistan sowie der generellen Erhöhung des Verteidigungsbudgets manifestierte. In der Umweltpolitik wurde der strenge Anti-Kyoto-Kurs von der Regierung Harper wegen dessen Unpopularität allerdings schon während der ersten Amtszeit aufgegeben (vgl. Ellis u. Woolstencroft 2009: 31ff.). Erst die Absolute ermöglichte der Regierung Harper den Ausstieg aus dem Kyoto-Protokoll.

New Democratic Party (NDP)

Die kanadische Sozialdemokratie hatte, nicht zuletzt wegen der Dominanz der Liberal Party, erst spät einen gewissen Einfluss in Ottawa und den Provinzen erzielen können. Ihr erster Erfolg war das *Old Age Pension Program*. Die liberale Minderheitsregierung war in der zweiten Hälfte der 1920er Jahre auf die Unterstützung der Labour-Abgeordneten angewiesen, welche die Einführung des Pensionsprogramms zur Bedingung machten. 1943 wurde eine sozialdemokratische Partei zur offiziellen Opposition in der Provinz Ontario und ab 1944 stellten Sozialdemokraten in Saskatchewan schließlich ihre erste Provinzregierung (vgl. Banting 2005: 99ff.).

Die kanadischen Sozialdemokraten vereinigten sich mit Unterstützung der Gewerkschaften 1961 in der NDP. Ihre Wurzeln beinhalteten dabei gewerkschaftliche Einflüsse genauso wie ländlich-agrarische oder christlich-progressive Traditionen. Erklärtes Ziel war von Anfang an, so wie in Großbritannien, die Liberals auf Platz 3 zu verdrängen und die einzige Alternative zu einer konservativen Regierung zu werden.

Mangels parlamentarischer Vertretung der Grünen, diese haben derzeit nur einen einzigen der 408 Sitze, versuchen sie auch zunehmend das Thema Umweltschutz offensiv zu besetzen, sei es durch die Forderung nach *green jobs* oder eine stärkere ökologische Regulierung der Wirtschaft. Darüber hinaus gilt die NDP als Advokatin eines starken Sozialstaates, einer pazifistischen Außenpolitik (zuletzt durch das deutliche Nein zum kanadischen Truppeneinsatz in Afghanistan zum Ausdruck gebracht), eines humanen Justizsystems sowie als Ansprechpartnerin für die Gleichstellung der Frauen, für die Rechte von Migranten und Behinderten sowie als Partei der sozial Schwächeren (vgl. Erickson u. Laycock 2009: 111ff).

Die NDP erreichte bei den Wahlen von 2011 stimmenmäßig mit 30,6% das beste Ergebnis ihrer Geschichte, mit einem Stimmenzuwachs von über 12% stieg sie zur *official opposition* auf. Die NDP hatte bereits 2006 und 2008 nach mehreren bitteren Wahlschlappen in den 90er Jahren wegen der zunehmenden Schwäche der Liberals und deren wirtschaftsliberaleren Kurs beachtliche Stimmenzuwächse verzeichnen können. Die NDP hatte auch des öfteren Gelegenheit, Provinzregierungen zu stellen, etwa in British Columbia, Manitoba, Ontario, Saskatchewan und zuletzt in Nova Scotia. Während der „dritte Weg" der Sozialdemokratie unter Parteichefin Alexa McDonough (1995-2003) vor allem in Gewerkschaftskreisen, aber letztendlich auch beim Wähler, nur auf wenig Gegenliebe gestoßen war, betonte ihr Nachfolger Jack Layton wieder eine kantigere umverteilende Steuer- und Sozialpolitik (vgl. z.B. The Globe and Mail, 28.9.2008).

„NDP Leader Jack Layton has staked his claim as the main alternative to the Harper Tories with a $51-billion campaign platform targeted at ordinary families at the expense of big corporations. The no-deficit plan released Sunday promises a big new baby bonus, better health care, more daycare spaces, and help for aboriginals and students. It would be funded largely by rolling back $47 billion in corporate tax cuts brought in by the Liberals and Conservatives." (The Chronicle Herald, 29.9.2008)

Größeren Einfluss auf die Bundespolitik konnte die NDP vor allem zu Zeiten der liberalen Minderheitsregierungen nehmen. So wurden damals beispielsweise Steuersenkungen für Unternehmen verhindert. Als Premierminister Paul Martin sich aber weigerte das Nein der NDP zu Privatisierungen im Gesundheitswesen zu akzeptieren, brachte die NDP gemeinsam mit dem Bloc Québécoise und den Konservativen die Regierung zu Fall. Kritiker merken an, dass sie so der Machtergreifung Stephen Harpers in die Hände spielten (vgl. z. B. National Post, 15.10.2008). Jack Layton verstarb nur drei Monate nach dem größten Erfolg seiner Partei und seiner Ernennung zum Oppositionsführer an einem Krebsleiden.

Bloc Québécois

Der Bloc Québécois (BQ) ist eine relativ junge Parlamentspartei. 1991 gegründet, hält der Bloc enge Verbindungen mit der nur bei Wahlen in der Provinz Québec antretenden Parti Québécois. Der BQ ist die einzige Bundespartei, die nur in einer einzigen Provinz aktiv ist. Die politische Ausrichtung kann als Mischung aus nationalistischen und sozialliberalen Elementen bezeichnet werden.

Die Partei wurde gegründet, um das Ziel einer Souveränität Québecs auch auf nationaler Ebene laut und deutlich vertreten zu können. Zahlreiche frankophone Tories und Liberale traten der neuen Bewegung bei, darunter so unterschiedliche Persönlichkeiten wie der ehemalige Umweltminister unter Brian Mulroney, Lucien Bouchard, oder der Gewerkschaftsaktivist Gilles Duceppe, der 1997 von Bouchard die Führung der Partei übernahm und als längstdienender Parteichef Kanadas zu den Wahlen von 2011 antrat. 1995 war das zweite Referendum für die Unabhängigkeit Québecs abgehalten worden, das mit einer Ablehnung von 50,6% eine hauchdünne Niederlage für die nationalistische Bewegung bedeutete. Die Zustimmung war jedenfalls groß genug, um der Regierung in Ottawa politische und finanzielle Zugeständnisse abzutrotzen.

Neben den separatistischen Zielen fiel der Bloc in letzter Zeit durch betont gesellschaftlich liberale Positionen wie die Befürwortung der Entkriminalisierung von Haschisch, der Homosexuellen-Ehe sowie der Ablehnung von Stephen Harpers Plänen, jugendliche Verbrecher strenger zu bestrafen, auf (vgl. National Post, 15.10.2008). Parteiführer Gilles Duceppe erklärte die Konservativen zum Hauptgegner und positionierte sich inhaltlich als Antithese zum regierenden Premierminister. Er unterstützte das Kyoto-Abkommen, lehnte die Teilnahme Kanadas im Afghanistan-Krieg ab und betonte im Gegensatz zu Premierminister Harper die Wichtigkeit eines starken Sozialstaates. Ergänzt wurden diese Positionen durch eine starke Betonung der französischen Sprache und frankokanadischen Kultur. So sollten etwa alle Bundeseinrichtungen, von Banken über Telekommunikationseinrichtungen bis zu Flughäfen in der Provinz Québec rein französischsprachig werden (vgl. Bélanger u. Nadeau 2009: 139ff.).

Auch wenn diese Themen in Québec nicht unpopulär sind, wanderten die Stimmen 2011 zu der ähnliche Ziele vertretenden NDP und bescherten dem Bloc eine unerwartet schmerzliche Niederlage, die ihn von 47 auf magere vier Sitze im Parlament reduzierte und den langdienenden Parteichef Duceppe zum Rücktritt veranlasste.

3.1.2 Parteien in Australien

„Although there are a great many Australian political parties, only four have any real prospect of regularly gaining parliamentary places", analysierte Ian Ward bereits Ende der 90er Jahre die australische Parteienlandschaft, und diese Einschätzung hat sich heute im Grunde nur dahingehend aktualisiert, dass nun statt den Democrats die Grünen als vierte Partei im Senat firmieren. Die Parteienidentifikation ist in Australien immer noch sehr groß. So haben sich noch Ende der 90er Jahre acht von zehn Australiern entweder als Anhänger der Labor Party oder der Liberal/National Party-Koalition bezeichnet (vgl. Ward 1999: 22).

Katz und Mair skizzieren anhand der Australischen Parteien den Weg von Massenparteien[3] über sogenannte *catch-all*-Parteien zu den heutigen Kartellparteien, die den Parlamentsklubs eine höhere Bedeutung bescheinigen wie der Parteiorganisation. So haben die Parlamentarier mittlerweile mehr Mitarbeiter als die zentrale Parteiorganisation (vgl. Katz u. Mair 2002).

Wichtig sind für die heutigen Parteien vor allem die Auseinandersetzung mit aktuellen politischen Problemen und die Führung erfolgreicher Wahlkampagnen. Ideologie tritt dabei in den Hintergrund. Die Vorselektion der Kandidaten erfolgt zumeist auf der Ebene der Provinzen, wobei durchaus verschiedene Formen der Kandidatenfindung zur Anwendung kommen können (vgl. Vromen u. Gelber 2005: 219ff.).

Liberal Party of Australia (LP)

Die dominanteste Partei im australischen Parteienspektrum wurde 1944 als Nachfolgerin der United Australia Party gegründet, um die Non-Labor-Kräfte zu vereinigen. Tatsächlich errang sie bereits 1949 die Regierungsmacht und gab sie bis 1972 auch nicht mehr ab. Im Laufe ihres Bestehens entfernte sich die Partei immer weiter von ihrer ursprünglich

[3] Massenparteien repräsentieren den Urtypus der Parteien. Sie vereinigen bestimmte Klassen der Gesellschaft, wie zum Beispiel die Arbeiterklasse. Beim *catch-all*-Typus ist, auch auf Grund sinkender Mitgliederzahlen, nicht mehr die Basis der wichtigste Teil der Partei, sondern das zentrale Parteibüro, das die unterschiedlichen Interessen von Mitgliedern und Vertretung nach aussen, den Parlamentariern, bündeln muss. Die Kartellpartei repräsentiert die meisten modernen Parteien. Hier werden die Parlamentarier endgültig zum wichtigsten Teil der Partei, mit dem meisten Einfluss in den Entscheidungsprozess.

durchaus interventionistischen Wirtschaftspolitik und sozialliberalen Ansprüchen, und wurde immer konservativer bzw. wirtschaftsliberaler (vgl. Brett 2006: 206ff.).

Ein Gründungsprinzip der Liberals war die starke Opposition zu jeder Art von Kommunismus und Sozialismus. In den 50er Jahren wollte der Liberal-Premier Menzies die Kommunistische Partei sogar verbieten lassen, was am Widerstand der Labor Party scheiterte (vgl. Economou 2006: 229). Erst der Wind der Veränderung, der in den 60er Jahren überall in der westlichen Welt eingeläutet wurde, bescherte auch in Australien feministischen, Aboriginal-Rights- und Antikriegsgruppen rasanten Zulauf. Die Liberals waren von diesem massiven Widerstand und ihren häufigen Wechseln an der Spitze geschwächt[4] und wurden von der Labor Party unter Gough Whitlam vernichtend geschlagen (vgl. Brett 2006: 215).

Bereits Ende 1975 waren sie allerdings unter Malcolm Fraser wieder an der Regierung. In den 80er Jahren wurden viele Ideen der „Neuen Rechten" übernommen, die vor allem in den USA unter Ronald Reagan und in Großbritannien unter Margret Thatcher erfolgreich durchgesetzt wurden: Privatisierung öffentlicher Güter, Marktliberalisierung, Steuersenkungen, Kürzung öffentlicher Programme. Der Einfluss der Sozialliberalen wurde endgültig eliminiert. Trotzdem mussten die Liberals für eine für ihre Verhältnisse ungewöhnlich lange Periode, von 1983 bis 1996, auf die Macht verzichten, bevor sie unter John Howard wieder neue Stärke gewannen um den neuen sozialpolitischen Konservativismus in die Tat umsetzen zu können.

Doch nicht nur sozialpolitisch erfolgten radikale Umbrüche. In Howards zweiter Amtszeit kam es zu einem Referendum zur Abschaffung der Monarchie, welche die Liberals nach wie vor stützten. Die Republikaner und die Labor Party wurden nach einhelliger Meinung allerdings nur deshalb geschlagen, weil der Vorschlag zur Bestimmung des neuen Staatsoberhauptes sehr umstritten war. Die Wahlen von 2001 gewann Howard, kurz nach den Anschlägen vom 11. September, mit einer harten Position bezüglich Grenzsicherung und Abwehr von Flüchtlingen. Auch Schiffsbrüchigen wurde demonstrativ die Landung auf australischem Boden verwehrt. Dazu trat eine ablehnende Haltung zu Klimaschutzpolitik und Aussöhnung mit den Aborigines (vgl. Brown 2002: 213ff.). Der radikale Kampf gegen Gewerkschaften und lange etablierte Rechte am Arbeitsplatz ging vielen Australiern aber zu weit und trug zur Niederlage der Liberals bei den Wahlen 2007 bei.

---

[4] Im Zeitraum von 1966 bis 1972 regierten nicht weniger als vier verschiedene Premierminister der Liberals: Robert Menzies, Harold Holt, John Gorton und William McMahon.

Das traditionell starke Bekenntnis der Liberals zum Föderalismus kommt unter anderem dadurch zum Ausdruck, dass die Bundespartei im Gegensatz zu den sechs Provinz-Parteiorganisationen bis in die 90er Jahre hinein nur wenig Macht aufwies. Erst unter John Howard gab es erstmals stärkere Zentralisierungstendenzen und die Ermächtigung der Bundespartei, bei der Erstellung der Kandidatenlisten der Provinzen mitzusprechen, Parlamentsabgeordnete zu disziplinieren oder bei finanziellem Missmanagement lokaler Parteiapparate zu intervenieren (vgl. Brett 2006: 211f.).

Außenpolitisch sind die Liberals bis heute starke Allianzpartner der USA und Großbritanniens. Innenpolitisch stützen sie sich voll und ganz auf ihren Koalitionspartner, die rechte National Party, die in Queensland sogar mehr Sitze bekommt als die Liberals. Tony Abbott, während der gesamten Amtszeit John Howards in verschiedenen Ministerien als Minister tätig, übernahm schließlich 2009 das Ruder der Liberal Party und ist nun australischer Oppositionsführer. Bei Fragen des Arbeitsrechts und der Rechte der Ureinwohner fährt Abbott einen liberaleren Kurs als sein ehemaliger Chef John Howard.

Australian Labor Party (ALP)

Australiens älteste Partei wurde in den 1890er Jahren von der Gewerkschaftsbewegung gegründet und gilt als sozialdemokratisch ausgerichtete Kraft. Das kurze Minderheitskabinett von 1904 war die erste sozialistische Bundesregierung der Welt. 1910 folgte unter dem ehemaligen schottischen Minenarbeiter und Gewerkschafter Andrew Fisher die erste Mehrheitsregierung Australiens. Die ursprüngliche Bezeichnung Labour wurde 1912 durch das amerikanische Labor ersetzt. Der Erste Weltkrieg und die Frage der Wehrpflicht führten zur ersten von drei Parteispaltungen und der Abspaltung des kriegsbefürwortenden Labor-Premierministers Billy Hughes mit seiner Nationalist Party. Erst 1929 konnte Labor die Regierungsgewalt zurückerobern. Die Entscheidung von Premierminister James Scullin, ausgerechnet während der Weltwirtschaftskrise die Staatsausgaben massiv zurückzufahren, löste jedoch bald eine zweite Parteispaltung und 10 Jahre in Opposition (1931 bis 1941) aus. Von 1941 bis 1949 gab es nochmals zwei Labor-Kabinette, bevor 1949 die riesige Durststrecke von 23 Jahren Oppositionsrolle begann. 1955 wurde Labor noch dazu durch eine dritte Parteispaltung erheblich geschwächt. Diesmal ging es um die Unterwanderung der Partei durch antikommunistische und katholische Gruppen, denen die Übernahme der Partei aber nicht gelang und die stattdessen eine eigene Partei, die Democratic Labor Party (DLP), gründeten, und Labor bei den Wahlen empfindlich viele Stimmen abjagen konnten (vgl. Economou 2006: 226ff.).

Unrühmlich war auch das jahrzehntelange Bekenntnis zu einer *White Australia*-Politik, die den einheimischen Arbeitsmarkt vor allem von nichteuropäischen, oder korrekt – nicht weißen - Einwanderern beschützen sollte. Erst die 1967 erfolgte Wahl von Gough Whitlam zum Parteivorsitzenden der ALP brachte hier den Umschwung. Neben einer großen Anzahl von Sozialprogrammen (vgl. auch Kapitel 6) und einer weltoffeneren Migrations- und Minderheitenpolitik zog Whitlam auch die australischen Truppen aus Vietnam und Kambodscha ab und schuf die Wehrpflicht ab. Die Migrationspolitik öffnete sich zunächst nur zaghaft gegenüber Asien und bevorzugte zunächst Arbeitskräfte aus Südamerika, das kulturell als irgendwie zwischen Europa und Asien liegend angesehen wurde. 1975 wurde die Regierung Whitlam von Governor-General Kerr entlassen, als sie im Senat keine Mehrheit für ihr Budget fand (vgl. Day 1996: 439ff. u. Brown 2002: 119 u. 131f.).

Die Labor Party unter Bob Hawke leitete einen radikalen Kurswechsel ein und repräsentierte den Geist der 80er Jahre so gut, dass man die Liberals gar nicht erst an die Regierung wählen musste, um ihre Forderungen umzusetzen: „The Hawke government`s commitment to pro-market economic reform led not just to the sale of publicly owned corporations but also to extensive economic deregulation ... " (Economou 2006: 233).

Der Labor-Parlamentsklub bestimmt die Minister der Labor-Regierung, nicht der Regierungschef. Es herrscht das Prinzip des *unified blocks*, die Position wird kollektiv bestimmt und muss von allen Abgeordneten mitgetragen werden. Die Labor Party hält alle drei Jahre eine Nationale Konferenz ab, zu der Delegierte aus allen Provinzen und Territorien sowie die Gewerkschaften und die parlamentarischen Vertreter aus Repräsentantenhaus und Senat geladen werden. Es wird über die Parteiexekutive genauso entschieden wie über politische Konzepte und Forderungen (vgl. Economou 2006: 235ff.). Die große Mehrheit der Australischen Gewerkschaften sieht sich als Teil der Partei und beschert dieser durch ihre finanziellen Beiträge einen wesentlichen Anteil ihres Einkommens, auch wenn die Anzahl an Sympathisanten der Grünen innerhalb der Arbeitnehmervertreter stetig zunimmt.

Ganz offiziell besteht die Labor Party aus verschiedenen Fraktionen, in denen man wieder extra Mitglied werden kann. Die zwei größten Fraktionen waren ursprünglich die zum rechten Parteiflügel zählende Labour Unity und die Socialist Left. Dazwischen gab es auch zentristische Strömungen, auch wenn sich heute trotz Zersplitterung der Socialist Left in mehrere Subgruppen immer mehr eine Zweiteilung in rechten und linken Parteiflügel abzeichnet (vgl. Economou 2006: 239ff.). Die Gewerkschaften zählen dabei, anders als in Kanada, eher zum rechten Flügel: „In defending producer interests, the unions are a roadblock to reform in the mining and forestry industries“ (Latham 2010; Online).

Fünf Jahre lang, von 2002 bis 2007, regierte die Labor Party gleichzeitig in allen acht Australischen Provinzen und Territorien, bevor sie 2007 mit ihrem Spitzenkandidaten Kevin Rudd auch die Bundesregierung übernahm. Kevin Rudd ist Republikaner und war der erste Premierminister der keinen Eid auf die Queen schwor.

Kevin Rudd entschuldigte sich in einer seiner ersten Amtshandlungen bei den Aborigines für erlittenes Unrecht. Ebenso unterzeichnete er das Kyoto-Protokoll, die australischen Truppen werden aus dem Irak abgezogen, Notunterkünfte für Obdachlose geschaffen. Laut dem Asylum Seeker Resource Centre ist die Anzahl an anerkannten Flüchtlingen unter Kevin Rudd allerdings weiter gesunken (vgl. Asylum Seeker Resource Center 2008). Die Australier finden die Migrationspolitik der Labor Party mehrheitlich als zu weich, weswegen diese die harte *border protection*-Politk der Konservativen fortsetzte. 2010 übernahm Julia Gillard auf Grund stetig sinkender Umfragewerte von Rudd den Parteivorsitz und damit als erste Frau das Premierministeramt in Australien. Dass Rudd vor allem wegen einem Konflikt mit der mächtigen Minenindustrie wegen Steuererhöhungen sein Amt verlor, zeigt, dass auch die Labor Party sich nach wie vor den konservativen Zwängen beugen muss. So zeichnete sich die Rudd-Regierung auch im Nachhinein betrachtet mehr durch progressive Rhetorik, als durch konkrete Taten aus (vgl. Latham 2010; Online).

Australian Greens

Die Wahlen von 2004 etablierten „the Greens as the third largest political force in Australia, effectively displacing the Australian Democrats as the country`s major small party in terms of primary votes" (Miragliotta 2006: 585). Zwischen 1990 und 2004 erreichten die Grünen bei den Wahlen zum Unterhaus durchschnittlich 3,5% der Stimmen und im Senat 4%. 2007 erreichten sie im House of Representatives bereits 7,8% der Stimmen, im Oberhaus sogar 9% und damit fünf Senatoren. 2010 setzte sich, auch auf Grund der Schwäche der Labor Party, die Erfolgswelle fort und bescherte der Partei mit fast 12% der Stimmen ihren ersten Abgeordneten im Repräsentantenhaus sowie mit 13% auch eine weitere Ausweitung der Senatorensitze auf neun. Die Australischen Grünen entstammen wie die meisten Grünparteien aus einer aktivistischen, basisdemokratischen Tradition, die den Prinzipien der Konsensentscheidungen und Dezentralisierung anhängt. Zwar erkennen die Grünen mittlerweile an, dass in vielen Fragen Konsensentscheidungen wenig aussichtsreich sind, doch sind nach wie vor für alle Beschlüsse Zweidrittelmehrheiten vorgesehen. Die Bildung einer nationalen Parteiorganisation ist mittlerweile abgeschlossen. Dass Aktivismus immer noch eine wichtige Rolle spielt zeigte u. a. auch der Auftritt des US-Präsidenten George Bushs im Australischen Parlament. Der grüne Parteivorsitzende Bob Brown und sein Parteikollege Kerry Nettle störten die Rede von Bush im Gegensatz zu US-Kritikern aus anderen Parteien auch verbal (vgl. Miragliotta 2006: 588ff.).

Neben den klassischen Themen Umwelt- und Friedenspolitik spielt auch die Sozialpolitik eine immer größere Rolle für die Grünen. So bekennen sich diese zu den Gewerkschaften und starken Kollektivverträgen und fordern die Anhebung der Unternehmensbesteuerung sowie die Ausweitung staatlicher Sozialprogramme. Im Gesundheitsbereich soll durch die Rücknahme der Förderungen für private Gesundheitsanbieter der öffentliche Sektor wieder gestärkt werden. Für die Älteren wird eine Anhebung der Pensionen und die Einrichtung eines universalen Pensionssystems gefordert (vgl. The Greens; Online). Der große Erfolg bei den Wahlen 2010 zeigt, dass die Grünen auch für viele progressive Labor-Wähler, die u. a. von dem harten Kurs gegenüber Migranten und Asylwerbern abgeschreckt sind, mittlerweile eine Alternative darstellen.

Vromen und Gelber betonen einige Gemeinsamkeiten zwischen Grünen und Demokraten, auch wenn sie die Grünen im politischen Spektrum links von der ALP einordnen, während die Demokraten als Gruppierung zwischen den beiden Großparteien charakterisiert werden:

> *„Parties such as the Democrats and the Greens are often understood to be competing for similar sections of the electorate: those who are highly educated and interested in new, post-material political issues. These supporters are not generally concentrated in one geographic region and neither party has been successful at winning lower house electorates at a federal election."*
> (Vromen u. Gelber 2005: 224)

Democrats

Die Australian Democrats wurden 1977 gegründet und nahmen lange Zeit hindurch eine für ihre Größe überproportionale Rolle im Senat ein. Waren sie doch über zwei Jahrzehnte lang (von 1983 bis 2004) das Zünglein an der Waage zwischen den beiden großen Parteien.

Die Democrats kombinierten ursprünglich liberale, humanistische Gesellschaftspolitik mit eher linken sozial- und umweltpolitischen Forderungen. Wirtschaftspolitisch eher arbeitgeberfreundlich, fuhr die Partei außenpolitisch wie die Grünen einen stark pazifistischen Kurs. Die Wählerschaft setzte sich in hohem Ausmaß aus Leuten mit Studienabschlüssen zusammen. Typische Merkmale waren „a low degree of party identification, high education levels and no religious identification; women are more likely to vote for the Democrats, and the party tends to appeal to voters in the 30- to 50-year age group"(Vromen u. Gelber 2005: 225).

In der zweiten Hälfte der 90er Jahre brach der Streit zwischen den beiden Parteiflügeln der Democrats allerdings offen zu Tage. Auf der einen Seite standen die Linken, die sich auch wirtschaftspolitisch links von der Labor Party positionieren wollten. Der rechte Parteiflügel drängte indessen auf eine stärkere Zusammenarbeit mit den Liberals und vermehrte Unterstützung von Regierungsvorlagen der konservativen Regierung, allerdings mit Änderungen/Kompromissen im Sinne der Democrats. Dieser Konflikt, verbunden mit langjährigen Führungskämpfen, führte zur massiven Erosion der Wählerschaft. Unter der Parteivorsitzenden Cheryl Kernot wurden beispielsweise die Anti-Gewerkschaftsgesetzte der Regierung Howard mitgetragen. Wegen sehr schlechten Wahlergebnissen in den Provinzen wurde die Parteivorsitzende Kernot zunächst durch Meg Lees und schließlich durch die zum linken Parteiflügel zählende Natasha Stott-Despoja ersetzt. Doch die junge charismatische Linke konnte sich trotz überwältigendem Zuspruch der Parteibasis wegen massiven Widerstandes ihrer eher wirtschaftsliberal ausgerichteten Kollegen im Senat nur eineinhalb Jahre lang an der Spitze halten. Sie wurde von Andrew Bertlett abgelöst, blieb aber noch bis 2008 als Senatorin im Parlament. Nach dem Rücktritt von Stott-Despoja, der letzten Hoffnungsträgerin der Partei, kehrten die Wähler den Democrats endgültig den Rücken zu. Seit 2008 sind sie nicht mehr im Parlament und in der australischen Politik vertreten.[5]

National Party

Die National Party of Australia ist eine rechtskonservative Partei, die bereits 1922 als „The Country Party" gegründet worden ist, und repräsentiert vorwiegend die ländliche Wählerschaft. Bereits 1934 gingen die Nationals eine erste Koalition mit den Konservativen ein, der Beginn einer

[5] Zum Aufstieg und Fall von Parteichefin Natasha Stott-Despoja bzw. ihren Democrats und den Flügelkämpfen in den ersten Jahren des neuen Jahrtausends siehe vor allem Rogers 2004.

Jahrzehnte hindurch fortgesetzten Partnerschaft. 1968 stellte die National Party mit Jack Pizzey zum ersten Mal den Premierminister einer Provinz, nämlich in Queensland. In der Provinz Queensland ist sie bis heute die stimmen- und mandatsstärkste Partei. Parteichef Mark Vaile war als Vorsitzender der Nationals bis 2007 gleichzeitig Vizepremier Australiens.

Die National Party befindet sich aber im stetigen Rückgang bei der Wählergunst, was in einigen Analysen dem demographischen Wandel zugeschrieben wird, der sich in einem Rückgang der ländlichen Bevölkerung und der in der Landwirtschaft tätigen Personen, die Hauptwählergruppen der Nationals, manifestiert. Ende der 90er Jahre wanderten auch viele rurale Proteststimmen zu Pauline Hansons rechtsradikaler One Nation-Partei (vgl. Woodward 2006: 248ff.).

Ideologisch ist die National Party ein aggressiver Gegner der Gewerkschaftsbewegung und von multikultureller Politik, vertritt traditionelle Familienwerte, staatliche Unterstützung für die australischen Farmer und einen harten Kurs in der Migrationspolitik (vgl. Woodward 2006: 252f.). Die als zu unkritisch wahrgenommene Unterstützung der Wirtschaftspolitik von John Howard und fehlende Profilierung in der Koalition mit den Liberals führte zu großen Enttäuschungen innerhalb der traditionellen Wählerschaft, vor allem auf Grund der

> *„... financial deregulation that is widely perceived to have led ... to high interest rates and to farm foreclosures, the reduction of government subsidies and the shift to `user pays´ principles for the delivery of some public services, the removal of import protection for some rural produce despite other countries maintaining their restrictions on Australian agricultural exports, the move away from regulated marketing boards that guaranteed uniform higher prices to farmers for agricultural goods, and the closure of many rural schools, hospitals and train services. Rural discontent has also arisen over gun-control reform, native title legislation and fuel prices."* (Woodward 2006: 249f.)

Traditionell als verlässlicher Koalitionspartner der Liberals wahrgenommen, änderte sich dieses Bild in jüngster Zeit zumindest auf Provinzebene. 2004 wurde in South Australia zum ersten Mal in der Geschichte eine Koalitionsregierung mit Labor geformt. Und auch die National Party von Western Australia hat bei den Wahlen von 2009 die Kandidaten der Sozialdemokraten unterstützt. Dennoch bleibt die Partei ihren antigewerkschaftlich orientierten Wurzeln treu und propagiert freien Handel für den Agrarsektor.

Der von Mark Vaile angestrebte Generationenwechsel fand mit der Übernahme der Parteispitze durch Warren Errol Truss nach der verlorenen Wahl von 2007 nicht statt. Der neue Leader der Senatsfraktion der Nationals, Barnaby Joyce, der schon in der Vergangenheit 20 Mal gegen die Liberals gestimmt hatte, kündigte dagegen an, dass er sich auch weiterhin nicht an die alte Koalition aus Liberals und Nationals gebunden fühle (vgl. The Australian, 18.9.2008).

3.2 Regierungen

Will man die Zusammensetzung von Regierungen in eine Variable fassen, so können Regierungen zum Beispiel durch die Stärke der Bevölkerung, die sie repräsentieren, unterschieden werden. Einparteienregierungen repräsentieren dabei oft nicht einmal die Hälfte der Wähler, während breite Koalitionsregierungen schon einmal zwei Drittel repräsentieren können. Oder, wie es Lijphart ausdrückt:

> *„... this variable can be regarded as the most typical variable in the majoritarian-consensus contrast: the difference between one-party majority governments and broad multiparty coalitions epitomizes the contrast between the majoritarian priciple of concentrating power in the hands of the majority and the consensus principle of broad power-sharing."*
>
> (Lijphart 1999: 91)

Lijphart trifft eine weitere Unterscheidung in Subgruppen. Sogenannte *minimal winning cabinets* sind Regierungen, die eine Mehrheit im Parlament besitzen, aber keine zusätzliche Partei, die für eine Mehrheit nicht unbedingt notwendig ist, aufnehmen. Die österreichischen SPÖ-ÖVP-Koalitionen wären etwa eine solche Variante. *Oversized cabinets* sind Regierungen, in denen mehr Parteien vereinigt sind als auf Grund der parlamentarischen Mehrheitsverhältnisse notwendig wäre. Solche Regierungen haben in der Schweiz eine lange Tradition. *Minority cabinets* weisen keine parlamentarische Mehrheit auf. Die Wahlen von 2004, 2006 und 2008 brachten etwa in Kanada dreimal hintereinander Minderheitsregierungen hervor. Der am meisten konsensuale Regierungstyp ist für Lijphart ein *oversized multiparty cabinet*. Der am meisten majoritäre Typ wäre demnach ein *one-party majority cabinet* (vgl. Lijphart 1999: 90f.).

Minimal winning cabinets bieten den daran beteiligten Parteien mehr Ministerposten und damit mehr Einfluss als *oversized cabinets*. Dasselbe lässt sich für jene *minimal winning cabinets* konstatieren, die aus einer großen und einer kleineren Partei bestehen, weil diese Konstellation der größeren Partei mehr Einfluss sichert, als wenn sie mit einer Partei ähnlicher Größe koalieren würde. Natürlich wird in der Praxis auch die ideologische Nähe bzw. Distanz des potenziellen Koalitionspartners eine Rolle bei der Wahl einer Regierungsmehrheit bilden (vgl. Lijphart 1999: 92ff.).

Lijphart berechnet nun die Zeit, in der in den untersuchten Ländern *minimal winning cabinets* bzw. Einparteienregierungen im Amt waren und bildet aus den beiden Prozentsätzen einen Mittelwert, genannt *minimal winning one-party cabinets*. Wie zu erwarten, weisen die majoritär geprägten Staaten des angloamerikanischen Raumes bei diesem Index sehr hohe Werte auf, während beispielsweise die Schweiz oder Finnland am unteren Ende rangieren (vgl. Lijphart 1999: 109ff.).

Vatter kritisiert diese Variable als bedeutungslos. Lijpharts Kategorie der Einparteienregierungen umfasst sowohl Minderheitsregierungen als auch Einparteienregierungen mit absoluter Parlamentsmehrheit im Rücken. Während erstere eher als Charakteristika von Konsensdemokratie angesehen werden, sind zweitere typisch majoritär. Um einen aussagekräftigeren Index zu erhalten, berechnet Vatter nur den Prozentsatz an *oversized and minority cabinets*. Umso mehr Minderheitenkabinette, egal ob aus einer oder mehreren Parteien bestehend, und übergroße Koalitionen es gibt, desto stärker sind laut Vatter die konsensualen Elemente ausgeprägt (vgl. Vatter 2009: 132ff.). Im nur sehr kurzen von Vatter untersuchten Zeitraum von 1997 bis 2006 fallen 11% der australischen und 22% der kanadischen Regierungszeit an *oversized and minority cabinets*. In meiner Vergleichstabelle befinden sich beide Kategorien.

3.3 Das Verhältnis von Regierung zu Parlament

Ein majoritäres Politmodell, so wie es in Kanada und Australien vorherrscht, ist durch eine dominante Exekutive geprägt, während das Konsensmodell durch eine größere Machtaufteilung zwischen Exekutive und Legislative gekennzeichnet ist. Lijphart misst den Grad der Dominanz der Exekutive mit einem Index, der unter anderem auf die Amtsdauer von Regierungen abstellt. Eine Sonderstellung nehmen dabei Präsidialsysteme ein. Im Gegensatz zu Regierungschefs in parlamentarischen Demokratien können Präsidenten nicht durch das Parlament abgesetzt werden. Sie sind meistens vom Volk, nicht vom Parlament gewählt, und bilden de facto eine Ein-Personen-Exekutive, bei der Regierungsmitglieder mehr Beratungsfunktionen ausüben und dem Präsidenten unterstellt sind (vgl. Lijphart 1999: 116ff.).

Lijphart verwendet zur Bestimmung des Verhältnisses von Regierung zu Parlament zwei unterschiedliche Messmethoden. Zum einen wendet er die von Lawrence Dodd entworfene Methode an (vgl. Dodd 1976). Dabei misst er die Dauer von Regierungen unabhängig von Wahlterminen durch die Zusammensetzung. Solange die selbe(n) Partei(en) ohne Unterbrechung an der Regierung ist/sind, solange dauert diese an. Für das Beispiel USA würde das etwa bedeuten, dass die Regierung von George Bush acht Jahre gedauert hat, und nicht zwischen den beiden jeweils vierjährigen Regierungskabinetten Bush 1 und Bush 2 unterschieden wird.

Die zweite Methode inkludiert vier Kriterien, die das Ende eines Kabinetts bedingen: Änderung der Parteienzusammensetzung durch Ausscheiden oder Hinzufügung einer Partei, Rücktritt des Regierungschefs, Änderung des Koalitionsstatuses und Neuwahlen. Lijphart berechnet schließlich den Durchschnittswert der beiden Ergebnisse. Allerdings verlässt er sich beim sich daraus ergebenden Endergebnis nicht alleine auf die Statistik, sondern bereinigt die Ergebnisse auf Grund gängiger politologischer Erkenntnisse. Diese sagen zum Beispiel aus, dass kein System dominantere Kabinette hat als Großbritannien, die Urform des Westminster-Modells. Alle Länder die einen höheren Wert als Großbritannien aufweisen, werden daher auf den britischen Wert zurückgestuft. So entsteht beispielsweise der Index von Spitzenreiter Botswana, das im Zeitraum von 1945-96 statt 17,63 so nur mehr mit 5,52 in die Tabelle eingetragen wird. Auch Österreich muss nach unten korrigiert werden. Bei präsidialen Systemen und der Schweiz wendet Lijphart die umgekehrte Vorgehensweise an, weil bei diesen Ländern die Kabinettsdauer einen denkbar ungeeigneten Indikator darstellt. Daher weist er der Schweiz oder den Vereinigten Staaten von Amerika bloß einen Wert von 1,00 zu (vgl. Lijphart 1999: 132ff.):

> *„The Swiss average of 8,59 years – based on only three different party compositions from 1947 to 1996 but a change in the chairmanship of the Federal Council every year – is obviously completely wrong as a measure of executive-legislative balance."* (Lijphart 1999: 134)

Lijpharts Messmethode war sehr umstritten und auch Lijphart selbst hat seinen Indikator später als unzufriedenstellend bezeichnet (vgl. Lijphart 2002: 110). Vatter führt deshalb eine neue Messmethode ein, die aber ihrerseits wegen ihrem sehr hohen Komplexitätsgrad nicht perfekt ist. Vatters kombinierter Index setzt sich zunächst aus 11 Indikatoren wie u. a. Macht des Regierungschefs, Möglichkeit von Parlamentsausschüssen

Gesetze zu verändern oder Art der Gesetzesinitiative zusammen, die ihrerseits wiederum von Siaroff durch Faktoranalyse aus 27 Variablen gebildet wurden (vgl. Siaroff 2003). Vatter kombiniert Siaroffs Indikatoren mit dem Index von Schnapp und Harfst, der u. a. ergänzende Faktoren wie Größe des Mitarbeiterstabes, der den Abgeordneten zur Verfügung steht, oder die Größe der wissenschaftlichen Forschungsabteilungen des Parlamentes berücksichtigt (vgl. Schnapp 2005).

Vor allem Siaroffs 27 Variablen überschneiden sich sehr stark mit den Variablen aus Lijpharts Vergleichsstudie, wie zum Beispiel die effektive Parteienanzahl, der Bikameralismus-Index oder der Index für *judicial review* (letztere beide werden weiter unten in diesem Kapitel besprochen). Andere Variablen besitzen nur sehr geringe Aussagekraft, wie zum Beispiel die Messung der nonkonstitutionellen Minderheitenvetos. Während in vielen Staaten große parlamentarische Mehrheiten für Verfassungsänderungen notwendig sind und die Opposition somit Vetorechte besitzt, ist dies bei einfachen Gesetzesentscheidungen kaum irgendwo der Fall (vgl. Siaroff 2003: 450). Statt Vatters hochkomplexem Index werde ich ergänzend zur Variable Lijpharts (mit 4 bzw. 4,2 liegen Australien und Kanada hier sehr nahe beisammen) auch zwei Einzelvariablen Siaroffs gegenüberstellen: Macht des Regierungschefs und Position des Staatsoberhauptes (siehe Unterkapitel 3.4.). Die Macht des Regierungschefs wird mit 0,1 oder 2 angegeben. 0 bezeichnet Regierungschefs mit niedriger Machtposition wie in den Niederlanden oder Finnland, 1 mit mittlerer wie in Österreich oder Schweden und 2 mit großer Macht wie in Kanada oder Australien (vgl. Siaroff 2003: 453 u. 456f.).

3.3.1 Regierung in Kanada

Die Liberal Party regierte zwischen 1949 und 2010 fast 42 Jahre lang, während die Konservativen nicht einmal halb so lang an der Macht waren. Die durchschnittliche Dauer von Regierungen in Kanada unterscheidet sich kaum von jener in Australien. Allerdings fällt die hohe Anzahl an Minderheitenkabinetten auf, so gab es seit 1963 derer sieben, davon alleine drei ab 2004. Minderheitenkabinette verhandeln Unterstützung durch Oppositionsparteien in der Regel von Fall zu Fall und stärken so das Parlament. Der Nachteil ist eine größere Instabilität der Regierung, die u. a. vorgezogene Neuwahlen zur Folge hat. Noch 2009 bezeichneten es die meisten politischen Analytiker als unwahrscheinlich, dass sich in Zukunft in Kanada klare Mehrheiten herausbilden könnten (vgl. z.B. Fox 2009: 63f.). Die Wahlen von 2011 belehrten sie eines Besseren.

Abbildung 3: Regierungsjahre der kanadischen Premierminister 1948–2010

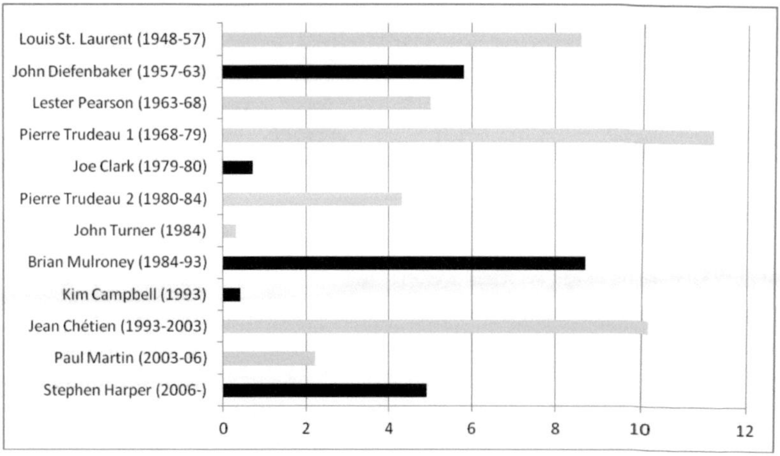

Schwarzer Balken: konservative Regierungen; grauer Balken: liberale Regierungen

Der Governor General ernennt den Vorsitzenden der stärksten Partei zum Premierminister. Minister müssen Mitglieder des Parlamentes, in der Regel des House of Commons, sein. Doch hin und wieder werden auch Senatoren in die Regierung berufen. Die britische parlamentarische Tradition gibt vor, dass alle Minister von derselben Partei stammen müssen wie der Premierminister. Die Größe der Kabinette schwankte in der jüngsten Vergangenheit erheblich zwischen 20 und 40 Mitgliedern. Die Regierung soll die verschiedenen Regionen und Interessen widerspiegeln bzw. eine ausreichende Anzahl an Frankokanadiern und anderen Minderheiten sowie eine angemessene Anzahl von Frauen aufweisen (vgl. Brooks 2006: 233ff.). Im Kanadischen Regime ist das Kabinett die *dominant political institution* (vgl. Malcolmson u. Meyers 2005: 53).

Wird ein externer Experte wie der Politikwissenschafter und spätere Parteivorsitzende der Liberal Party, Stéphane Dion, vom Premierminister zum Minister bestellt, so muss sich dieser bei nächstmöglicher Gelegenheit um einen Parlamentssitz bewerben, meist im Rahmen einer durch Ausscheiden oder Tod eines anderen Abgeordneten notwendig gewordenen Nachwahl in einem Wahlkreis (vgl. Malcolmson u. Myers 2005: 50).

Insgesamt verfügt der kanadische Premierminister, obwohl in der Verfassung ursprünglich nicht explizit erwähnt, im Vergleich zu Regierungschefs in anderen Industriestaaten über eine sehr große Macht.

„The prime minister used to be regarded as a first among equals in the cabinet but since the First World War there are no equals. His powers are now so wide and general, there seems little question that a prime minister today in the British parliamentary tradition has greater power than the president of the United States." (John G. Diefenbaker, ehemaliger Premierminister; in: Diefenbaker 1972: 51)

Das PMO (Prime Minister`s Office) ist eine Einrichtung zur direkten Unterstützung des Regierungschefs. Die Mitarbeiterzahlen und damit der Einfluss des PMO vergrößerten sich seit Ende der 70er Jahre stetig. Das PMO stärkt so die Position des Premierministers weiter. Wichtige Regierungsinitiativen entstehen meistens im PMO, und nicht mehr in den zuständigen Fachministerien (vgl. Brede u. Schultze 2008: 324). Verliert die Regierung das Vertrauen des Parlamentes, so kann der Premierminister entweder zurücktreten oder die Auflösung des Parlamentes und Neuwahlen verlangen. Längstens kann er aber vier (bis vor kurzem fünf) Jahre regieren bevor wieder Wahlen stattfinden müssen. Seit 1945 hatten jedoch nur zwei Regierungen einen Bestand von fünf Jahren.

3.3.2 Regierung in Australien

Alle Mitglieder der australischen Regierung, inklusive des Premierministers, müssen zugleich auch Mitglieder eines der beiden Häuser des Parlamentes sein. In der Regel sitzt der Premierminister im Unterhaus, während seine Minister zu zwei Drittel aus dem Unterhaus, sowie zu einem Drittel aus dem Oberhaus stammen. Die Rolle des Premierministers und der Regierung wird von der Verfassung nicht extra definiert. Regierungen müssen aber wie in Kanada über eine Mehrheit im Unterhaus verfügen (vgl. Ward 1999: 14ff.). Der Governor General ernennt auch in Australien den Vorsitzenden der mandatsstärksten Partei zum Premierminister. Der Premierminister ist mit einer großen Machtfülle ausgestattet, die durch den *Public Service Act 1999* weiter ausgedehnt wurde. Die den Ministerien vorstehenden *Departmental Secretaries* wurden ursprünglich vom Governor General unbefristet ernannt und können nun vom Premierminister relativ beliebig eingesetzt oder entlassen werden (vgl. Anderson 2006: 95 u. 106ff.).

Die Festlegung der Größe der Regierung obliegt der Regierungspartei. So reduzierte die Hawke-Regierung im Jahr 1987 etwa die hohe Anzahl an Ministerien von 28 auf 16. Diesen stand von nun an ein *senior minister* vor, die 16 *senior ministers* wurden von 13 *junior ministers* unterstützt. Bei der Auswahl der Minister sind Labor-Premierministern die Hände gebunden. Die Liste der Minister wird vom Labor-Parlamentsklub festgelegt, der Premierminister kann bloß die Zuteilung der einzelnen Ressorts vornehmen. Dagegen hat ein Premierminister der Liberals diesbezüglich keine Vorgaben (vgl. Ward 1999: 20f.).

Obwohl Frauen bereits 1902 das passive Wahlrecht erhalten hatten, dauerte es noch 41 Jahre, bis die erste Frau ins australische Parlament gewählt wurde. Noch 1980 saß keine einzige Frau im House of Representatives und erst in den letzten 25 Jahren weitete sich die Anzahl der weiblichen Abgeordneten aus (vgl. Summers 2006: 72). 1976 wurde Margaret Guilfoyle erste Ministerin einer australischen Bundesregierung (vgl. Australian Government Cultural Portal 2009; Online). Interessant ist in diesem Zusammenhang die Tatsache, dass Kanada sowohl bei der Wahl der ersten weiblichen Abgeordneten als auch bei der Bestellung der ersten Ministerin sowie der ersten Generalgouverneurin die Nase mit großem Abstand vorne hatte und Frauen um jeweils 20 Jahre früher Zugang zu diesen Posten ermöglichte als Australien.

Abbildung 4: Regierungsjahre der Australischen Premierminister 1949–2009

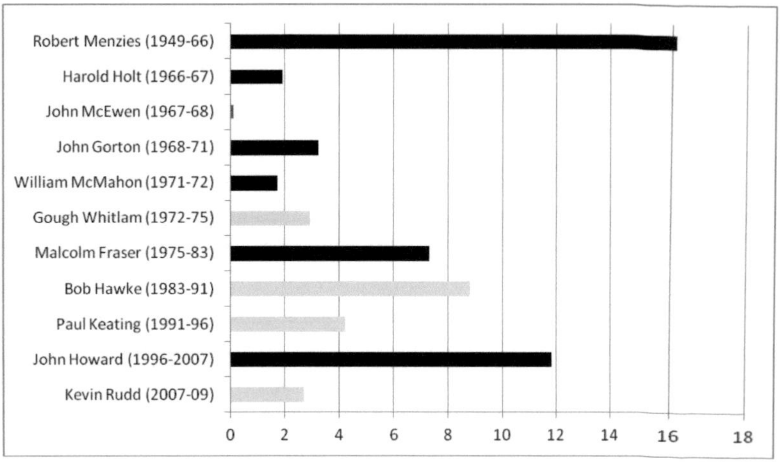

Schwarzer Balken: Liberals/National-Koalition; grauer Balken: Labor-Regierungen

Wirft man einen Blick auf die Regierungen der letzten sechs Jahrzehnte, so bemerkt man sofort ein klares Übergewicht der Liberals. Während von 1949 bis 2010 die Labor Party nur knapp 19 Jahre lang den Premierminister stellte, waren die Liberals mit ihrem Koalitionspartner, den Nationals, beachtliche 42 Jahre lang an der Regierung vertreten, also mehr als doppelt so oft. Zwar gibt es im Gegensatz zu Kanada keine Minderheitskabinette, doch tritt eine ähnliche parlamentarische Situation ein, wenn die Regierungspartei zwar vom Unterhaus gestützt wird, doch keine Mehrheit im Senat besitzt.

3.4 Macht des Staatsoberhauptes

Siaroff unterscheidet in diesem Index zwischen Systemen mit gewähltem Staatsoberhaupt und Systemen ohne gewähltem Staatsoberhaupt wie die europäischen Monarchien oder ehemalige englische Kolonien wie Australien oder Kanada. Gibt es ein gewähltes Staatsoberhaupt/einen gewählten Präsidenten, gilt es abzuklären, wie mächtig er ist. Systeme ohne gewählten Präsidenten bekommen den Index 0. Systeme mit gewähltem Staatsoberhaupt bekommen die Werte 1 (schwaches Staatsoberhaupt), 2 (moderat starkes Staatsoberhaupt) oder 3 (starkes gewähltes Staatsoberhaupt) zugeteilt (vgl. Siaroff 2003: 453 sowie Siaroff 2000: 9-11). Während Österreich zwar ein gewähltes Staatsoberhaupt hat, ist die reale politische Macht unseres Bundespräsidenten allerdings nur schwach ausgeprägt, während der Präsident der USA die am stärksten mögliche politische Macht hat. In den konstitutionellen Monarchien Australien und Kanada wird die Macht mit 0 angegeben.

Sowohl in Australien als auch in Kanada wird die Ersetzung des Governors General durch ein republikanisches Staatsoberhaupt diskutiert, das sich freilich vom Amt des Stellvertreters der Queen nur dahingehend unterscheiden würde, dass damit die monarchische Tradition endgültig beendet würde und das Amt, durch Volks- oder Parlamentswahl demokratisch legitimiert wäre. Was die australische Zeitschrift *The Monthly* über die Stimmung in Australien schreibt, kann auch auf Kanada übertragen werden:

> *„Republicans are still divided between those who favour a minimalist republic, in which a head of state would be appointed (if not by parliament, then by some other body), and those calling for the direct election of a head of state. "* (Soutphommasane 2009: 10)

3.4.1 Der Governor General in Kanada

Die Amtszeit des kanadischen Staatsoberhauptes beträgt fünf Jahre und kann vom Premierminister für eine kürzere Periode, in der Regel zusätzliche zwei Jahre, verlängert werden. Nach dem *Constitution Act* von 1982 können Verfassungsänderungen, die die Krone bzw. das Amt des Governors Generals betreffen, nur mit einstimmiger Befürwortung aller Provinzparlamente durchgeführt werden.

Das Amt des Governors General war 1867 als permanente Vertretung der englischen Königin in Kanada eingeführt worden. Dem Vertreter der Queen in Kanada kam dabei zunächst ein absolutes Vetorecht gegenüber allen Beschlüssen des kanadischen Parlamentes zu. Es sollte bis 1952 dauern, bevor die Queen zum ersten Mal einen Kanadier in diese Position ernannte: Vincent Massey. Bis 1921 hatte ausschließlich das britische Parlament in London bestimmt, wer für dieses Amt ernannt werden sollte. Danach erhielt der kanadische Premierminister das Vorschlagsrecht (vgl. McWhinney 2005).

Die Auswahl der Governors General erfolgte ursprünglich ausschließlich aus den Reihen britischer Adeliger. Mitte des 20. Jahrhunderts bevorzugte man Diplomaten oder militärische Führer. Mittlerweile werden immer häufiger Minderheiten und Frauen berücksichtigt. Von den seit 1984 amtierenden sechs Governors General waren die Hälfte Frauen. Drei der sechs Governors General waren Angehörige von Minderheiten, drei waren frankophon.[6] Bis in die 70er Jahre hinein trugen die Vertreter der Krone noch militärische Uniformen. Verbeugungen und monarchische Zeremonien wurden praktiziert. Die Person des Governors General wurde im Laufe der Zeit volksnäher. Eine wesentliche Kompetenz des Governors General besteht in der Unterzeichnung von Gesetzen, er gewährt dabei *royal assent*, womit das Gesetz in Kraft tritt. In der Theorie kann er ein Veto einlegen oder die Unterzeichnung der Queen persönlich überlassen.

Der Premierminister berät den Governor General, oft passiert das bei ihren regelmäßigen Zusammenkünften auch umgekehrt. Der Governor General ernennt den Premierminister und dieser bestimmt den Governor General. Gibt es eine klare Mehrheit für eine Partei, ist die Auswahl des Premierministers eine klare Sache. Bei Minderheitskabinetten wird der Parteivorsitzende jener Partei zum Premierminister ernannt, der das Vertrauen der Mehrheit der Abgeordneten im House of Commons hat. Theoretisch könnte der Governor General einen Premierminister, der versucht, ohne das Vertrauen des Unterhauses zu regieren, des Amtes entheben. Diese Macht ist allerdings nie eingesetzt worden. Eine weitere Kompetenz besteht in der Ernennung von Senatoren und Richtern sowie der Lieutenant Governors in den Provinzen, freilich in allen Fällen auf

---

6 Die Governors General seit 1984 waren: Jeanne Sauvé (1984-89), Ramon Hnatyshyn (1989-95), Romeo Leblanc (1995-2000), Adrienne Clarkson (2000-05), Michaelle Jean (2005-10) und David Lloyd Johnston (seit 2010)

Grund der Vorschläge des Premierministers. Zwar besteht auch hier das theoretische Recht, einen Vorschlag zurückzuweisen, doch diese Praxis ist seit 1896 nicht mehr erfolgt. Auch die Auflösung des Parlamentes und die Ausschreibung von Wahlen obliegt dem Governor General, er kann den entsprechenden Wunsch aber verweigern. 1926 bat etwa Premier Mackkenzie King um die Auflösung des Parlamentes, Governor General Lord Byng verweigerte dieses Ansinnen, weil King nur einem Minderheitskabinett vorstand und sich mit Arthur Meighen, dem Vorsitzenden der Konservativen, eine Alternative anbot (vgl. Malcolmson u. Myers 2005: 107ff.).

Seitdem hat sich der kanadische Governor General aber an den diesbezüglichen Wünschen des Premierministers orientiert. Als Stephen Harper im Dezember 2008 das Vertrauen des Unterhauses verlor, bat er Governor General Michaelle Jean um eine zweimonatige Vertagung des Parlamentes, welche sie, obgleich der linken Opposition nahestehend, genehmigte, obwohl sie auch die Möglichkeit gehabt hätte, einen Vertreter der Opposition mit der Regierungsbildung zu beauftragen und die Minderheitsregierung von Stephen Harper damit unverzüglich zu beenden. „However, if King-Byng tells us anything, it is surely that the public expects the governor general to avoid going beyond symbolic and ceremonial functions, if at all possible" (Stilborn 2009: 102).

Auch wenn die Möglichkeiten zur Machtausübung vom Governor General selten bis nie genutzt werden, so kommt ihnen dennoch eine wesentliche Bedeutung zu:

> „... our entire system of responsible government depends on them. It is true that prime ministers rarely try to govern or to make appointments when they no longer have the confidence of the House of Commons, but if the governor-general did not have the power to prevent such abuses, they would likely become more frequent. The reserve powers are essential to the healthy operation of responsible government, and the fact that they are rarely needed is more a proof of their efficacy than of their irrelevance."
>
> (Malcolmson u. Myers 2005: 108f.)

Die für die politische Praxis bedeutendste Aufgabe ist die zeremonielle Funktion. Als Staatsoberhaupt muss der Governor General Kanada und die Krone auf vielfältige Art und Weise repräsentieren. Ausländische Gäste müssen empfangen werden, Staatsbesuche im Ausland absolviert, unzählige Auszeichnungen verliehen werden und schließlich das Parlament mit der Thronrede, die wie im ehemaligen Mutterland Großbritannien freilich von den Mitarbeitern des Premierministers verfasst wird, feierlich eröffnet werden (vgl. Malcolmson u. Myers 2005: 109).

Die Diskussion um die Ersetzung des Amtes des Governors General durch ein gewähltes Staatsoberhaupt findet in Kanada sogar noch mehr Zuspruch als in Australien. 2009 äußerten sich in einer Umfrage bereits 65% der Befragten gegen die Monarchie (vgl. z.B. The Globe and Mail: 30. Juni 2009 oder Citizens for a Canadian Republic 2009: Online).

3.4.2 Der Governor General in Australien

Die Rolle des Governor Generals stellt eine der vielen ungeschriebenen Konventionen dar. Er nimmt seine exekutiven Befugnisse in der Regel ausschließlich auf Grund von Vorschlägen des Premierministers wahr (vgl. Ward 1999: 19). Zu diesen Funktionen zählen vor allem die Bestätigung von Gesetzen, die Auflösung des Parlamentes und die Ausschreibung von Wahlen bzw. die Ernennung von Regierungsmitgliedern und Richtern. Formell ist der Governor General wie in Kanada Stellvertreter der englischen Königin in Australien. Diese ernennt ihn auf Grund der Empfehlung des australischen Premierministers. Theoretisch könnte ein Governor General auch die Unterschrift unter Gesetze verweigern und so deren Inkrafttreten blockieren. Er könnte auch Änderungen einmahnen. Weder die eine noch die andere Machtfunktion wird unter normalen Umständen eingesetzt.

Das Recht den Governor General zu ernennen, kam australischen Premierministern erst später zu als ihren kanadischen Gegenstücken, nämlich erst 1931, und auch dann nur gegen den anfänglichen Widerstand von König George V. Es wurde gemunkelt, dass der König nicht begeistert war von der Idee, dass der erste australischstämmige Vertreter des englischen Imperiums ausgerechnet ein Jude sein sollte, nämlich Isaac Isaacs (vgl. McWhinney 2005: 31). Im starken Kontrast zu Kanada waren bis zur Bestellung von Quentin Bryce im Jahr 2008 alle Governors General männlich und europäischer/australischer Abstammung, während in Kanada schon seit einem Vierteljahrhundert wiederholt Frauen und Angehörige von Minderheiten berücksichtigt wurden. Die Amtsdauer des Governors General beträgt zunächst fünf Jahre, kann aber analog zu Kanada für eine kürzere Periode verlängert werden. So verblieb etwa Ninian Stephen von 1982 bis 1989 im Amt, sein Nachfolger Bill Hayden von 1989 bis 1996 (vgl. Governor-General of the Commonwealth of Australia; Online).

Die wichtigste Aufgabe des Staatsoberhauptes ist die Ernennung und Entlassung des Premierministers. In der Regel wird dieses Amt dem Vorsitzenden der mandatsstärksten Partei zuerkannt. Außergewöhnliche Umstände wie der Tod eines Amtsträgers oder der Verlust der Mehrheit im Unterhaus können auch andere Ernennungen zur Folge haben. So wurde nach dem überraschenden Tod von Premierminister Harold Holt vor Weihnachten 1967 dessen Vizepremier und Koalitionspartner John McEwen vorübergehend mit den Amtsgeschäften betraut (vgl. Brown 2002: 58).

Kontroversieller war die Amtsenthebung von Gough Whitlam durch Governor General John Kerr im Jahre 1975, welche die größte Verfassungskrise in der australischen Geschichte auslöste. Labor-Reformer Whitlam, der durch unglückliche Umstände sein Budget nicht durch den Senat brachte, wurde durch Oppositionsführer Malcolm Fraser ersetzt, obwohl dieser über keine Mehrheit im Unterhaus verfügte. Nach dem Tod und dem Ausscheiden zweier regierungsnaher Senatoren wurden diese von den Provinzregierungen von New South Wales und Queensland durch Senatoren der Oppositionsparteien ersetzt, ein Akt, der heute rechtswidrig wäre, und der Opposition die Hälfte der Senatssitze bescherte, während die Regierung um zwei Sitze weniger hatte. Zusätzlich saßen zwei unabhängige Senatoren im Oberhaus. Ausgerechnet der durch diese Machtverschiebung an die Regierung gelangte Malcolm Fraser war es, der eine Verfassungsänderung initiierte, die für alle Zukunft klarstellte, dass beim Ausscheiden eines Senators nur Senatoren der gleichen Partei diesen ersetzten können. Vor allem die Tatsache, dass es der Governor General Whitlam nicht ermöglichte als Amtsinhaber in den Wahlkampf zu gehen und entgegen aller Gepflogenheiten ablehnte, dem Rat des Premierministers zu folgen, wurde vielfach kritisiert. In der Folge hat der Senat, auch dann, wenn er von der Opposition beherrscht war, nie wieder Budgetgesetze blockiert (vgl. Parkin, Summers u. Woodward 2006: 57ff.).

Über die Notwendigkeit der Beibehaltung der Monarchie wurde in den letzten Jahrzehnten immer wieder diskutiert. Die Regierung von John Howard, obwohl selbst der monarchistischen Tradition verbunden, hielt ein Wahlversprechen ein und beauftragte 1998 152 Delegierte, zur Hälfte von der Regierung eingesetzt, zur Hälfte gewählt, mit der Ausarbeitung eines Vorschlages, der in einem Referendum zur Einführung einer Republik dem australischen Volk vorgelegt wurde. Der Vorschlag hätte den Governor General als Präsidenten eingesetzt, der durch ein sehr hohes Quorum, nämlich Zweidrittelmehrheiten in beiden Häusern bestätigt hätte werden sollen. Der Vorschlag fand in keiner Provinz eine Mehrheit.

Es gab Kritiker, denen er zu wenig weit ging und die sich einen Präsidenten nach amerikanischem Vorbild wünschten, während die meisten Republikaner einfach das Volk den Präsidenten wählen lassen wollten und einer Zweidrittelmehrheit äußert skeptisch gegenüber standen (Parkin, Summers u. Woodward 2006: 61ff.).

> *„Many people who supported the idea of becoming a republic did not support the proposed method of choosing the president. Instead, they supported direct election of a president by a national vote. But direct election could also raise a conflict in terms of the president's powers."*
>
> (Vromen u. Gelber 2005: 55)

Abgesehen von der Uneinigkeit über die Wahlmodi und Kompetenzen eines republikanischen Staatsoberhauptes beträgt die Zustimmung zur Abschaffung der Monarchie bereits um die 60% (vgl. Soutphommasane 2009: 10). Das Ansehen des einst so ehrwürdigen Amtes war vor allem durch den Rücktritt von Governor General Peter Hollingworth im Jahr 2003 erschüttert worden. Dem Staatsoberhaupt waren u. a. übertrieben hohe Reisespesen, Untätigkeit während seiner früheren Tätigkeit als Erzbischof von Brisbane gegenüber Fällen von Pädophilie durch Kirchenvertreter seiner Stadt und in einem Fall sogar selbst Vergewaltigung vorgeworfen worden (vgl. McWhinney 2005: 42f.).

3.5 Wahlrecht

Arend Lijphart untersuchte die verschiedenen Wahlsysteme, die bei Wahlen zum Parlament zur Anwendung kommen. Aus Gründen der besseren Vergleichbarkeit beschränkte er sich bei Zweikammerparlamenten auf die Wahlen zum Unterhaus. Er klassifiziert schließlich „seine" 36 untersuchten Staaten bezüglich ihres Wahlrechtes in zwei Hauptgruppen: zum einen identifiziert er Staaten mit Mehrheitswahlrecht (*plurality and majority formulas*), zum anderen Länder mit Verhältniswahlrecht (*proportional representation*). Einzig Japan kann in keine der beiden Kategorien eingeordnet werden. Es gilt als semiproportionales Mischsystem. Kanada und Australien gehören beide in die Gruppe der Mehrheitswahlsysteme (vgl. Lijphart 1999: 145).

Im Gegensatz zum im sonstigen angloamerikanischen Raum populären relativen Mehrheitswahlrecht, das auch in Kanada Anwendung findet und bei dem der Kandidat mit den meisten Stimmen den jeweiligen Wahlkreis gewinnt, gibt es in Australien eine speziellere Form des Mehrheitswahlrechtes mit komplexer Zweitstimmenregelung, das sogenannte *alternative vote*. Es wird bei den Wahlen zum australischen Unterhaus angewendet.

Lijphart untersuchte die Disproportionalität von Wahlergebnissen, d. h. inwiefern die Sitzverteilung im Parlament von der Anzahl der abgegebenen Stimmen abweicht: „In particular, all electoral systems, not just the plurality and majority ones, tend to overrepresent the larger parties and underrepresent the smaller ones“ (Lijphart 1999: 165). Sowohl in Kanada als auch in Australien erreichten immer wieder Parteien eine absolute Mehrheit, die keine Stimmenmehrheit auf sich vereinigen konnten. Kleinere Parteien ohne starke regionale Konzentration wie die Grünen werden durch die Wahlsysteme de facto eliminiert, selbst wenn sie knapp 12% der Stimmen lukrieren können.[7]

Wahlsysteme mit starken Mehrheitswahlelementen weisen eine deutlich höhere Disproportionalität auf als Verhältniswahlsysteme. Prozenthürden für den Einzug ins Parlament stellen einen weiteren Faktor für schwächere oder stärkere Disproportionalität dar.

Sowohl Lijphart als auch Vatter verwenden den sogenannten Gallagher-Index zur Messung der Disproportionalität (vgl. Lijphart 1999: 157ff. u. Vatter 2009: 135). Die Unterschiede zwischen den Prozentanteilen der abgegebenen Stimmen und den Prozentanteilen der erhaltenen Mandate werden für jede im Parlament vertretene Partei quadriert und daraus dann die Summe aus allen Parteiergebnissen gebildet. Diese Summe wird durch 2 geteilt und schließlich die Wurzel daraus gezogen:

$$G = \sqrt{\frac{1}{2} \sum (v_i - s_i)^2}$$

Lijphart weist auf einige Besonderheiten hin, die es zu beachten gilt. Beim *alternative vote*-System werden nur die Stimmen der ersten Präferenz gewertet. Beim absoluten Mehrheitswahlrecht in Frankreich wird der zweite Wahlgang nur in jenen Wahlkreisen berücksichtigt, in denen im ersten Wahlgang kein Ergebnis zustande kam. Bei präsidentialen Systemen wie den USA und Frankreich bildet Lijphart den Mittelwert aus der Disproportionalität der Präsidentenwahlen, die in jenen Staaten die bedeutenderen seien, und jener der Wahlen zur Legislative (vgl. Lijphart 1999: 158f.). Vatter (vgl. Vatter 2009: 151) beschränkt sich in diesen Fällen auf

[7] Die Australian Greens erreichten bei den Wahlen zum House of Representatives 2010 11,8% der Stimmen, aber bloß einen einzigen Sitz, während die nur in Queensland antretende Liberal National Party mit 9,1% der Stimmen gleich 21 Sitze abräumen konnte.

die Wahlen zur Legislative, was ich in der Vergleichstabelle ebenfalls tue. Kanada und Australien weisen nach Frankreich und Großbritannien die größte Disproportionalität auf, während die nordischen Länder Island, Dänemark und Schweden gemeinsam mit den Niederlanden das andere Extrem bilden.

Kanadas Disproportionalität liegt sowohl nach Lijphart als auch nach Vatter um ca. 2,5 Prozentpunkte über jener Australiens. Von 1945–96 betrug der Disproportionalitäts-Index für Australien 9,3% und für Kanada 11,7%. Von 1997-2006 liegen die Werte bei 10% bzw. 12,6%. Beide Werte liegen im Vergleich zu anderen Staaten aber sehr hoch und sind daher als unabhängige Variable gut geeignet.

Abbildung 5: Wahlergebnisse und Sitzverteilung im Unterhaus; General Elections 2011 in Kanada und 2010 in Australien

Kanada (308 Mandate)	Erhaltene Stimmen in %	Erhaltene Mandate in %	Anzahl der Mandate
Conservative	39,6	53,9	166
NDP	30,6	33,4	103
Liberal	18,9	11	34
Bloc Québécois	6	1,3	4
Green Party	3,9	0,3	1
Unabhängige Kandidaten	0,5	0	0

Australien (150 Mandate)	Erhaltene Stimmen in %	Erhaltene Mandate in %	Anzahl der Mandate
Labor Party	38	48	72
Liberal Party	30,5	29,3	44
Greens	11,8	0,7	1
National Party	3,4	4	6
Liberal National Party/ Country Liberal Party[8]	9,4	14,7	22
Unabhängige Kandidaten	2,5	2,7	4

Quelle: *CBC, eigene Berechnungen*

[8] Die Liberal National Party in Queensland bzw. die Country Liberal Party in den Northern Territories sind lokale Zusammenschlüsse der Nationals und Liberals und sind mit beiden Mutterparteien affiliiert.

Sowohl in Australien als auch in Kanada lässt sich ein erheblicher Verstärkungseffekt zugunsten der größten Partei konstatieren. Obwohl die Konservativen etwa 2011 in Kanada nur 39,6% der Stimmen erreichten, erhielten sie beinahe 54% der Mandate und damit eine klare absolute Mehrheit. Die Labor Party in Australien bekam 2010 für 38% der Stimmen immerhin 48% der Mandate. Das andere Extrem: Obwohl die Grünen in beiden Ländern recht unterschiedliche Stimmenanteile auf sich vereinen konnten, reichten in Kanada 3,9% der Stimmen für ein Mandat, während die Grünen in Australien mit beinahe 12% der Stimmen ebenfalls bloß ein einziges Mandat bekamen.

3.5.1 Wahlrecht in Kanada

Der Canada Act von 1867 legt fest, dass Kanada sich am Verfassungsmodell von Großbritannien orientieren soll. Bezüglich der Wahlen ist festgeschrieben, dass alle Provinzen adäquat, das heißt entsprechend ihrer Bevölkerungsanzahl, im House of Commons vertreten sein müssen. Später wurde das genauer spezifiziert, indem nach jeder Volkszählung die Parlamentssitze neu zugeteilt werden müssen. Keine Provinz darf aber weniger Abgeordnete im Unterhaus haben als sie Senatoren stellt oder als sie 1985 hatte (vgl. Malcolmson u. Myers 2005: 162ff.).

In allen 308 Wahlkreisen gilt das relative Mehrheitswahlrecht, der Kandidat mit den meisten Stimmen gewinnt den Wahlkreis und erhält den Sitz. Das führt zu der oben geschilderten hohen Diskrepanz zwischen der Verteilung der Stimmen und der Verteilung der Mandate. Durch die starken Verzerrungseffekte ist es für Bundesregierungen schwer, die an sich vorgesehene gleichmäßige Verteilung der Regierungsposten auf die Provinzen zu gewährleisten, vor allem wenn aus manchen Provinzen keine oder nur sehr wenige Abgeordnete der jeweiligen Regierungspartei ins Parlament gewählt werden (vgl. Jackson u. Jackson 2009: 388ff.). So hatte beispielsweise die Regierung von Pierre Trudeau nur drei Abgeordnete aus Westkanada zur Verfügung, während das Minderheitskabinett von Premierminister Harper keinen einzigen Abgeordneten aus Newfoundland und Labrador in ihrem Parlamentsklub hatte (vgl. Elections Canada; Online).

Das kanadische Wahlrecht legt Höchstgrenzen dafür fest, wieviel ein Kandidat im Wahlkampf ausgeben darf, damit nicht besonders wohlhabende Volksvertreter wie in den USA von ihrem Reichtum unverhältnismäßig bei Wahlen profitieren. Erreicht ein Kandidat mehr als 15% der Stimmen, so gibt es eine Wahlkampfkostenrückerstattung, die aber nicht die volle Höhe der Kosten abdeckt (vgl. Malcolmson u. Myers 2005: 171).

Viele Stimmen fordern in Kanada die Einführung eines Verhältniswahlrechtes auf Bundes- und Provinzebene, das die Verzerrungseffekte aufhebt. In einigen Provinzen haben bereits entsprechende Referenden stattgefunden, auch wenn sie bislang noch keine Mehrheit fanden. In British Columbia wurden 160 Wähler nach dem Zufallsprinzip ermittelt um über die Reform des Wahlrechtes in Kanada zu debattieren und einen Bericht abzugeben (vgl. British Columbia Citizens` Assembly on Electoral Reform 2004). Schließlich wurden die Empfehlungen, nämlich die Übernahme des australischen *single transferable vote*-Systems (STV) zur Abstimmung gebracht. Allerdings sind in B.C. für die Annahme eines Referendums 60% der Stimmen erforderlich, mit 58% Zustimmung im Mai 2005 waren die Initiatoren nur äußerst knapp gescheitert. Referenden in den Provinzen Prince-Edward-Island und Ontario in den Jahren 2005 und 2007 scheiterten klarer. Die NDP fordert schon seit längerem die Einführung eines Verhältniswahlrechtes in Kanada (siehe NDP; Online).

3.5.2 Wahlrecht in Australien

Nach der Unabhängigkeit Australiens orientierte sich das Land für die Durchführung seiner Wahlen an den USA und Großbritannien und übernahm das dort übliche relative Mehrheitswahlrecht. Bereits 1918 wurde dieses jedoch von der Präferenzmethode abgelöst, um zu verhindern, dass die gespaltene Rechte von der in der Labor Party vereinigten Linken geschlagen werden konnte (vgl. Costar 2006: 188f.).

> *„The voters are asked to indicate their first preference, second preference, and so on among the candidates. If a candidate receives an absolute majority of the first preferences, he or she is elected. If there is no such majority, the candidate with the lowest number of first preferences is dropped, and the ballots with this candidate as the first preference are transferred to the second preferences. This procedure is repeated by excluding the weakest candidate and redistributing the ballots in question to the next highest preferences in each stage of the counting, until a majority winner emerges."* (Lijphart 1999: 147)

Zwar gestehen einige Provinzen ihren Wählern zu, Präferenzen optional einzusetzen, doch konnte im Bundeswahlrecht bisher keine Lockerung der Kandidatenreihung durchgesetzt werden. Wenn nicht alle Kandidaten gereiht werden, ist die Stimme somit nicht gültig. Dabei wird der praktische Nutzen dieser Reihungen immer stärker kritisiert. Schließlich werden auch dort wo zweite oder weitere Präferenzen fällig werden, zumeist jene Kandidaten bestätigt, die ohnehin bereits in der 1. Auszählungsrunde als Sieger hervorgegangen sind. Vom Output her unterscheidet sich diese Form des Wahlrechtes nur unwesentlich vom relativen Mehrheitswahlrecht. Doch Ausnahmen bestätigen die Regel. Nachdem die rechtsradikale One Nation-Party von Pauline Hanson 1998 14,4% der Stimmen in Queensland und 8,4% der Stimmen bundesweit erhielt, erreichte sie trotz guter lokaler Verankerung in einer Provinz kein einziges Mandat, weil keine Partei die Kandidaten von One Nation als zweite oder dritte Präferenz angeben wollte (vgl. Costar 2006: 192).

Bis 1948 wurde für die Wahlen zum australischen Oberhaus die gleiche Methode angewandt wie für das Unterhaus, was auch zu ziemlich ähnlichen Ergebnissen führte. Seit den Wahlen von 1949 kommt für die Vergabe der 76 Senatssitze das *single transferable vote* (STV) zur Anwendung. Obwohl der Wahlmodus ähnlich dem *alternative vote* ist, wird es von Lijphart zu den Verhältniswahlsystemen gezählt. Die Wähler wählen keine Parteiliste wie in Österreich sondern stimmen für einen individuellen Kandidaten. Auch hier müssen die nachfolgenden Kandidaten der Beliebtheit nach geordnet werden. Allerdings gibt es keine Einerwahlkreise wie im Unterhaus, sondern es können in jedem Wahlkreis mehrere Kandidaten, in der Regel sechs, gewählt werden. Wer genügend Stimmen auf sich vereinigen konnte bekommt seinen Sitz und transferiert alle Stimmen über der Wahlzahl[9] auf die von seinen Wählern präferierten anderen Kandidaten. Auch hier wird der schwächste Kandidat eliminiert und auch seine Zweitstimmen auf die anderen Kandidaten übertragen. Diese Schritte werden so lange wiederholt, bis alle Sitze des Wahlkreises vergeben sind. Bei Unterhauswahlen wird dieses System nur in Irland und in Malta angewendet (vgl. Lijphart 1999: 148f. u. Costar 2006: 194f.).

> *„Preferences can make the difference to a political party between winning and losing government, or in a minor party`s case, winning and losing a seat."*
> (Rogers 2004: 90f.)

Das Präferenzsystem bei den Wahlen zum Senat ist stark vereinfacht, da neben der Reihung aller Kandidaten auch von den jeweiligen Parteien vorgeschlagene fertige Präferenzlisten angekreuzt werden können. Die

---

[9] Im Falle Australiens ist diese mit 14,3% der Stimmen gleichzusetzen, da bei den Wahlen zum Senat pro Einzelstaat sechs Senatoren (*half-senate poll*) gewählt werden und der Staat gleichzeitig Wahlkreis ist. Nur bei einer *double dissolution*, bei der der Governor General beide Häuser des Parlamentes auflöst, müssen alle zwölf Senatoren neu gewählt werden.

meisten Wähler entscheiden sich der Einfachheit halber für diese fertigen Listen. Durch die sehr hohe Wahlzahl werden freilich auch bei den Wahlen zum Senat Kandidaten kleinerer Parteien regelmäßig eliminiert und der Verstärkungseffekt für die größte Gruppierung ist auch hier unübersehbar. So erhielt etwa die Liberal/National-Coalition bei den Wahlen 2010 38,3% der Stimmen, aber 45% der 40 zur Wahl stehenden Mandate. Dennoch ist das Präferenzsystem und das Erhalten von Zweitstimmen wesentlich für kleinere Parteien wie einst die Democrats, und jetzt die Grünen, weswegen vor Wahlen aufwendige Präferenz-Deal-Verhandlungen zwischen den Parteien durchgeführt werden (müssen).

3.6 Interessengruppen-Pluralismus

> *„The Labor union is probably the most important single type of pressure-group organization and accordingly deserves first place in any discussion of large lobbying organizations."* (Olson 1971: 135)

Lijphart unterscheidet majoritäre Demokratien und Konsensdemokratien auch an Hand ihres Korporatismusgrads. Je korporatistischer ein Staat ist, desto mehr Konsenselemente weist er auf: „The typical interest group system of majoritarian democracy is a competitive and uncoordinated pluralism of independent groups in contrast with the coordinated and compromise-oriented system of corporatism that is typical of the consensus model" (Lijphart 1999: 171).

Korporatismus steht im engen Sinn für ein System von Interessengruppen, die in nationalen, spezialisierten, hierarchischen und monopolistischen Dachorganisationen vereint sind und dadurch Teil des politischen Prozesses sind. Dieser ist durch tripartistische Vereinbarungen gekennzeichnet, die durch die Repräsentanten der Arbeitnehmer, der Arbeitgeber und der Regierungen getroffen werden. Klassischer Korporatismus ist nicht nur durch ökonomische Globalisierung und erodierende Bindung an traditionelle Interessenorganisationen in der Defensive, auch wird bloßes Labor-Management durch breitgefächerte Themen von Bildung über Gesundheit bis zur Umwelt- und Energiepolitik ergänzt. Auch wenn korporatistische Strukturen und die Häufigkeit ihrer Nutzung insgesamt abgenommen haben, so sind die Strukturen selbst nicht verschwunden (vgl. Lijphart 1999: 172ff.).

Kaum ein Untersuchungsgegenstand ist so unübersichtlich wie die zahlreichen Analysen, die Korporatismus-Indices er- und gegenüberstellen. Lijphart entwickelt keinen eigenen Index, sondern übernimmt den Index von

Siaroff, in dem er dessen Ergebnisse für die 60er, 70er, 80er und 90er Jahre (bei Siaroff nur getrennt dargestellt) zusammen führt (vgl. Siaroff 1999).

Siaroffs Index setzt sich aus unzähligen Aspekten zusammen, u. a. zeichnen sich korporatistische Länder durch eine sozialpartnerschaftliche Tradition im Bildungs- und Sozialbreich, niedrige Streikraten und hohe Sozial-, aber niedrige Verteidigungsausgaben und eine bedeutsame Sozialdemokratische Partei aus. Strukturell weisen sie idealer Weise einen hohen Grad an gewerkschaftlicher Organisation mit zentralen Dachorganisationen auf, die Branchen- oder Generalkollektivverträge verhandeln und betrieblicher Interessenvertretung wenig Autonomie lassen. Dem gegenüber stehen mächtige zentralisierte Arbeitgeberverbände und ein aktiver Staat der zumindest moderat in die Wirtschaft eingreift. Der Idealtyp für einen korporatistischen Staat schlechthin ist für Siaroff Österreich. Das andere Extrem stellen Kanada und die USA dar. Dort identifiziert Siaroff niedrigen gewerkschaftlichen Organisationsgrad, dezentralisierte Arbeitsbeziehungen und eine schwache Sozialdemokratie (vgl. Siaroff 1999: 177ff.). Im Falle Kanadas lässt sich Siaroffs Analyse der vier Jahrzehnte bis zur Jahrtausendewende nicht mehr auf die Gegenwart übertragen.

Siaroff verwendet statt dem Begriff Korporatismus den Begriff Integration. Der Integrationsindex wird aus acht verschiedenen Indikatoren gebildet, die jeweils für alle untersuchten Länder von 5 (größte Integration) bis 1 (geringste Integration) bewertet werden. Die Indikatoren sind: Streiklevel, Charakteristik der Gewerkschaften (von reformistisch wie in Deutschland bis revolutionär/konfrontativ in Lateinamerika), gesetzliche und staatliche Rahmenbedingungen für gewerkschaftliche Organisation, wirtschaftliche Koordination (nur 5, 3 und 1 werden hier vergeben, wobei 1 völlig unregulierte Marktwirtschaft ausdrückt), Mitbestimmung am Arbeitsplatz (ohne den Wert 4; von 5 – reguliert und mit Inklusion der Gewerkschaften – über 3 und 2 – keine gewerkschaftliche Inklusion notwendig bzw. nicht reguliert – zu 1 – erlaubt, aber selten), Art der Konfliktlösungsstrategie (5- sozialpartnerschaftlich bis 1 – staatszentriert), Ausmaß des *generalized political exchange* (von extensiv bis zu nicht vorhanden) und schließlich öffentlich-private Interaktion (vgl. Siaroff 1999: 194).

Vatter verwendet für seinen Index noch mehr Indikatoren als Siaroff, lässt aber jene, die den Grad des politisch-ökonomischen Konsenses messen (wie Streikraten) vollkommen aus. Er kommt dabei zu wesentlich anderen Ergebnissen wie Siaroff. Finnland löst hier Österreich als Prototyp des Korporatismus ab und sogar Länder wie Belgien und Irland (!) verweisen Österreich auf einen Platz im oberen Mittelfeld (vgl. Vatter 2009: 135f u. 151). Ich übernehme für meine Vergleichstabelle beispielhaft daher die aussagekräftigeren Berechnungen Siaroffs für die 80er und 90er Jahre und bilde daraus einen Mittelwert. Kanada hat demnach mit 1,8 den niedrigsten Wert, während Australien einen Wert von 2,7 aufweist.

3.6.1 Interessengruppen-Pluralismus in Kanada

Es gibt Zehntausende kanadische Interessenorganisationen, darunter auch zahlreiche Vertreter von Arbeitgeber- bzw. Arbeitnehmerinteressen. Institutionen wie die Sozialpartnerschaft oder tripartistische Konsultationsprozesse mit Vertretern der Arbeitgeber, der Arbeitnehmer und der Regierung gibt es in Kanada aber nicht. „Normally, such a process cannot take place in Canada because no single business groupings or labour association can claim to represent all the significant interests in their respective communities, and even the largest associations are accorded no functional representation in government policy-making" (vgl. Jackson u. Jackson 2009: 489). Zwar müssen wohl die Erklärungsansätze Siaroffs bzgl. des niedrigen Korporatismus-Indexes Kanadas hinterfragt werden, Tatsache ist jedoch, dass das Ausmaß von Korporatismus in Kanada äußerst gering ist.[10]

Die Arbeitgeberseite ist in Kanada in erster Linie durch die 1925 gegründete und 170.000 Mitglieder starke Canadian Chamber of Commerce repräsentiert. Weitere bedeutende Organisationen sind die Canadian Manufacturers Association oder die Canadian Federation of Agriculture (vgl. Brede u. Schultze 2008: 334).

Gewerkschaften

Kanada ist eines der wenigen Länder der Welt, in denen entgegen den umgekehrten internationalen Trends die Anzahl der Gewerkschaftsmitglieder stetig ansteigt. Waren im Jahr 1998 3,938.000 Arbeitnehmer Mitglied einer Gewerkschaft, so erhöhte sich diese Zahl innerhalb von 12 Jahren auf 4,645.000 im Jahr 2010. Die gewerkschaftliche Organisationsrate der kanadischen Arbeitnehmer betrug auf Grund eines stark wachsenden Arbeitsmarktes 2010 dennoch „nur" mehr 30,8% gegenüber 32,9% im Jahre 1998, allerdings erreichte die Organisationsrate 2010 den höchsten Stand seit 2003. 28,1% der Gewerkschaftsmitglieder sind Mitglied einer internationalen Gewerkschaft mit Zentrale in den USA (vgl. u. a. Human Ressources and Skills Development; Online).

---

[10] Kanadas NDP ist zwar kleiner als Australiens Labor Party, doch erstens entspricht die NDP viel mehr gängigen europäischen Vorstellungen einer sozialdemokratischen Partei, und zweitens ist insgesamt das sogenannte „linke" Parteienspektrum Kanadas traditionell stärker ausgeprägt als in Australien. Auch die gewerkschaftliche Organisationsrate ist in Kanada deutlich höher als in Australien oder in vielen anderen Industriestaaten, was die von Siaroff gebildeten Erklärungsvariablen „niedriger gewerkschaftlicher Organisationsgrad" und „schwache Sozialdemokratie" stark relativiert (vgl. Siaroff 1999: 177ff.).

Die Geschichte der kanadischen Gewerkschaftsbewegung geht bis ins frühe 19. Jahrhundert zurück. Die Kommunikation von kanadischen Gewerkschaften und ihren US-amerikanischen Gegenparts und die gemeinsame Interessenlage führten schon bald zu Eingliederungen kanadischer Teilgewerkschaften in amerikanische Dachverbände. Kanadas erster Premierminister, John MacDonald, schuf die entsprechenden Rahmenbedingungen, unter denen die Gewerkschaften legal ihrer Arbeit nachgehen konnten (vgl. Bothwell 2006: 235f.). Die kanadischen Gewerkschaften haben die Vorgängerpartei der NDP, die CCF, schon früh als politischen Arm ihrer Bewegung anerkannt. 1961 wurde schließlich die NDP gemeinsam von CCF und dem Gewerkschaftsdachverband Canadian Labour Congress (CLC) gegründet.

Der Canadian Labour Congress (CLC) ist bis heute der größte und einflussreichste Gewerkschaftsdachverband Kanadas, muss aber mit der regierungsfreundlicheren und unparteiischen Canadian Federation of Labour konkurrieren. Hinzu tritt noch als dritter Player die Confederation of National Trade Unions, die viele Gewerkschaften in Québec vereinigt (vgl. Jackson u. Jackson 2009: 474f u. 484).

3.6.2 Interessengruppen-Pluralismus in Australien

Dass Australien bei Siaroffs Index weit höher (= korporatistischer) eingeordnet wurde als Kanada, zeigt, wie schon oben erwähnt, dass auch der Aussagekraft dieses Indexes Grenzen gesetzt sind bzw. dass er innerhalb relativ kurzer Zeitperioden deutlichen realpolitischen Änderungen unterworfen ist. Vor allem die Daten für die 80er Jahre hoben Australien auf überdurchschnittliche Werte innerhalb der 24 untersuchten Demokratien. Tatsächlich waren 1986 noch 46% der Arbeitnehmer Gewerkschaftsmitglieder:

> *„This shift reflected the various Accords between the Labor government and the Australian Council of Trade Unions (ACTU), but perhaps even more importantly the adoption of a `Scandinavian´ outlook by the ACTU. In 1986 senior unionists visited Europe, resulting in a comprehensive report (Australia Reconstructed) which recommended a shift to `strategic unionism´ with an integrated long-term strategy à la Sweden and Norway. … However, by the 1990s the Accords became less substantive, and the return to power of the Australian conservatives in 1996 led to the ACTU returning to its traditional labourist outlook."*
>
> (Siaroff 1999: 197)

Das Gegenstück zur australischen Gewerkschaft ist die durch den Zusammenschluss von 40 Arbeitgeberorganisationen 1992 gegründete Australian Chamber of Commerce and Industry (ACCI).

Gewerkschaften

18% der 9,8 Millionen australischen Arbeitnehmer waren 2010 gewerkschaftlich organisiert, ein weiterer deutlicher Rückgang innerhalb kürzester Zeit, waren doch 2003 noch 23% der Arbeitnehmer auch Mitglied einer Gewerkschaft. Erst nach der Amtsübernahme der Labor Party wurde der Abwärtstrend gestoppt (vgl. Australian Bureau of Statistics; Online).

Die australische Gewerkschaftsbewegung hatte bereits im ausgehenden 19. Jahrhundert erste Erfolge erzielt, wurde jedoch im Rahmen der großen Streiks kurz vor der Jahrhundertwende erheblich geschwächt bzw. ihre Mitglieder mit Geld- oder langen Gefängnisstrafen von der Regierung aus dem Verkehr gezogen. Die Gewerkschaften unterstützten daraufhin aktiv die Gründung der Labour Party als ihren politischen Arm und profitierten bereits kurze Zeit später von deren ersten Regierungen (vgl. Crosby 2009: 57ff.). Das Australian Council of Trade Unions (ACTU) war 1927 als Dachorganisation aller Gewerkschaften gegründet worden, nur wenige Gewerkschaften entschieden sich danach noch für die Unabhängigkeit. 1921 waren bereits 50% der australischen Arbeitnehmer Mitglied einer Gewerkschaft. Die Mitgliederzahlen erreichten innerhalb eines Vierteljahrhundertes nach der Gründung des ACTU 1953 mit 65% ihren Höhepunkt, bevor die Organisationrate stetig zurückging. Bis Mitte der 70er Jahre hindurch konnte allerdings noch ein Wert von über 50% aufrecht erhalten werden, bevor die Rate massiv bis zum heutigen Wert abfiel (vgl. Bamber u. Davis 1999: 114f.).[11]

Die australischen Gewerkschaften unterstützten von Anfang an die *White Australia*-Politik und sahen vor allem die asiatische Migration als Bedrohung ihrer Stärke an. Erst sehr langsam bewegte man sich in dieser Frage. Die Hawke-Regierung stärkte 1984 den Einfluss der Gewerkschaften im Betrieb. Bevor gröbere Umstrukturierungen arbeitstechnischer oder organisatorischer Natur von Arbeitgebern eingeführt werden konnten, mussten die Arbeitnehmervertreter konsultiert werden. Die Gewerkschaften akzeptierten sinkende Lohnquoten, weil die Hawke-Regierung ande-

---

[11] Die Macht der australischen Gewerkschaften in den 70er Jahren zeigt sich auch in der gerne erzählten Anekdote von Frank Sinatras Australientour 1974. Sinatra fühlte sich von australischen Journalisten bedrängt und beleidigte diese während seinem ersten Konzert. Daraufhin rief die Gewerkschaft unter dem späteren Premierminister Bob Hawke zum Boykott auf. Flughafenmitarbeiter weigerten sich Sinatras Privatjet aufzutanken, und trotz dass Sinatra daraufhin einen Linienflug buchte, konnte er nicht mehr auftreten, bevor er sich förmlich entschuldigte.

rerseits die Arbeitsplatzsituation verbesserte. 1993 wurde zum ersten Mal ein Streikrecht gesetzlich verankert (vgl. Bamber u. Davis 1999: 117ff.).

Die Regierung Howard verschlechterte die Situation der Arbeitnehmerinteressenvertreter massiv. Arbeitgeber durften neu eingestellten Arbeitern/Angestellten individuelle Verträge anbieten. Wer keinen individuellen Vertrag unterzeichnen wollte, dem konnte der Arbeitsplatz verweigert werden. Aber auch, wenn ein Kollektivvertrag im Unternehmen galt, konnte der Arbeitgeber diesen individuellen Vertrag anbieten. Außerdem hatten Arbeitgeber generell das Recht, Kollektivvertragsverhandlungen abzulehnen, auch wenn das eine Mehrheit der Beschäftigten wünschen sollte. Unternehmen mit bis zu 100 Beschäftigten brauchten generell keine Kündigungsschutzbestimmungen mehr. Gewerkschaften mussten darüber hinaus 24 Stunden vor einem gewünschten Betriebsbesuch bekannt geben, warum sie den Betrieb aufsuchen möchten. Unorganisierte Betriebe durften nicht betreten werden. Vor allen Streiks mussten komplizierte Geheimabstimmungen durchgeführt werden. Die Änderungen der rechtlichen Rahmenbedingungen gingen nicht nur mit einem starken Rückgang der Gewerkschaftsmitgliedschaft einher, auch die Anzahl der Streiks ging rasch zurück. 1987 gab es etwa noch 1.519 Arbeitskämpfe, während im Jahr 2007, dem letzten Regierungsjahr von John Howard nur mehr 135 gezählt wurden (vgl. Australian Bureau of Statistics; Online). Nach der Machtübernahme der Labor-Regierung unter Kevin Rudd wurden eine Reihe von Mindeststandards in Gesetzesform gegossen. U. a. gilt wieder ein genereller Kündigungsschutz, die 38-Stunden-Woche, vier Wochen bezahlter Urlaub und das Primat der Kollektivverträge (vgl. Fair Work Australia 2009; Online).

3.7 Föderalismus

Zur Messung des Grades an Föderalismus werden von Lijphart folgende fünf Kategorien gebildet (vgl. Lijphart 1999: 189):

1 – Unitarisch und zentralisiert
2 – Unitarisch und dezentralisiert
3 – Semi-föderal
4 – Föderal und zentralisiert
5 – Föderal und dezentralisiert

Australien und Kanada werden von Arend Lijphart als klar dezentralisierte und föderale Systeme klassifiziert. Föderal in diesem Zusammenhang bedeutet, dass die entsprechenden Staaten über eine bundesstaatliche Verfassung verfügen. Nur sechs der 36 untersuchten Staaten wurden in diese Kategorie (5), die den höchsten Grad an Föderalismus darstellt, eingeordnet. Neben Australien und Kanada sind das auch die USA, Deutschland, die Schweiz und Belgien. Österreich liegt mit 4,5 knapp dahinter (vgl. Lijphart 1999: 189).

Das Gegenteil von föderal ist unitarisch. In unitarischen Ländern wie Großbritannien oder Neuseeland, die in Kategorie 1 fallen, gibt es keine geschriebene Verfassung. Außerdem sind diese beiden Länder völlig zentral regiert. „To maintain majority rule in the pure majoritarian model, the central government must control not only the central government apparatus but also all noncentral, potentially competing, governments. Majoritarian government is therefore both unitary (nonfederal) and centralized" (vgl. Lijphart 1999: 186).

Insgesamt zeigt sich, dass es doppelt so viele unitarische wie föderale Staaten gibt. Eine eigene Kategorie bilden die sogenannten „semi-föderalen" Staaten. Als solche werden jene (wenigen) Länder identifiziert, die Macht an halböffentliche Einrichtungen, sogenannte „nongeographically defined cultural communities among the constituent units of the federation", übertragen haben, etwas im Bereich der Bildung, Kultur oder Gesundheitsversorgung (vgl. Lijphart 1999: 191).

Bei der Erstellung eines Föderalismus-Indexes können auch Kategorien wie Anteil der Steuereinnahmen der Provinzen/Einzelstaaten versus der Steuereinnahmen des Bundes oder die Ausgestaltung etwaiger Länderverfassungen einbezogen werden. So übernimmt Vatter den Föderalismus-Index von Lijphart, ergänzt diesen aber mit einem zweiten Index, der den Anteil der provinziellen und lokalen Steuern am Gesamtsteueraufkommen misst (vgl. Vatter 2009: 136). Leider scheint dieser Index weder geeignet, majoritäre von konsensorientierten politischen Systemen zu unterscheiden, noch in der Lage zu sein, Unterschiede in den drei Hauptgruppen von Wohlfahrtsstaaten, nämlich dem liberalen, dem korporatistischen und dem sozialdemokratischen Modell (siehe genauer in Kapitel 4), aufzuzeigen. Schließlich weisen die USA mit 32,1% fast exakt den gleichen Wert wie die nordischen Staaten Dänemark (31,2%) oder Schweden (31,8%) bzw. das korporatistische Deutschland (29,1%) auf. Interessant sind die Ausreißer auf beiden Seiten: Kanada bildet mit 44,1% die klare Spitze, während die zentralistischen Staaten Großbritannien (4,1%), die Niederlande (2,6%) und Irland (2,3%) nach Griechenland (1,2%) die Schlusslichter bilden. Österreich (20,9%) und Australien (22,4%) liegen ziemlich genau im Mittelfeld (vgl. Vatter 2009: 152). Der große Abstand zwischen Australien und Kanada macht Vatters Index als unabhängige Variable allerdings ungeeignet.

Siaroff (vgl. Siaroff 2009: 232ff.) bezeichnet sowohl Australien als auch Kanada als „decentralized systems, which combine supermajoritarianism with localized-majoritarian elections". In dieser Gruppe befinden sich auch andere Staaten mit einer sehr großen Fläche, wie die USA, Indien oder Mexiko. In diesen Ländern sind vor allem die lokalen Wahlkreise bedeutend, Politikwechsel sind nur mit Supermajoritäten möglich und Regierungswechsel gehen fast immer mit einem Wechsel der Regierungspartei einher.[12]

3.7.1 Föderalismus in Kanada

„I will not be the last prime minister of Canada. Canada will stay together."
(Jean Chrétien, Premierminister 1993-2003; zitiert in Van Wegen 2001: 14)

Die Machtverteilung zwischen Zentrum und Peripherie stellt in den meisten Staaten einen heiklen politischen Interessenausgleich dar. Zur üblichen Zweiteilung in Bundes- und Provinzkompetenzen tritt im Falle Kanadas noch die Zweiteilung in englisch- und französischsprachiges Gebiet. Unilaterale Veränderungen des komplizierten Verhältnisses zwischen Bund und Provinzen sind ausgeschlossen.

„... the provincial governments are not subordinates of the federal government any more than the federal governments is subordinate to the provinces. Both are equally subordinate to the Constitution. ... In this respect, federalism can be understood as a contract between two levels of government. Neither party can change the terms of the contract on its own."
(Malcolmson u. Myers 2005: 68f.)

Dem Bundesstaat wurden dennoch von Anfang an größere Kompetenzen zugestanden als beispielsweise im südlichen Nachbarland USA. So garantiert die kanadische Verfassung der Regierung im Gegensatz zu ihrem amerikanischen Pendant exklusive Zuständigkeit für Handel, Justizangelegenheiten und die meisten Steuerfragen. Die Provinzrechte bzgl. Steuern beschränken sich auf direkte Steuern, die 1867 de facto noch ohne Bedeutung waren und (Lizenz-)Gebühren. Die Gründungsväter wollten eine möglichst zentralistische Konföderation errichten, was zunächst gelang,

[12] So wechseln sich in den USA Republikaner und Demokraten ab, in Kanada Liberale und Conservatives und in Australien die Liberal/National-Koalition mit der Labor Party.

aber durch die historischen Entwicklungen teilweise ins Gegenteil verkehrt wurde. Beispiele sind etwa die Zuständigkeiten für Gesundheit. 1867 war der Stand der medizinischen Versorgung noch auf einem relativ geringen Niveau, während heute die Gesundheitsausgaben zu den größten Budgetposten zählen. Auch wurden durch die Einführung der persönlichen und betrieblichen Einkommensteuern den Provinzen enorme Einkommensquellen in die Hand gegeben, die ebenfalls 1867 weder geplant noch vorhergesehen wurden (vgl. Malcolmson u. Myers 2005: 71ff.).

Veränderungen in den Beziehungen zwischen Ottawa und den Provinzen waren immer schwierig. So unterzeichnete Québec die 1982 nach langwierigen Verhandlungen in Kraft getretene neue Verfassung als einzige Provinz nicht. Der Versuch von Premierminister Mulroney, Québec ins Boot zu holen, scheiterte schließlich noch zwei weitere Male, wenn auch nicht an Québec. Mit dem *Meech Lake Accord* wollte man Québec und jeder anderen Provinz ein absolutes Veto gegen jegliche Verfassungsänderungen in die Hand geben, außerdem sollte der Supreme Court und der Senat von den Provinzen beschickt und nicht mehr von der Regierung ernannt werden. In der Provinz Manitoba verhinderten die Indianer eine Mehrheit im Parlament und Newfoundlands Premier Clyde Wells entpuppte sich als entschiedener Gegner des Vertrages, der ohne die Zustimmung aller Provinzen nicht in Kraft treten konnte und daher scheiterte. Ein zweiter Versuch, der *Charlottetown Accord*, wurde dem kanadischen Volk zur Abstimmung vorgelegt, scheiterte aber zum Entsetzen der Regierung Mulroney genauso wie der erste (vgl. Bothwell 2006: 488ff.). Der ehemalige Premierminister Trudeau hatte gegen beide Vorhaben mobil gemacht und auf diese Weise noch einen späten Erfolg erringen können (vgl. English 2009: 619ff.).

Die Souveränitätsbestrebungen der Provinz Québec brachten das föderale System zweimal zum Erschüttern. Sowohl 1980 als auch 1995 wurden Referenden für eine größere Unabhängigkeit abgehalten, letzteres wurde mit 49,4% Zustimmung beinahe gewonnen. Um eine Niederlage im Referendum zu vermeiden regierte der bedrängte Premierminister Chrétien noch ein paar Tage vor der Abstimmung mit einem Parlamentsbeschluss, der vorsah, dass keine Verfassungsänderung mehr angenommen werden würde ohne die Zustimmung Québecs, Ontarios, British Columbias und jeweils zwei der atlantischen und westlichen Provinzen (vgl. Jackson u. Jackson 2009: 233f. u. 241).

Jean Chrétien hatte sich vorgenommen, im Falle einer Niederlage beim Referendum die Souveränität Québecs nicht anzuerkennen und keinesfalls Verhandlungen für die Unabhängigkeit der Provinz zu führen. Notfalls würde er die kanadische Armee in Québec aufmarschieren lassen. Sogar ein Bürgerkrieg schien in gefährliche Nähe gerückt. Ein frankokanadischer Nationalist drang in dieser aufgeheizten Atmosphäre gar in die Residenz des Premierministers ein, um ihm die Kehle durchzuschneiden, was nur durch die schnelle Reaktion seiner Frau verhindert wurde (vgl. Martin 2003: 135ff.).

Nach dem Schock der Beinahe-Niederlage wurde das sogenannten *Social Union Framework* als weitere Maßnahme zur Besänftigung Québecs ersonnen. Ottawa stimmte zu, neue kofinanzierte Programme nur unter der Voraussetzung einzuführen, dass mindestens sieben Provinzen zustimmen, die darüber hinaus mindestens 50% der kanadischen Bevölkerung repräsentieren. Noch wichtiger: Jede Provinz, die beschließt, nicht an einem solchen Programm teilzunehmen, muss dennoch dieselben bundesstaatlichen Mitteln erhalten, um ein eigenes Programm finanzieren zu können (vgl. Malcolmson u. Myers 2005: 83). Die Gefahr einer Abspaltung Québecs wurde schließlich weiter eingedämmt durch ein Urteil des Supreme Courts, das eine unilaterale Sezession einer Provinz sowohl nach dem kanadischen als auch dem internationalen Recht als rechtswidrig und damit inakzeptabel einschätzte (vgl. Martin 2003: 207).

3.7.2 Föderalismus in Australien

> „ … the essential features, and the benefits, of a federal system are being undermined. The federal division of governmental powers in the written Constitution no longer describes the reality of Australian government. The demarcation of government responsibilities between the two tiers of government has become blurred and power has become too concentrated at the centre. Divisions of the High Court have too greatly expanded the law making power of the Commonwealth at the expense of the States and the States have become too financially dependent on the Commonwealth." (Summers 2006: 155)

Tatsächlich ist die jüngere australische Geschichte von immer stärkeren Zentralisierungstendenzen durchzogen, vor allem von Labor-Regierungen initiiert, ohne aber bislang das föderale System in seinen Grundfesten auszuhebeln. Die Steuerhoheit liegt in Australien ganz klar beim Bund. Die Kompetenz für Sozialleistungen im Alter, bei Krankheit, Arbeitslosigkeit und sozialer Bedürftigkeit sowie für Familien ist ebenfalls im Wesentlichen in Canberra angesiedelt (vgl. Obinger u. a. 2008: 14 u. 24f.). Redundanzen häuften sich im Laufe der Zeit: „In the 109 years since 1901, the Commonwealth government has replaced or duplicated state powers to the point where it can be argued that in our present, three-tiered system state governments are not only redundant and wasteful but also obstructive, and should go“ (vgl. Malouf 2010; Online).

Das australische Commonwealth wurde bedeutend später gegründet als sein kanadisches Pendant. Als sich 1901 sechs selbstverwaltete Kolonien unter einer gemeinsamen Verfassung vereinigten, blieben die meisten Regierungskompetenzen der Einzelstaaten intakt. So unterschiedliche Politikfelder wie Bildung, Spitalswesen, öffentliche Ordnung oder Stadtentwicklung blieben in der Kompetenz der Staaten. Die erste Machtverschiebung zu Gunsten der Bundesregierung erfolgte 1942, als die Regierung Chifley die finanziellen Bürden des Zweiten Weltkrieges gleichmäßig auf die australische Bevölkerung verteilen wollte und dafür die unterschiedlichen Einkommensteuersätze aller Staaten unter einem Bundes-Steuergesetz vereinheitlichte, eine Maßnahme die dann auch nach dem Krieg aufrecht erhalten und vom High Court bestätigt wurde (vgl. Summers 2006: 135f. u. 149).

In den 70er Jahren verknüpfte die Whitlam-Regierung zahlreiche finanzielle Unterstützungen aus dem Bundesbudget an bestimmte Auflagen, die alle Staaten zu erfüllen hatten. 1997 verstärkte der High Court nochmals die Zentralisierung, in dem er eine Unternehmenssteuer von New South Wales aufhob und gleichzeitig klarstellte, dass jede Steuer, die als Umsatz-, Verkaufs- oder Konsumsteuer interpretiert werden könnte, ausschließliche Bundeskompetenz ist. Die finanzielle Unabhängigkeit der Staaten wurde so ein weiteres Mal empfindlich eingeschränkt (vgl. Summers 2006: 137f.).

1992 wurde das *Council of Australian Governments* (COAG) gegründet, das sich zweimal im Jahr trifft um Bund-Länder-Themen zu erörtern. Neben dem Premierminister und den Regierungschefs aller Einzelstaaten und Territorien hat auch der Präsident der *Australian Local Government Association* einen Sitz. Dieses neu geschaffene Gremium schaffte es aber nicht, die Zentralisierungstendenzen zu stoppen. Um die jährlich zunehmenden Finanzprobleme in den Griff zu bekommen, beschloss die Howard-Regierung 1999 zwar, die finanziellen Unterstützungszahlungen des Commonwealth in seiner bisherigen Form abzuschaffen und stattdessen die Einnahmen der neuen *Goods and Services Tax* (GST) komplett und automatisch an die Staaten zu überweisen. Gleichzeitig nahmen aber die Zahlungen, die an restriktive Auflagen verknüpft sind, zu und ausgerechnet die Howard-Regierung, die den Zentralismus der Labor-Vorgängerregierungen immer heftig kritisiert hatte, verlangte stärkere Kontrolle über Bereiche wie Berufsbildung, Schulen, Arbeitsbeziehungen oder lokale Gesundheitspolitik. Sogar die Einschränkung von Gewerkschaftsrechten wurde zur Bedingung für die finanzielle Unterstützung der Instandhaltung der öffentlichen Infrastruktur der Einzelstaaten (vgl. Summers 2006: 144f. u. 150ff.). Dennoch bietet das COAG einen wesentlichen Vorteil: „Separately, each of the states might be very much weaker than the federal government, but collectively they can arrange terms of a policy partnership to strengthen their capacity as designers as well as deliverers of welfare services“ (Castles u. Uhr 2005: 84).

3.8 Konzentration der Legislativmacht

Die Konzentration der Legislativmacht stellt Lijphart mit Hilfe einer vierstufigen Skala zur Messung der Machtverteilung zwischen den Ober- und Unterhäusern der Parlamente, sofern es in diesen zwei Kammern gibt, dar (vgl. Lijphart 1999: 212):

1 – Einkammersystem
z. B. Finnland, Schweden

2 – Schwach ausgeprägter Bikameralismus: asymmetrisch und kongruent, z. B. Österreich, Irland

3 – Mittlerer Bikameralismus: asymmetrisch und inkongruent
z. B. Kanada, Frankreich
Oder: symmetrisch und kongruent
z. B. Japan, Italien

4 – Starker Bikameralismus: symmetrisch und inkongruent
z. B. Australien, USA

Die stärkste Konzentration der Legislativmacht gibt es in Einkammersystemen wie sie etwa in Finnland oder Schweden üblich sind. Bei Systemen mit zwei Kammern unterscheidet Lijphart verschiedene Ausprägungsformen. Zum einen muss festgestellt werden, wie sehr die zweite Kammer der ersten untergeordnet ist. Die Budgethoheit obliegt überall der ersten Kammer. Entscheidend ist daher etwa die Frage, ob ein Veto der Zweiten Kammer nur aufschiebende Wirkung hat oder das Gesetzesvorhaben zu Fall bringt. Bikamerale Parlamente, in denen die formale Macht der beiden Kammern gleich ist oder nur unwesentlich voneinander abweicht, bezeichnet man als symmetrisch, während Kammern mit deutlich divergierenden Kompetenzen als asymmetrisch bezeichnet werden.

Des Weiteren ist es erforderlich, die Methode der Zusammensetzung der beiden Kammern gegenüberzustellen. Während alle Unterhäuser direkt gewählt werden gibt es in vielen Oberhäusern Ernennungen bzw. Zuteilungen durch Provinzregierungen. Wenn die zweite Kammer dagegen gewählt wird, kann diese Wahl gestaffelt erfolgen, d.h. nicht alle Abgeordneten werden zur selben Zeit und für dieselbe Zeitperiode gewählt. Auch die Anwendung anderer Wahlverfahren als für die Wahlen zum Unterhaus ist möglich. Sind die beiden Kammern nun sehr unterschiedlich zusammengesetzt, spricht man von inkongruentem Bikameralismus, bei ähnlicher Zusammensetzung von kongruenten Kammern (vgl. Lijphart 1999: 204ff.). Den geringsten Grad an Konzentration weisen Länder auf, die ein Zweikammerparlament besitzen, das beiden Kammern in etwa die gleiche legislative Kompetenz zuerkennt und das beide Kammern auf unterschiedliche Art und Weise zusammensetzt (= inkongruent). Das träfe auf das US-amerikanische bzw. auch das australische Parlament zu.

Dagegen ist etwa das britische Parlament asymmetrisch, weil das traditionelle House of Lords nur wenig Macht ausübt. Zusätzlich ist es inkongruent, weil die Mitglieder des Oberhauses nicht gewählt, sondern auf Lebenszeit ernannt werden. Großbritannien ist eines der Länder, die zwischen zwei Kategorien eingeordnet werden: zwischen mittlerem und schwachem Bikameralismus. Mehr Macht als das britische hat das, ebenfalls ernannte, kanadische Oberhaus, weswegen es als asymmetrisch und inkongruent (Kategorie 3) eingestuft wird, die zweithöchste Kategorie nach Lijphart. Österreich rangiert nur in Kategorie 2. In Österreich ist die Macht der zweiten Kammer gering, die Abgeordneten des Bundesrates werden zudem nach dem Bevölkerungsprinzip besetzt, statt eine gleiche Anzahl an Abgeordneten für jedes Bundesland vorzusehen, wie es etwa in den USA üblich ist, wo jeder der 50 Staaten je zwei Senatoren wählt (vgl. Lijphart 1999: 200 u. 206f.).

Trotz aller Unterschiede gibt es Charakteristika, welche die meisten der untersuchten Parlamente aufweisen:

» Wenn es eine zweite Kammer gibt, dann ist sie immer kleiner als die erste Kammer.

» Die Legislaturperioden von zweiten Kammern sind länger als die in der ersten Kammer (zum Beispiel sechs versus zwei Jahre in den Vereinigten Staaten bzw. sechs versus drei Jahre in Australien).

» Wenn zweite Kammern gewählt werden, dann oft nicht auf einmal, sondern gestaffelt (in den USA wird alle zwei Jahre ein Drittel des Senates erneuert, in Australien alle drei Jahre die Hälfte).

Vatter übernimmt Lijpharts Ansatz (vgl. Vatter 2005 u. Vatter 2009) und kommt dabei in seiner *updated version* abgesehen von zwei kleinen Abweichungen im Falle Islands und Großbritanniens zu den exakt gleichen Ergebnissen.

3.8.1 Legislative in Kanada

> *„The present parliament is like a cemetery in which only the dead have been left to guard it." (John G. Diefenbaker, Premierminister 1957-63;*
> in: Diefenbaker 1972: 1)

Eine Parlamentssession beträgt in der Regel ein Jahr. Oder so lange, bis der Premierminister mit den Ergebnissen zufrieden ist. Innerhalb einer Legislaturperiode sind mehrere Sessions üblich, wobei jede Session durch eine neue Thronrede initiiert wird. Im Gegensatz zu den Zweikammerparlamenten der USA oder Australiens kann im Falle Kanadas nur das Unterhaus als demokratische Institution bezeichnet werden. Die größte Oppositionspartei wird zu *Her Majesty`s Loyal Opposition* bzw. zur *official opposition*. Dem Oppositionsführer stehen spezielle Redeprivilegien zu, sowie eine eigene Residenz. Jedes Regierungsmitglied hat ein oppositionelles Gegenüber, das dem *shadow cabinet* angehört. Die Anzahl der Sitze, die einer Provinz zukommt, soll dem prozentuellen Bevölkerungsanteil der Provinz entsprechen. Die kleine Prince Edward Island und die drei Territorien sind sogar etwas überrepräsentiert. Insgesamt sind im House of Commons, dem einzigen Unterhaus eines Commonwealth-Staates, das denselben Namen trägt wie sein Pendant in Großbritannien, 308 Sitze zu vergeben. Werden Sitze innerhalb einer Legislaturperiode frei, so werden im entsprechenden Wahlkreis Nachwahlen abgehalten (vgl. Malcolmson u. Myers 2005: 123ff.).

Die wichtigste Figur im Parlament ist der Speaker. Er ist für die Administration zuständig und sitzt den Debatten vor. Bei Reden müssen die Parlamentarier den Speaker ansprechen, nicht den Politiker der Fraktion, an den sich die Inhalte eigentlich richten. Über andere Parlamentarier spricht man in der dritten Person, dies soll die Konflikte entschärfen. Andere wichtige Funktionen nehmen der Clerk-of-the- House, zuständig für die Protokolle, der Sergeant-at-arms, ein Militärangehöriger, der für die Sicherheit zuständig ist sowie der Auditor-General und der Ethics Commissioner ein. Der Auditor-General muss das Budget und die Ausgaben überwachen. Der Ethics Commissioner überprüft das ethische Verhalten der Regierungsmitglieder. Um so unabhängig wie möglich agieren zu können, ist das Amt auf eine Periode von fünf Jahren beschränkt, ohne Möglichkeit der Verlängerung (vgl. Malcolmson u. Myers 2005: 124ff.).

Die meisten behandelten Gesetzesvorlagen stammen von der Regierung (*government bills*). Wie in vielen Parlamenten sind auch im House of Commons drei Lesungen vorgesehen, bevor das Gesetz durch den sogenannten *royal assent* gültig wird. Die Gesetzesvorschläge werden zuerst im zugehörigen Palamentskomitee erörtert. Die Regierungspartei hält in jedem Komitee die Mehrheit.

Premierminister Paul Martin wollte die Parteidisziplin im Parlament etwas aufbrechen. Bislang war eine Stimmabgabe gegen die eigene Partei gleichbedeutend mit dem Ende der politischen Karriere in dieser Partei. Zwar blieben Angelegenheiten, bei denen es um prinzipielle Vertrauensfragen ging, nach wie vor dem Parteizwang unterworfen (sogenannte *three-line votes*), doch konnten bei sogenannten *two-line votes*, bei denen die Regierung zwar eine klare und einstimmige Position hat, Mitglieder des Regierungslagers nach ihrem Gewissen entscheiden. Bei *one-line votes* durften schließlich auch Regierungsmitglieder frei entscheiden, weil die Regierung keine offizielle Position in dieser Frage hat. Diese Möglichkeiten der freien Entscheidung bringen einerseits ein Mehr an Demokratie, anderseits können sie die Position der Regierung, in diesem Fall der Liberals, empfindlich schwächen, wenn sie einer geeinten Opposition gegenübersteht (vgl. Malcolmson u. Myers 2005: 131f.).

Das Bevölkerungsprinzip und damit die Neuverteilung der Sitze nach einer Bevölkerungszählung im House of Commons wird durch drei Regeln verzerrt, die dazu führen, dass Provinzen mit Bevölkerungsschwund überrepräsentiert sind:

» Jede Provinz muss mindestens so viele Unterhaussitze bekommen wie sie Senatoren hat.

» Jede Provinz muss mindestens so viele Sitze haben, wie sie 1986 hatte.

» Keine Provinz darf durch die neuesten Bevölkerungsdaten mehr als 15% der Sitze verlieren.

Der Senat

Der Senat war ursprünglich als Ausgleich zum House of Commons eingeführt worden. Er sollte die Eigentumsverhältnisse schützen. So wurden nur jene Kanadier als Senatoren zugelassen, die über ein Vermögen in bestimmter Höhe verfügten: 4.000 Dollar. 1867 war das noch viel Geld, das die wenigsten aufbringen konnten. Heute ist dieser Betrag natürlich stark entwertet. Der Senat hat derzeit 105 Sitze. Ontario und Quebec halten jeweils 24. Die Maritimen Provinzen haben gemeinsam 24, der Westen ebenfalls. Newfoundland and Labrador, erst seit 1949 ein Teil Kanadas, hat sechs Sitze. Die drei Territorien halten jeweils nur einen Sitz (vgl. Malcolmson u. Myers 2005: 132). Die Sitzverteilung hat sich schon länger zu Ungunsten der bevölkerungsreichen Provinzen Ontario oder British Columbia verschoben. B.C. hält mit einer Bevölkerung von vier Millionen nur sechs Sitze, während Nova Scotia mit einer Million Einwohner zehn Sitze hält.

Der Senat hat in der Theorie, abgesehen von der Budgethoheit des Unterhauses, die gleichen Rechte wie die andere Kammer, auf Grund der Tatsache, dass Senatoren nicht gewählt werden und dadurch die demokratische Legitimation fehlt, kommt diesen Rechten in der Praxis aber nur selten Bedeutung zu. Senatoren werden schließlich vom Premierminister nach dessen politischen Präferenzen ausgewählt (vgl. Brede u. Schultze 2008: 322).

Seit der Mitte des 20. Jahrhunderts ist es nicht mehr üblich, Gesetzesvorschläge des Unterhauses zurückzuweisen, auch wenn in Einzelfällen zumindest kleinere Änderungen verlangt wurden. So wurde zum Beispiel ein umstrittenes Gesetz gegen Tierquälerei immer wieder zurückgewiesen. Komplett abgelehnt wurden die strengen Abtreibungsgesetze der Regierung Mulroney sowie das Freihandelsabkommen mit den USA. Bei der Einführung der Mehrwertsteuer bediente sich Premierminister Mulroney einer alten Verfassungsklausel, erhöhte die Anzahl der Senatoren um acht und erlangte so die benötigte Mehrheit. Ein Premierminister kann die Anzahl der Senatoren um vier oder acht Personen erhöhen (vgl. Malcolmson u. Myers 2005: 133f.).

Die sozialdemokratische NDP und der Bloc Québécois fordern die Abschaffung des Senates, u. a. weil die Mehrzahl der Senatoren mit der Business-Elite verwoben sei. Andere Vorschläge regen eine Reform in Richtung mehr Demokratie an. In der Provinz Alberta werden seit 1990 Wahlen für *senators-in-waiting* abgehalten, allerdings folgte außer Premierminister Mulroney niemand dem Ausgang dieser Wahlen (vgl. Malcolmson u. Myers 2005: 134f.). Der *Charlottetown Accord* hätte eine gleiche Anzahl an Senatoren aus allen Provinzen vorgesehen, unterlag aber 1992 in einem Referendum. Premierminister Stephen Harper hatte bei den Wahlen versprochen, die inoffiziellen Wahlen in Alberta wieder zu berücksichtigen bzw. die Amtszeit von Senatoren generell auf acht Jahre zu begrenzen. Außerdem strebte seine Regierung die Volkswahl von Senatoren an. In der Praxis war man aber bislang eher daran interessiert, den Senat mit konservativeren Senatoren umzufärben. Im August 2009 besetzte

Harper hierfür gleich neun freie Senatorensitze mit Parteifreunden. Damit waren nur mehr 53 der 105 Sitze von Liberalen und bereits 46 von den Konservativen besetzt (vgl. The Globe and Mail 28.8.2009). Diese Politik wurde in Folge konsequent weiter geführt bis die gewünschte konservative Mehrheit im Senat errungen wurde.

Viele ehemalige Minister, Premiers von Provinzregierungen oder andere Würdenträger der Konservativen und Liberalen finden sich im Senat wieder. Der Speaker des Senates darf nicht nur bei Stimmengleichheit mitstimmen wie sein Kollege im Unterhaus, sondern seine Stimme gleichberechtigt wie jedes andere Mitglied des Senates abgeben. Bei Stimmengleichstand gilt ein Gesetz als abgelehnt. Der *Leader of the Government in the Senate* ist in der Regel das einzige Regierungsmitglied aus dem Senat (vgl. The Senate of Canada; Online).

3.8.2 Legislative in Australien

Ähnlich wie in den USA repräsentiert das australische Zweikammerparlament einen Ausgleich zwischen dem Bevölkerungs- und dem *one state one vote*-Prinzip. Während nämlich im House of Representatives die Anzahl der Abgeordneten von der Bevölkerungszahl der Provinz abhängt, stellt im Senat jede Provinz 12 Abgeordnete. Die Northern Territories und der Australian Capital District (ACD) haben dagegen in beiden Häusern je zwei Sitze. Beinahe alle Gesetzesanträge werden, analog zu Kanada, von Vertretern der Regierungsparteien eingebracht. Sie müssen eine Mehrheit in beiden Häusern erhalten (vgl. Australian Government Solicitor 2006: viiif.). Nachdem Regierungen zwar immer eine Mehrheit im Unterhaus, aber des öfteren keine im Oberhaus halten, sind Verhandlungen mit kleineren Parteien bzw. deren Abgeordneten üblich. Dadurch wird es erforderlich, den einen oder anderen Passus des Gesetzesvorschlages noch einmal zu überarbeiten oder nachzubessern, um die erwünschte Mehrheit zu erzielen.

Am Nachmittag jeder Parlamentssession gibt es eine sogenannte *question time*, in der Abgeordnete beider Häuser ohne Vorbesprechung Fragen an die Regierung richten können. Dabei werden Fragen abwechselnd von Mitgliedern der Regierungspartei(en) und der Oppositionsparteien angenommen, wobei die Hälfte der Fragen vorab arrangiert wurde (vgl. Summers 2006b: 75).

Im Gegensatz zu den Parlamenten der sechs Provinzen, behält sich bei den Territorien das Bundesparlament die Letztentscheidung vor. Beschlüsse der Northern Territories oder des ACD können also jeder Zeit von Canberra aufgehoben werden. 1986 wurde schließlich, wie vier Jahre zuvor in Kanada, die theoretische Kompetenz des englischen Parlamentes abgeschafft, australische Gesetze außer Kraft zu setzen.

Der Senat wird in der Regel, sofern es zu keiner *double dissolution* beider Kammern kommt, alle drei Jahre zur Hälfte erneuert, während das Unterhaus vollständig neu zusammengesetzt wird. Für die beiden Häuser werden, anders als in den USA, unterschiedliche Wahlsysteme verwendet. Interessanter Weise wird bei den Wahlen zum Oberhaus eine Art eingeschränktes Verhältniswahlrecht (die Staaten bilden je einen Wahlkreis, Zweit- und Drittstimmen kommen zur Anwendung) angewandt, während im Unterhaus eine absolute Mehrheit in Einerwahlkreisen notwendig ist. Die zwei Häuser praktizieren ein gegenseitiges *check and balance*-System (siehe dazu genauer unter 3.5.2.).

Für das Tagesgeschäft im Unterhaus wird üblicherweise zwischen dem *Leader of the House*, welcher der führenden Regierungspartei angehört und dem *Manager of Opposition Business* verhandelt. Auch die Rolle der Oppositionspartei ist formalisiert. So formt diese ein Schattenkabinett, das sich in den selben Politikfeldern etabliert wie die Regierung und das jeder Zeit bereit ist, sein Amt anzutreten: „This ensures that elections provide a real choice of alternative government to the people" (Vromen u. Gelber 2005: 63).

Die These des *decline of parliament*[13] wird auch in Bezug auf das australische Parlament diskutiert. Wie in den meisten Parlamenten kommt bei Abstimmungen die Parteidisziplin zum Tragen, und keine offene Diskussion. Einerseits ist dafür nicht genug Zeit vorhanden, andererseits haben die Abgeordneten oft überhaupt nicht genügend Informationen zur Verfügung um die verschiedenen Optionen richtig einschätzen zu können. Die Auswirkungen sind im Falle Australiens durch den Einzug kleinerer Parteien in den Senat etwas abgeschwächt worden.

Der Senat

> *„… the Senate in Australia has become a house of minorities whose primary concern is to broker interests that go un- or under-represented in the lower house."*
> (Smith 2003: 27)

---

[13] Der *decline of parliament* ist bereits Ende des 19. Jahrhunderts erstmals diskutiert worden und wird bei Anlässen wie Integration in supra- und internationalen Institutionen immer wieder aktuell. Im Kern besagt die These, dass die demokratische Gesetzgebungsfunktion nicht mehr adäquat erfüllt werden kann, sei es wegen zu großer Entscheidungsmacht der jeweiligen Regierung, sei es durch Einparteienregierungen, welche die Zusammenarbeit mit anderen parlamentarischen Fraktionen obsolet machen.

Der australische Senat war die erste vom Volk gewählte zweite Kammer der Welt. Ursprünglich (1901) bestand der Senat bloß aus 36 Senatoren. Diese Anzahl wurde schrittweise auf 76 erhöht. In der Verfassung ist festgelegt, dass die Anzahl der Senatoren halb so groß sein soll wie die Anzahl der Abgeordneten im House of Representatives. Wird die Anzahl der Abgeordneten im Unterhaus erhöht, so muss auch der Senat „nachziehen". Nach der Einführung des Verhältniswahlrechtes für die Senatswahlen entwickelte sich das Oberhaus durch die stärkere Repräsentation kleinerer Oppositionsparteien immer mehr zum Zünglein an der Waage: Zu zwei Dritteln der Zeit hat die jeweilige Regierung keine Mehrheit im Senat (vgl. Smith 2003: 22ff.). Seit 1981 gab es schließlich überhaupt nur mehr einmal, nämlich in den Jahren 2005 bis 2008, eine Regierungsmehrheit in beiden Häusern.

Der australische Senat darf keine budgetären Maßnahmen oder Steuergesetze einbringen bzw. diese auch nicht abändern. Auch die meiste andere Legislation wird vom House of Representatives angeregt. Doch hat der Senat die Macht diese Gesetzesvorschläge wie auch neue Staatsausgaben zurückzuweisen (vgl. Australian Government Solicitor 2006: 25). Ansonsten ist seine Macht de facto gleichbedeutend mit der des Unterhauses. Zu diesem Schluss kommen Obinger u. a. (vgl. Obinger u. a. 2008: 17) auch bzgl. dem kanadischen Senat, dem widerspricht die kanadische politische Praxis aber vehement.

Der Senat wird bei jeder Wahl zur Hälfte erneuert, die Amtszeit der Senatoren ist fixiert und beträgt sechs Jahre, um unabhängiger von jeweiligen politischen Stimmungswechseln agieren zu können als die maximal alle drei Jahre zur Wahl stehenden Kollegen im Unterhaus. Die sechsjährige Amtszeit endet immer an einem 30. Juni. Im Falle einer *double dissolution*, der gemeinsamen Auflösung beider Häuser, die nur möglich ist, wenn der Senat zweimal die Verabschiedung einer Unterhausvorlage verweigert, müssen sich aber alle Senatoren der Wiederwahl stellen. Seit 1975 können neben den sechs Provinzen auch die beiden Territorien Senatoren ins Parlament wählen. Deren Amtszeit ist allerdings mit jener im House of Representatives gleichgeschaltet (vgl. Parliament of Australia/Senate; Online).

3.9 Rigidität der Verfassung

Eine entscheidende Frage für die Ausformung eines demokratischen Systems ist die Rigidität der zugrunde liegenden Verfassung. Das bedeutet zu analysieren, wie leicht oder schwierig die jeweilige Verfassung abgeändert werden kann. Reicht eine einfache Mehrheit im Parlament oder ist eine Zweidrittelmehrheit, vielleicht noch verknüpft mit einem zusätzlichen Referendum, von Nöten? Lijphart unterteilt die untersuchten Demokratien hierfür wieder in vier Gruppen, die sich durch den jeweils vorgesehenen Prozess der Verfassungsänderung unterscheiden (vgl. Lijphart 1999: 218ff.):

1 – Gewöhnliche Mehrheiten im Parlament sind ausreichend.
In dieser Gruppe ist die Rigidität der Verfassung am schwächsten ausgeprägt. Großbritannien und Neuseeland werden zu dieser Gruppe gezählt, beides Länder ohne geschriebene Verfassung.

2 – Mehrheiten zwischen gewöhnlichen Mehrheiten und Zweidrittelmehrheiten im Parlament sind erforderlich.
Hier fallen zum Beispiel Dreifünftelmehrheiten oder gewöhnliche Mehrheiten plus anschließendem Referendum hinein. Beispiele sind etwa die beiden skandinavischen Länder Schweden und Dänemark.

3 – Zweidrittelmehrheiten sind im Parlament erforderlich.
In der am häufigsten vertretenen Kategorie braucht man eine Zweidrittelmehrheit oder eine vergleichbare parlamentarische Lösung. In diese Kategorie ordnet Lijphart neben Österreich und den Niederlanden auch Finnland ein.

4 – Supermehrheiten auf mehreren Ebenen sind vorgesehen.
In dieser Gruppe sind zusätzlich zu einer Zweidrittelmehrheit im Parlament noch weitere Mehrheiten notwendig, beispielsweise die obligatorische Zustimmung der Provinzen/Länder oder ein Referendum. Neben den USA gehören auch Kanada und Australien in diese Kategorie.

Vatter kritisiert an Lijpharts Index die unsystematische Betrachtung von Referenden sowie die Tatsache, dass dieser nur die am wenigsten restriktive Methode für Abänderungen zählt, während viele Länder für bestimmte Kernelemente der Verfassung restriktivere Regeln vorsehen oder diese generell unmöglich machen (vgl. Vatter 2009: 137). Stattdessen wendet Vatter den detaillierteren Index (der aus einer Skala von 1.0 bis 9.5 besteht) von Lorenz an, welcher die verschiedenen Wahlebenen genauer unterscheidet und auch die außerparlamentarischen Akteure differenzierter betrachtet (vgl. Lorenz 2005). Lorenz verändert Lijpharts Skala leicht, in dem sie Dreifünftelmehrheiten wie Zweidrittelmehrheiten mit 3 Punkten bewertet und Mehrheiten über Dreifünfteln mit 4 Punkten bewertet. Lijpharts Skala wird sowohl für Abstimmungen im Unterhaus, im Oberhaus als auch bei Referenden extra angewendet und zusammengezählt. Zusätzlich vergibt Lorenz Punkte, wenn in einer Legislaturperiode über eine Verfassungsänderung zweimal abgestimmt werden muss (1 Punkt) oder eine zweite Abstimmung nach einer Neuwahl erfolgen muss (2 Punkte). Vetomöglichkeiten durch Verfassungsgerichtshöfe, Regierungen oder Präsidenten ergeben jeweils einen zusätzlichen Punktewert.

Während Kanada und Australien bei Lijphart beide den Höchstwert 4 bekommen, gibt es bei Lorenz eine kleine Differenzierung: Kanada liegt mit 7 Punkten einen Punkt unter Australien (Lorenz 2005: 346 u. 358). Ich verwende in meiner Vergleichstabelle den komplexeren Wert von Lorenz.

3.9.1 Die Verfassung in Kanada

> *„In fact, virtually all of the legal rules on executive power and on executive-legislative relations are the stuff of constitutional conventions. Neither in Canadian law nor in the original British legal sources can one find anything of substance on the offices of the Queen, the prime minister, the cabinet, or the parliamentary executive system."* (McWhinney 2005: 23)

Die kanadische Verfassung besteht nicht nur aus Verfassungsgesetzen, sondern auch aus Verfassungskonventionen wie in Großbritannien. Die erste kanadische Verfassung war der *Canada Act* von 1867. Darin waren noch keine Regeln festgelegt, wie die Änderung der Verfassung von Statten gehen soll. Nachdem der *Canada Act* ein Gesetz des britischen Parlamentes war, musste die jeweilige kanadische Regierung ihre Änderungswünsche an das britische Parlament nach London schicken, wo diese beschlossen wurden. Dass diese Praxis unbefriedigend war, liegt auf der Hand, wegen unterschiedlicher Interessen und Vorstellungen vor allem zwischen Bund und Provinzen war es jedoch bis 1982 nicht möglich, sich auf einen Kompromiss für eine neue Verfassung zu verständigen, und selbst dieser späte Kompromiss wurde von Québec nicht mitgetragen (vgl. Malcolmson u. Myers 2005: 36ff.).

Anfang der 80er Jahre brachten acht von zehn Provinzen die Sache vor den kanadischen Supreme Court. Dieser entschied, dass, sofern keine Einigung mit den Provinzen erzielt werden kann, die Bundesregierung auch eine unilaterale Entscheidung treffen darf. Premierminister Trudeau gelang es daraufhin alle Provinzen außer Québec ins Boot zu holen. Die neue Verfassung von 1982 gilt dennoch auch in Québec, weil sie noch ein Gesetz des britischen Parlamentes darstellt. Für Änderungen der neuen Verfassung bedarf es allerdings bei ihren fünf Kernelementen der Zustimmung des Bundesparlamentes und aller Provinzen. Als Kernelemente wurden die

Institution der Krone, die Mindestanzahl der Sitze, die eine Provinz im Parlament hat, die Verwendung von Englisch und Französisch, die Zusammensetzung des Supreme Court und die Prozedur zur Verfassungsänderung definiert. Die meisten anderen Verfassungsänderungen bedürfen der Zustimmung des Bundesparlamentes und der Legislativen von zwei Dritteln der Provinzen, die aber mindestens die Hälfte der kanadischen Bevölkerung repräsentieren müssen. Das heißt, keine Verfassungsänderung ist mehr ohne die Zustimmung von mindestens einer der beiden bevölkerungsreichsten Provinzen, Ontario oder Québec, möglich (vgl. Malcolmson u. Myers 2005: 37ff.).

Um auch die Provinz Québec ins Boot zu holen, ließ Premierminister Mulroney Mitte der 80er Jahre einen neuerlichen Änderungsvorschlag ausarbeiten, der Québec als *distinct society* etablieren und jeder Provinz ein absolutes Vetorecht in Verfassungsfragen gewähren sollte. Zunächst erhielt Mulroney die Zustimmung aller Provinzregierungen, doch die kritische öffentliche Meinung und Regierungswechsel in manchen Provinzen brachten den *Meech Lake Accord* zu Fall. Die unter dem Namen *Charlottetown Accord* versuchte Neuauflage, mit der beabsichtigt wurde, diesmal auch auf die Repräsentations-Anliegen der Aborigines und der Frauen stärker einzugehen, scheiterte 1992 ebenso. Um den im Rahmen von *Meech Lake* oft vorgebrachten Vorwurf eines undemokratischen Vorgehens dieses Mal zu vermeiden, hatte Mulroney ein Referendum durchführen lassen (vgl. Malcolmson u. Myers 2005: 42f.). Zu seinem großen Erstaunen stimmte bloß die Bevölkerung von fünf der damals zwölf Provinzen und Territorien für den Vorschlag (vgl. Jackson u. Jackson 2009: 427f.).

Ob dieses freiwillige Referendum ein Tor Richtung einer Verfassungskonvention, die Volksbefragungen bei Verfassungsänderungen vorsieht, darstellt, bleibt abzuwarten.

3.9.2 Die Verfassung in Australien

> *„The constitution enumerates only a very limited number of exclusive Commonwealth powers. These relate to the seat of government, the control of the Commonwealth public service and the right to impose customs and excise duties."* (Castles u. Uhr 2005: 59)

Die heutige gültige australische Verfassung trat am 1. Jänner 1901 in Kraft. Sie spiegelt einen in den 1890er Jahren ausverhandelten Kompromiss zwischen den verschiedenen Politikern der bis dahin selbstverwalteten kolonialen Einheiten wieder, die nun unter einem gemeinsamen Dach vereinigt werden sollten. Dabei wurden sowohl Elemente des britischen Modells als auch des US-amerikanischen Systems übernommen. Während das australische Parlament in der Verfassung festgeschrieben und wie in den Vereinigten Staaten ein starkes Oberhaus eingerichtet wurde, überließ man viele andere Aspekte wie in Großbritannien den Konventionen. Beispielsweise erwähnt die australische Verfassung die Institution des Premierministers nicht, ebenso wenig nimmt sie Bezug auf die Tatsache und gültige Konvention, dass Regierungen zurücktreten sollen, wenn ihr Budget vom Parlament zurückgewiesen wird (vgl. Parkin und Summers 2006: 46ff.). Auch gibt es keinen zusammenhängenden Grundrechtskatalog wie in der kanadischen Verfassung, sondern bloß verstreute Antidiskriminierungsgebote, die etwa Religionsfreiheit, Eigentumsrechte oder Gerichtsverfahren betreffen (vgl. Australian Government Solicitor 2006: xiii).

Verfassungsänderungen werden nur dann effektiv, wenn sie in einem Referendum allen Australiern vorgelegt werden. Erforderlich ist neben der Mehrheit in beiden Häusern die Mehrheit aller im Referendum abgegebenen Stimmen und die deutliche Mehrheit der Staaten, was vier von sechs bedeutet. In den ersten hundert Jahren des australischen Staates (von 1901 bis 2001) wurden 44 Referenden durchgeführt, von denen aber nur acht verabschiedet wurden. 1977 wurde etwa die bereits erwähnte Regelung beschlossen, dass bei Freiwerden eines Sitzes im Senat zwischen zwei Wahlen ein Ersatz aus derselben Partei nominiert werden muss, der der ausgeschiedene Senator angehört hat (vgl. Vromen und Gelber 2005: 80 u. Australian Government Solicitor 2006: xiv). Dieser Verfassungsänderung ging die größte Verfassungskrise der australischen Geschichte unmittelbar voraus, die nicht zuletzt durch die große Anzahl informeller Regeln verschärft wurde (siehe ausführlicher 3.4.2 in diesem Kapitel).

Wenn die Repräsentation eines Einzelstaates im Bundesparlament aufgehoben oder dessen territoriale Grenzen verändert werden sollen, so muss die Bevölkerung des betroffenen Staates mehrheitlich zustimmen (vgl. Australian Government Solicitor 2006: xiv).

3.10 Supreme Courts und Parlamentssouveränität

Beim Indikator Parlamentssouveränität geht es um die Frage, ob Höchst- oder Verfassungsgerichte parlamentarische Entscheidungen anfechten und aufheben können bzw. wie oft diese von diesem Recht in der

Praxis Gebrauch machen. Nicht in allen untersuchten Ländern gibt es freilich überhaupt ein solches Recht. Die untersuchten Länder lassen sich jedenfalls, je nach Stärke der Macht, Gesetze zu überprüfen, in vier Kategorien einteilen (vgl. Lijphart 1999: 226):

1 – keine *judicial review*

2 – schwache *judicial review*

3 – mittelstarke *judicial review*

4 – starke *judicial review*

Am schwächsten ausgeprägt ist die Parlamentssouveränität vor allem in den Vereinigten Staaten und in Kanada (allerdings in letzterem erst seit der Verfassungsreform von 1982, was bei einer Betrachtung ab 1945 einen niedrigeren Durchschnittswert hervorruft), aber auch in Deutschland. Keine *judicial review* gibt es dagegen in Staaten wie Neuseeland, den Niederlanden oder in Großbritannien. Zwar haben die Niederlande im Gegensatz zu Großbritannien und Neuseeland eine Verfassung, doch schreibt diese explizit vor, dass die Verfassungsmäßigkeit von Gesetzen von keinem Gericht überprüft werden darf. Eine schwache *review* weisen etwa Dänemark, Schweden oder Japan auf. Österreich befindet sich gemeinsam mit Australien und Italien in der 3. Kategorie, also im oberen Bereich. Insgesamt lässt sich aber feststellen, dass die Länder mit keiner bzw. schwacher *judicial review* klar überwiegen (vgl. Lijphart 1999: 224ff.).

Vatter wählt eine kleinere Skala als Lijphart, die bloß von 1 bis 2 reicht und auf Lundell und Karvonens Dichotomie von majoritärer versus konsensorientierter Charakteristik beruht (vgl. Vatter 2009: 137 u. Lundell u. Karvonen 2003). Ich verwende für meine Tabelle den Index von Lijphart.

3.10.1 Supreme Court und *judicial review* in Kanada

Der kanadische Supreme Court wurde 1875 eingerichtet. Er hat die Macht, Berufungen der Provinzgerichtshöfe und des Federal Court of Canada zu behandeln. Der Supreme Court kann aber erst seit 1949 als Höchstgericht bezeichnet werden. Zuvor lag die Letztentscheidung in Großbritannien bzw. beim britischen Höchstgericht (vgl. Malcolmson u. Myers 2005: 151).

Die neun Richter des kanadischen Supreme Courts werden vom Premierminister bestellt und sind nicht abberufbar. Ihre Dienstzeit endet bei Vollendung des 75. Lebensjahres. Mittlerweile werden vor Neubestellungen überparteiliche Expertengremien zu Rate gezogen. Dennoch gibt es viel Kritik am „politisierten Gerichtshof" und den politisch motivierten Bestellungen der jeweiligen Regierung. Mindestens drei der neun Richter müssen aus Québec kommen, um ausreichende Kenntnis des frankokanadischen Zivilrechtes aufweisen zu können, das sich erheblich von jenem im üblichen Kanada unterscheidet. Das Entscheidungsgremium kann aus fünf, sieben oder neun Richtern bestehen (vgl. Malcolmson u. Myers 2005: 144ff u. 152f).

Die politische Bedeutung des Höchstgerichtes ist enorm:

> *„... the Supreme Court can overrule legislation and executive acts of government not only on the grounds that they violate the federal division of powers but also when they are thought to violate the fundamental rights and freedoms of citizens. Increasingly, judges are perceived ... as promoting change in public policy."* (Jackson u. Jackson 2009: 181)

1988 hob das Höchstgericht beispielsweise die Regelung zur kanadischen Mütterkarenz auf, weil diese Väter nicht beinhaltete. Der Gesetzgeber musste diese sexuelle Diskriminierung beseitigen und beiden Geschlechtern gleichen Zugang ermöglichen. 1991 entschieden die Höchstrichter, dass ein ungeborenes Kind (ein Fötus) keine Person sei und daher jede Einschränkung der Abtreibungsfreiheit hinsichtlich des Grundrechtskataloges verfassungswidrig sei (vgl. Jackson u. Jackson 2009: 187ff.).

Durch die jahrelange Dominanz der Liberals ergab sich auch bei den neun Höchstrichtern lange Zeit eine klare liberale Mehrheit, die von Premierminister Harper erst 2011 „umgefärbt" wurde.

3.10.2 Supreme Court und *judicial review* in Australien

Auch der australische High Court war ursprünglich dem britischen Höchstgericht untergeordnet. Erst seit 1986 besitzt er offiziell die Letztentscheidung bei Urteilen über die Verfassungsmäßigkeit von Gesetzen, wobei er auch auf das australische *common law*, also das ungeschriebene und durch juristische Interpretation gebildete Gesetz, zurückgreift. Der australische Supreme Court setzt sich aus sieben Richtern zusammen, die von der Regierung auf Empfehlung des Generalstaatsanwaltes bestellt werden. Wie in Kanada sind die Richter nicht absetzbar. Ihre Dienstzeit endet mit ihrem 70. Geburtstag. Im Gegensatz zur schon länger paritätischen Verteilung in Kanada, befand sich in Australien noch bis 2005 keine einzige Frau unter den höchsten Richtern, was heftig kritisiert wurde (vgl. Patapan 2006: 161 u. 171f.).

„Unlike some other courts of final jurisdiction (e.g. the US and Canadian Supreme Courts), the Australian High Court has not been in a position to draw upon a Bill of Rights, various attempts to enact a constitutional or statutory Bill of Rights in Australia having proven unsuccessful."

(Patapan 2006: 163)

Nichtsdestotrotz nimmt der Supreme Court Rücksicht auf internationale Menschenrechtskonventionen, was ihm auch den Vorwurf des *judicial activism* eintrug und zu wiederholten Auseinandersetzungen mit der jeweiligen amtierenden Regierung führte. Als man 1995 einem malaysischen Einwanderer den ständigen Aufenthalt mit der Begründung verweigerte, er hätte einen schlechten Charakter, weil er wegen Drogendelikten verurteilt worden war, hob der Supreme Court diese Entscheidung mit der Begründung auf, man hätte nicht die von der australischen Regierung mitunterzeichnete UNO-Resolution über die Rechte der Kinder beachtet. Denn nicht nur die Frau, sondern auch die Kinder des Einwanderers würden bei dessen Ausweisung einer düsteren Zukunft entgegen blicken. Auch als das Parlament von Queensland 1985 nach einem Disput über die Murray Islands, die von den dort lebenden Meriam People als ihre Heimat angesehen wurden, alle Landrechte der Ureinwohner per Gesetz abschaffte, hob der Supreme Court dieses Gesetz auf, weil es inkonsistent mit dem *Racial Discrimination Act* von 1975 war (vgl. Patapan 2006: 166ff.).

3.11 Direkte Demokratie

Vatter fügt einen zusätzlichen, von Lijphart nicht beachteten Index ein, nämlich einen Index zur Messung der Bedeutung von direkter Demokratie. Desto mehr direkte Demokratie in einem Land vorkommt, desto mehr konsensual sei dieses Land in dieser Kategorie (vgl. Vatter 2009: 138ff.).

Vatter vergibt einen Punkt für jede Form von „unkontrollierten" Referenden wie optionale Referenden oder Initiativen. Keine Punkte gibt es für Plebiszite, weil diese als sogenannte ad-hoc-Referenden oft unverbindlich sind und vom jeweiligen Regierungschef initiiert werden. Ein verpflichtendes Referendum wird wegen dem geringeren Grad an Regierungseinfluss mit 0,5 Punkten bewertet. Als Voksinitiative zählen etwa auch die österreichischen Volksbegehren, die allerdings nur mit 0,5 gewertet werden, weil sie kein Referendum nach sich ziehen. Auch die Mehrheitsverhältnisse, die für die Akzeptanz eines Referendums erforderlich sind, werden betrachtet. Einen Punkt gibt es für qualifizierte Mehrheiten für jede Form der direkten Demokratie. Gibt es ein Mindesterfordernis für die Teilnahmeanzahl (*voter-turnout requirement*), so gibt es noch einmal 0,5 Punkte. Als weitere Messebene dient Vatter die Häufigkeit der Anwendung der Instrumente der direkten Demokratie innerhalb von 10 Jahren im Untersuchungszeitraum 1997 bis 2006. Für jede Form von direkter Demokratie, die in dieser Periode angewendet worden ist, vergibt Vatter einen Punkt. Gäbe es sowohl Anwendungen von mandatorischen und optionalen Referenden sowie zusätzlich auch Volksinitiativen, würde das drei Punkte ergeben (vgl. Vatter 2009: 138ff.).

Der sehr hohe Wert, den Vatter an Länder wie Österreich und Australien vergibt, verzerrt insofern das Gesamtbild, weil sich bloß auf Grund des obligatorischen Referendums bei bestimmten (Österreich) bzw. allen Verfassungsänderungen (Australien) ein unverhältnismäßiger höherer Index ergibt. Ich beschränke meine Punktevergabe daher auf die nicht verpflichtenden Instrumente der direkten Demokratie, also auf das optionale Referendum, die Volksinitiative und, im Gegensatz zu Vatter, auch die Volksbefragung, bei deren Existenz ich analog zu den anderen beiden Formen einen Punkt vergebe. Außerdem werte ich das österreichische Volksbegehren mit einem Punkt statt mit 0,5 Punkten, um dessen Bedeutung in der politischen Kultur Österreichs Rechnung zu tragen, schließlich fanden nach der Schweiz und Italien in Österreich die meisten Volksinitiativen (nämlich 13) im untersuchten Zeitraum statt, was sich im Ergebnis auch widerspiegeln sollte.

Bezüglich der Wirkung auf die Sozialpolitik wird der Direktdemokratie ein bremsender Effekt auf den Ausbau sozialstaatlicher Leistungen attestiert (vgl. dazu vor allem die bahnbrechende Untersuchung von Wagschal u. Obinger 2000). So weisen Länder/Regionen mit starken direktdemokratischen Elementen, wie zum Beispiel die Schweiz oder Kalifornien, ein niedrigeres Niveau der Staatstätigkeit auf. Es herrscht in der Regel ein Vorbehalt gegen neue sozialpolitische Initiativen und deren Transaktionskosten, während der Status Quo bekannt ist. Es ist leichter für das konservative Lager und finanzstarke Interessengruppen der Wirtschaftsseite, Referenden für ihre Sache zu instrumentalisieren als für die Linke, die sich schwer tut, gegen die Popularität steuer- und ausgabenbeschränkender Maßnahmen zu argumentieren. Zumindest für sozialpartnerschaftlich „austarierte Kompromisslösungen" zwischen Arbeitnehmer- und Arbeitgeberseite stehen die Chancen auf Grund der breiten Unterstützungsbasis gut (vgl. Wagschal u. Obinger 2000: 467ff., 477f. und 493f.).

Direkte Demokratie hat sowohl in Australien als auch in Kanada eine weit geringere Bedeutung als etwa in Österreich, aber auch im Vergleich zum skandinavischen Raum.

3.11.1 Direkte Demokratie in Kanada

In Kanada sind auf Bundesebene bloß drei Referenden abgehalten worden, und keines davon war für die jeweilige Regierung erfolgreich. Das erste fand 1898 statt, als die Regierung ein Alkoholverbot überlegte. Zwar gab es eine Mehrheit von 51%, jedoch war die Beteiligung gering, so dass Premierminister Laurier die Maßnahme nicht weiter forcierte. 1942 ließ Premierminister Mackenzie King angesichts des Zweiten Weltkrieges ein Referendum zur Einführung der Wehrpflicht durchführen, dass auch dieses Mal mit einer Mehrheit für die Regierung ausging. 65% Zustimmung standen aber einer massiven Ablehnung in Québec gegenüber.

Um ein weiteres Vertiefen des Grabens zwischen englisch- und französischsprachigen Kanadiern zu verhindern, zögerte King die Implementierung des Gesetzes so lange hinaus, dass keiner der dadurch eingezogenen Soldaten an die Front musste. Der berüchtigte *Charlottetown Accord* war schließlich das dritte Referendum. Trotz der Unterstützung von drei Parlamentsparteien und allen Provinzregierungen wurde er zur schweren Niederlage für die Regierung Mulroney. Auf provinzieller Ebene sind vor allem die zwei Referenden zur Souveränität Québecs 1980 und 1995 und die mittlerweile drei Referenden zur Änderung des Wahlrechtes[14] erwähnenswert. Auch von diesen Referenden war letztendlich keines erfolgreich (vgl. Jackson u. Jackson 2009: 426ff.).

3.11.2 Direkte Demokratie in Australien

In die 1901 angenommene australische Bundesverfassung wurden schweizerische und amerikanische Elemente der direkten Demokratie aufgenommen. Australien ist theoretisch bis heute - nach der Schweiz - das Land mit den meisten nationalen Referenden (vgl. Die Zeit 51/1999). Trotzdem habe ich nur eine geringe Punktezahl für die Tabelle vergeben: In der Praxis haben nämlich in den letzten 20 Jahren auf nationaler Ebene nur zwei Referenden stattgefunden, beide im Jahr 1999. Alle Volksbefragungen, außer drei, wurden in Australien auf Grund von Vorschlägen zur Änderung der Bundesverfassung als obliga-

14 British Columbia 2005, Prince Edward Island 2005 und Ontario 2007

torische Referenden durchgeführt. Von den 44 Referenden und drei Plebisziten, die seit dem Bestehen des Landes durchgeführt wurden, unterstützte die australische Bevölkerung nur bei acht die Vorschläge der jeweiligen Regierung. Andere Instrumente der direkten Demokratie sind ohne Bedeutung (vgl. Parliamentary Library/Department of Parliamentary Services 2008: 385ff.).

Auch auf Provinzebene sind in den letzten beiden Jahrzehnten nur wenige Referenden durchgeführt worden, darunter zum Beispiel eine Befragung zur Verlängerung der Wahlperiode von drei auf vier Jahren in Queensland und ein ähnliches Referendum in New South Wales, dort ohne die Möglichkeit einer vorzeitigen Auflösung des Parlamentes. Letzteres wurde angenommen (vgl. Electoral Commission NSW 2009; Online sowie Electoral Commission Queensland; Online).

3.12 Auswertung der unabhängigen Variablen

Die folgende Tabelle fasst alle der oben beschriebenen Vergleichsindikatoren zusammen. Neben Australien und Kanada habe ich aus Lijpharts und Vatters Berechnungen die USA und fünf repräsentative europäische Staaten (Österreich, Deutschland, Niederlande, Schweden, Dänemark) gegenüber gestellt. Dort, wo der neuere Index von Vatter die Aussagekraft verbessert hat, nehme ich diesen. Dort, wo sowohl der Index von Vatter als auch der von Lijphart Aussagekraft besitzen, verwende ich beide. Dort wo Vatters Index gegenüber Lijpharts Index keine verbesserte Aussagekraft besitzt, bleibe ich bei Lijphart oder verwende, wie oben bei den jeweiligen Variablen beschrieben, andere Indices.

Mit Hilfe einer Korrelationsanalyse lässt sich nun feststellen, welche der angeführten Länder sich auf Grund der untersuchten Variablen am meisten ähneln bzw. am wenigsten ähneln (siehe Abbildung 7). Australien und Kanada kommen mit einem sehr niedrigen Wert von 3,3 noch vor Schweden und Dänemark auf den 1. Platz. Der Wert für die institutionelle Ähnlichkeit zwischen Schweden und Dänemark beträgt bereits 6,2. Die größte Distanz besteht zwischen den politischen Systemen Schwedens und den USA mit einem Wert von 57,2. Österreich liegt zum Beispiel von Kanada etwa gleich weit entfernt wie von Dänemark, liegt aber deutlich näher bei Schweden und hat einige Distanz zu den USA. Die Analyse zeigt, dass die ausgewählten unabhängigen Variablen im Sinne des *most similar systems*-Designs eine sehr große Übereinstimmung zwischen den politischen Institutionen Australiens und Kanadas nachweisen.

Abbildung 6: 15 institutionelle Variablen

	Australien	Kanada	USA	Österreich	Deutschland	Niederlande	Schweden	Dänemark
Effektive Anzahl der Parteien 1945 bis 1996	2,5	2,4	1,9	2,5	3,2	4,6	3,3	4,5
Effektive Anzahl der Parteien 1997 bis 2006	2,5	2,8	2	3,2	3,4	5	4,2	4,6
Minimal winning one-party cabinets 1971 bis 1996	70,8%	95%	83,8%	65,1%	42,5%	37,3%	41,4%	23,9%
Oversized und minority cabinets 1997 bis 2006	11%	22%	0%	0%	0%	44%	100%	78%
Durchschnittl. Dauer von Regierungen 1971 bis 1996 in Jahren	4	4,2	1	5,5	5,5	2,7	2,7	2,1
Macht des Regierungschefs	2	2	2	1	2	0	1	1
Macht des Staatsoberhauptes	0	0	3	1	0	0	0	0
Interessengruppen-pluralismus in den 80er und 90er Jahren	2,7	1,8	1,9	4,6	4,1	3,9	4,7	4,3
Disproportionalitäts-Index 1945 bis 1996	9,3%	11,7%	4,9%	2,5%	2,5%	1,3%	2,1%	1,8%
Disproportionalitäts-Index 1997 bis 2006	10%	12,6%	2,5%	1,8%	3%	1%	1%	0,6%
Föderalismus-Index 1945 bis 2009	5	5	5	4,5	5	3	2	2
Bikameralismus-Index	4	3	4	2	4	3	1	1
Verfassungsrigidität	8	7	9	3	6	8,5	4	8
judicial review 1945 bis 1996	3	3,3	4	3	4	1	2	2
Index der direkten Demokratie	1	1	0	3	0	1,5	2,5	2

Quelle: *Lijphart 1999, Siaroff 1999/2000/2003, Vatter 2009, Lorenz 2005, eigene Berechnungen und Zuordnungen*

Abbildung 7: Korrelationsanalyse mit 15 Variablen und 8 Ländern

	Australien	Kanada	USA	Österreich	Deutschland	Niederlande	Schweden	Dänemark
Australien	0,00	3,30	18,62	24,05	12,79	36,18	38,84	39,44
Kanada	3,30	0,00	23,78	29,41	22,16	47,24	44,82	48,58
USA	18,62	23,78	0,00	39,39	27,57	53,06	57,18	55,20
Österreich	24,05	29,41	39,39	0,00	17,16	29,71	18,30	28,97
Deutschland	12,79	22,16	27,57	17,16	0,00	30,24	32,46	32,25
Niederlande	36,18	47,24	53,06	29,71	30,24	0,00	15,65	7,43
Schweden	38,84	44,82	57,18	18,30	32,46	15,65	0,00	6,24
Dänemark	39,44	48,58	55,20	28,97	32,25	7,43	6,24	0,00

Quelle: *eigene Berechnung mit Quadrierter Euklidischer Distanz nach Z-Transformation*

4. Sozialpolitik-Theorien

Zur Erklärung der zu Beginn aufgestellten Hypothesen bedarf es deren Einbettung in entsprechende Theorien der vergleichenden Sozialpolitik. Doch vorangestellt ergibt sich die Frage danach, wie Sozialpolitik eigentlich definiert wird. Manfred Schmidt unterscheidet etwa zwischen Sozialpolitik nach einer weiteren und einer engeren Definition. Als Sozialpolitik im weiteren Sinn wird die Tätigkeit eines Staates verstanden, die Gesellschafts- und Arbeitsordnung nach bestimmten sozialen Zielvorstellungen zu gestalten: Soziale Gerechtigkeit, Verminderung von Ungleichheit, Vermehrung der Wohlfahrt eines Teiles oder der gesamten Gesellschaft, Unterstützung der Selbsthilfe- und Selbstregulierungsfähigkeit, das Streben nach Vollbeschäftigung und schließlich Schutz gegen Risiken der Überlastung des Einzelnen durch sogenannte „Wechselfälle des Lebens" (bei Alter, Invalidität, Krankheit, Arbeitslosigkeit, Tod des Ernährers, Pflegebedürftigkeit, Mutterschaft). Die Sozialpolitik im engeren Sinn umfasst nur letzteren Punkt, der aber auch den größten Teil der Sozialausgaben beansprucht und den größten sozialen Schutz hervorbringt (vgl. Schmidt 2005: 15f.).

Sehr anschaulich ist auch die dreiteilige Definition der Kanadierin Melanie Hess (vgl. Hess 1993: 6):

1. Sozialpolitik ist ein Teil der öffentlichen Politik. Ihr Zweck unterscheidet sie von anderen Policy-Feldern.
2. Sozialpolitik ist die beabsichtigte Intervention von verschiedenen Sektoren der Gesellschaft um sich menschlichen Bedürfnissen anzunehmen, die der private Markt nicht adäquat befriedigt.
3. Sozialpolitik umfasst ein gewisses Ausmaß an Umverteilung von gesellschaftlichen Ressourcen zugunsten benachteiligter Bürger.

Der Begriff „Sozialpolitik" wurde und wird im deutschen Sprachraum mitunter synonym zu den Begriffen „Wohlfahrtsstaat" oder „Sozialstaat" verwendet (vgl. z.B. Alber 1982), was nicht unproblematisch ist. Schließlich handelt es sich meist um länderspezifische Begriffstraditionen, die je nach Ursprung der Literatur unterschiedliche Sachverhalte umfassen können. So kritisiert Ann Shola Orloff beispielsweise den Begriff „Wohlfahrtsstaat". Er sei insofern missverständlich, als dass er impliziert, was erst bewiesen werden muss, dass nämlich all jene Länder, die als Wohlfahrtsstaaten bezeichnet werden, auch tatsächlich in der Lage sind, die soziale Situation ihrer Bürger durch sozialpolitische Maßnahmen zu verbessern (vgl. Orloff 1993).

Trotz aller Unzulänglichkeiten gibt es auch in sogenannten liberalen Wohlfahrtsstaatstypen (siehe genauer unter 4.1.) wie Kanada und Australien positive Umverteilungseffekte und Sozialleistungen, die tatsächlich in der Lage sind, die Situation der jeweiligen Empfänger in unterschiedlichem Ausmaß zu verbessern. Ich werde daher bei der weiter unten folgenden Analyse der Sozialpolitik Kanadas und Australiens sowohl den Begriff Wohlfahrtsstaat als auch den Begriff Sozialstaat für beide untersuchte Länder anwenden. Den Begriff „Sozialpolitik" verwende ich im Sinne der Definition von Sozialpolitik im engeren Sinn.

Was die unterschiedlichen und zahlreichen theoretischen Ansätze zur vergleichenden Wohlfahrtsstaatenforschung[15] betrifft, so habe ich für die Überprüfung der Hypothesen bzw. der experimentellen Variablen zwei theoretische Zugänge ausgewählt: zum einen den Powerressourcenansatz, zum anderen den Vetoplayeransatz.

4.1 Der Powerressourcenansatz

> *„Machtressourcenbasierte Analysen gehen davon aus, dass die Inhalte der Politik durch die wirtschaftliche und politische Machtverteilung zwischen gesellschaftlichen Gruppen oder Klassen mit gegensätzlichen Interessen geprägt werden. Deshalb legen sie die Aufmerksamkeit vor allem auf die Organisations- und Konfliktfähigkeit gesellschaftlicher Gruppen oder Klassen sowie auf die Kräfteverhältnisse zwischen ihnen."*
>
> (Ostheim u. Schmidt 2007: 40)

In westlichen Wohlfahrtsstaaten können zwei Hauptmachtressourcen identifiziert werden: auf der einen Seite das Kapital, eine ziemlich ungleich verteilte Ressource, zum anderen das Wahlrecht und das Recht der politischen Betätigung, die in Demokratien quasi gleich verteilt sind. Menschen mit großem Anteil an Kapital haben größere Marktressourcen, während Arbeitnehmer auf Grund ihrer höheren Anzahl größere Ressourcen in der Politik haben. Während erstere Gruppe versucht, Sozialpolitik durch marktabhängige Verfahren bestimmen zu lassen und soziale Rechte möglichst zu limitieren, ist die zweite Gruppe daran interessiert, ihre politischen Ressourcen zur Abmilderung von Marktprozessen und Ausweitung von sozialen Rechten zu nützen (vgl. Orloff 1993: 306f.).

Frühe Vertreter des Powerressourcenansatzes waren z.B. Mancur Olson oder Walter Korpi. Die Powerressource „Macht der Arbeiterklasse" lässt

[15] Für einen umfassenden Überblick über die wichtigsten Theorien siehe vor allem Schmidt u. a. 2007

sich z.B. durch den gewerkschaftlichen Organisationsgrad, sowie den Stimmenanteil bzw. das Ausmaß der Regierungsbeteiligungen linker Parteien messen. Die Akteure setzen diese Machtressourcen zur Durchsetzung ihrer Interessen ein, aber auch für strategische Koalitionsbemühungen (vgl. Korpi 1983: 39-41; Esping-Andersen 1990: 16; Jahn 2006: 295). Je stärker diese Machtressourcen in einem bestimmten Land ausgeprägt sind, desto großzügiger ist die Sozialpolitik dieses Landes und desto geringer ist die soziale Ungleichheit. Umso erfolgreicher Arbeitnehmerinteressenorganisationen bei der Durchsetzung ihrer Ziele sind, desto attraktiver werden sie, weil ihre Erfolge für die Bevölkerung auch sichtbar werden.

> *„Indeed, the higher the wages a union wins in any given labor market the greater the prestige of its leaders and the greater its appeal to workers in other labor markets, thus facilitating the growth of union membership outside its original clientele. …*
> *Organizations with primarily economic purposes, like labor unions, farm organizations, and other types of pressure groups, normally claim that they are serving the interests of the groups they represent, and do not contend that they are mainly philanthropic organizations out to help other groups."* (Olson 1971: 39 u. 64)

Mancur Olson, stark der *rational choice*-Schule verpflichtet, unterstellt, dass Interessengruppen überhaupt kein Interesse an der Steigerung des gesamtgesellschaftlichen Reichtums haben, sondern bloß eine Umverteilung zu ihren Gunsten anstreben, und damit der Gesamtgesellschaft die Kosten aufbürden. Das führe im schlimmsten Falle zum Absinken des Wirtschaftswachstums (vgl. Olson 1982). Klar ist natürlich, dass je mehr Ressourcen zugunsten der Arbeitnehmer verteilt werden, desto höher der Beitrag ist, den Unternehmer und Wohlhabende durch Steuern und Sozialabgaben zu leisten haben. Gerade Länder mit starker linker Parteientradition und starken Gewerkschaften, wie zum Beispiel Finnland oder Schweden, weisen jedoch auch im neuen Jahrtausend ein gegenüber dem EU-15-Schnitt, aber auch gegenüber dem EU-27-Schnitt, ein weit überdurchschnittliches Wirtschaftswachstum auf.

Der einflussreichste Vertreter der Powerressourcenschule ist bis heute Goesta Esping-Andersen. Mit Hilfe einer fundierten Analyse verschiedenster Kennzeichen moderner Wohlfahrtsstaaten, wie vor allem dem Verhältnis von Staat, Markt und Familie, dem Ausmaß der Emanzipation der Bürger vom Markt sowie dem Ausmaß an schichtspezifischen Leistungen, ordnete

Esping-Andersen die Sozialstaaten drei Idealgruppen zu (vgl. Esping-Andersen 1990), wobei er sich bei seiner Einteilung stark an eine frühere Dreiergruppenbildung von Richard Titmuss anlehnte (vgl. Titmuss 1974).

Zunächst analysiert Esping-Andersen den Anteil von Sozialleistungen, den die öffentliche Hand, der private Markt und die Familie zur Verfügung stellen und setzt die jeweiligen Anteile in Relation. Danach misst er den Grad an Dekommodifizierung, verstanden als Emanzipation vom Markt. In jenen Ländern, wo es ein Recht auf Sozialleistungen in bestimmtem Ausmaß gibt, ist der Grad der Abhängigkeit von Marktressourcen geringer und Menschen können ihren Lebensunterhalt bestreiten, ohne Marktkräften auf Gedeih und Verderb ausgeliefert zu sein. Der Grad an Dekommodifizierung wird durch die Anspruchsvoraussetzungen zu Sozialleistungen (Beschäftigungsdauer, Beitragsfinanzierung, persönliches Einkommen etc.), den Grad systemimmanenter Entmutigungen (z.B. Wartezeit für die Inanspruchnahme der entsprechenden Leistung), dem Niveau der Leistungen (Anspruchsdauer, Ersatzrate in Bezug zum Arbeitseinkommen) und schließlich dem Anteil der Bevölkerung, der von diesen Sozialleistungen erfasst wird, bestimmt. Während die angloamerikanischen Länder nur einen geringen Grad an Dekommodifizierung aufweisen, besitzen kontinentaleuropäische Staaten ein mittleres und skandinavische Staaten schließlich ein sehr hohes Dekommodifizierungs-Niveau (vgl. Esping-Andersen 1990: 21f. u. 94ff.).

Als nächstes wird der Grad an Stratifikation ermittelt. Dabei geht es um die Frage, ob Leistungen universal für die ganze Bevölkerung ähnlich sind, oder ob es gröbere Unterschiede zwischen bestimmten Bevölkerungsgruppen gibt, so zum Beispiel zwischen Beamten, Angestellten, Arbeitern oder Bauern. Dazu erhebt Esping-Andersen die Anzahl verschiedener Pensionsmodelle in den einzelnen Staaten bzw. den Anteil der Ausgaben für Pensionen von Staatsbediensteten, die Anzahl bedarfs- und vermögensabhängiger Programme an den Gesamtsozialausgaben, den finanziellen Anteil des Privatsektors an der Altersvorsorge und im Gesundheitssektor sowie die Anzahl der Personen zwischen 16 und 64, die für Sozialleistungen bezugsberechtigt sind (Grad an Universalismus) und den Grad der Gleichheit der Leistungen (Verhältnis der durchschnittlichen Leistung zu der Maximalleistung). Während etwa in Österreich oder Deutschland ein hohes Ausmaß an Stratifikation vorherrscht, sind Sozialleistungen in Skandinavien universal und im angloamerikanischen Raum (USA, Kanada, Australien) bedarfsabhängig (vgl. Esping-Andersen 1990: 73ff.).

Auf Grund dieser Analysen werden folgende drei ideale Wohlfahrtsstaatentypen gebildet (vgl. Esping-Andersen 1990: 26ff.):

1. Der liberale Wohlfahrtsstaat

Hier dominieren vermögens- und bedarfsabhängige Sozialleistungen auf niedrigem Niveau, die Anspruchsvoraussetzungen sind streng und oft stigmatisierend. Universale Transfers und Sozialversicherungen sind nur schwach ausgeprägt, Niedriglohngruppen sind die Hauptzielgruppen der öffentlichen Sozialpolitik. Darüber hinaus gehende Leistungen sollen von privaten Einrichtungen getragen werden, die dafür mitunter auch durch entsprechende politische Maßnahmen unterstützt werden. Das liberale Regime hat nur sehr geringe Dekommodifizierungseffekte und ist stattdessen durch eine relative Gleichheit an Armut unter den Sozialleistungsbeziehern gekennzeichnet. Typische Beispiele sind für Esping-Andersen die USA, Kanada und Australien.

2. Der konservativ-korporatistische Wohlfahrtsstaat

In diesem Typ dominiert die Erhaltung von Statusdifferenzen, sprich Korporatismus. Individuelle Rechte sind von Klasse und Beruf abhängig, weswegen die umverteilende Wirkung von Sozialpolitik nur gering ausgeprägt ist. Der korporatistische Wohlfahrtsstaat hat sich traditionell durch den Einfluss der Kirche entwickelt und ist daher der Erhaltung klassischer Familienstrukturen verpflichtet. Die Sozialversicherung schließt in der Regel Frauen, die nicht im Erwerbsleben stehen, aus, dagegen sollen Familienleistungen zur Mutterschaft ermutigen. Leistungen innerhalb der Familienstruktur sind erwünscht, Betriebs- und Privatleistungen spielen hingegen nur eine marginale Rolle. Typische Länder dieser Gruppe sind Österreich, Frankreich oder Deutschland.

3. Der sozialdemokratische Wohlfahrtsstaat

Die nordeuropäischen, skandinavischen Länder bilden den kleinsten der drei Typen. Universalismus ist ein bestimmendes Prinzip in der Sozialpolitik. Die Dekommodifizierung ist auch auf die Mittelschichten ausgedehnt worden. Die dominante Kraft beim Aufbau dieser Sozialstaaten war die Sozialdemokratie. Alle Schichten der Bevölkerung sind in ein und demselben Versicherungssystem integriert. Das heißt, dass Arbeiter die gleichen Sozialleistungen in Anspruch nehmen wie Angestellte oder Beamten. Die Abhängigkeit von der Familie ist nicht stark ausgeprägt, Frauen wird durch die direkte Verantwortung des Staates für die Kinderbetreuung die Möglichkeit eingeräumt, eher Erwerbsarbeit als den Haushalt zu wählen. Der Markt wird verdrängt, dafür sind die Sozialausgaben hoch.

In der Realität entsprechen nur wenige Länder zu 100% einem der drei Idealtypen. Doch war die Typologisierung von Esping-Andersen in den letzten zwei Jahrzehnten ein wichtiges und unverzichtbares Hilfsmittel bei der vergleichenden Wohlfahrtstaatenforschung. Zum Teil haben sich die Regime in manchen Aspekten inzwischen angenähert. So sind zum Beispiel die Gruppenunterschiede im korporatistischem Typus zurückgegangen und die Höhe der Sozialausgaben der korporatistischen und sozialdemokratischen Wohlfahrtsstaaten befinden sich mittlerweile auf annähernd gleichem Niveau.

Von feministischer Seite wurde Esping-Andersens Idealtypenbildung bereits kurz nach ihrem Erscheinen wegen ihrer männlich dominierten Analyse kritisiert. So sei die unterschiedliche Situation von Frauen und Männern im Gegensatz zu den dargestellten Klassenunterschieden nur unzureichend behandelt sowie Geschlechterbeziehungen und ihre Auswirkungen zu wenig berücksichtigt worden. Und nicht zuletzt sei die Teilnahme an politischen Entscheidungsprozessen und in den entsprechenden politischen Gremien generell bei Frauen und Männern unterschiedlich stark ausgeprägt (vgl. z.B. Orloff 1993, Schunter-Kleemann 1992 oder O`Connor 1993).

Die Lehre von der Parteiendifferenz

Stark mit dem Powerressourcenansatz verwandt ist die Lehre von der Parteiendifferenz. Auch bei ihr steht die reale Machtverteilung in Wirtschaft, Gesellschaft und Politik im Zentrum. Die politisch-ideologische Ausrichtung der Regierungsparteien spielt allerdings eine noch wesentlichere Rolle als bei der Powerressourcentheorie. Einen besonderen Stellenwert nehmen auch die institutionellen und sozioökonomischen Rahmenbedingungen, unter denen die Regierungen tätig sind, ein. Die parteipolitische Färbung der Regierung und der Legislative ist wesentlich für die Outputs und Outcomes der Staatstätigkeit (vgl. Schmidt u. Ostheim 2007: 51).

Die Parteiendifferenzhypothese geht auf die 1970er Jahre zurück, als Douglas A. Hibbs die Outcomes sozialdemokratischer/linker und konservativer Regierungspolitik gegenüberstellte und bei seiner Analyse der Bekämpfung von Arbeitslosigkeit und Inflation in 12 Staaten große Übereinstimmungen innerhalb der rechts bzw. der links regierten Länder nachwies (vgl. Hibbs 1977). Hicks und Swank ergänzten die Theorie um einen wesentlichen Aspekt, nämlich die Theorie der „Ansteckungseffekte". Rechtsparteien würden demnach von links ausgerichteten Parteien und umgekehrt linke Parteien von rechts ausgerichteten Mitbewerbern politisch-ideologisch angesteckt, und zwar vor allem dann, wenn sich die jeweilige Regierung einer starken Opposition aus dem anderen Lager gegenüber sieht, die einen erheblichen Teil der Wählerschaft hinter sich hat. Um aber auch kommende Wahlen für sich zu entscheiden, nähern sich die Regierungen ihren Konkurrenten an, um ihnen so den Wind aus den Segeln zu nehmen. Ähnliche Effekte lassen sich bei Koalitionsregierungen feststellen (vgl. Hicks u. Swank 1992). Die Beispiele solcher Ansteckungseffekte sind vielfältig. Man denke nur an den Rechtsruck der britischen Labor Party unter Tony Blair und seinem Nachfolger Gordon Brown, die mit ihrem „Dritten Weg" die Konservativen tatsächlich 13 Jahre lang von der Macht in Großbritannien fern halten konnten. Ohne diesen Kurswechsel wäre der Labor Party 1997 nach 18 Jahren konservativer Regierungen die Machtübernahme wohl kaum gelungen. Umgekehrt führten konservative Regierungen in den lange Zeit sozialdemokratisch dominierten skandinavischen Staaten nur zögerliche und wenig einschneidende Sozialreformen durch, um die mehrheitlich pro-sozialstaatlich-eingestellte Wählerschaft nicht zu verprellen und sich mit einem gemäßigten Kurs an der Regierung zu halten.

> *„As center or right oppositional strength rises, left government expansion of welfare effort ebbs. In addition, we find positive „contagion from the Left" effects upon Center-, as well as Rightled governments, and marginally significant prowelfare pressures upon Right-led governments from center oppositions. …*
>
> *To the extent that left oppositions are electorally and legislatively strong, they pressure parties to their right to enhance welfare effort. As left opposition strengthens, other-wise weak or negative social spending impacts of right governments are lifted to substantially positive levels."*
>
> (Hicks u. Swank 1992: 665 u. 670)

4.2 Die Vetospieler-Theorie

> *„From the definition of veto players, the counting rules are straightforward: a veto player is any player – institutional or partisan – who can block the adoption of a policy. "* (Tsebelis 1995: 305)

Das sogenannte Vetospieler-Theorem wird, wie die in Kapitel 3 ausführlich dargestellte Theorie Arend Lijpharts, zu den politisch-institutionellen Theorien der Politikwissenschaft bzw. Vergleichenden Wohlfahrtsstaatenforschung gezählt (vgl. Schmidt u. Ostheim 2007b). Die zentrale Frage dieses Ansatzes besteht darin, wie und unter welchen Bedingungen der Status Quo verändert werden kann. Die im politischen Prozess involvierten Akteure sind zwar in der Regel bereit, bis zu einem gewissen Grad von ihrer Kernposition abzurücken, um notwendige politische Kompromisse zu schließen, doch wird der potentielle Veränderungsbereich (= Entfernung vom Status Quo) umso kleiner, desto mehr Akteure bzw. Vetospieler am Kompromissfindungsprozess beteiligt sind (vgl. Jahn 2006: 289).

Nicht unwesentlich ist dabei die Unterscheidung in institutionelle Vetospieler (= vor allem das Staatsoberhaupt, Ober- und Unterhaus eines Parlamentes) und *partisan veto players*. Mit letzteren sind die am politischen Prozess beteiligten Parteien gemeint, die im Unterschied zu der meist durch die jeweilige Verfassung festgeschriebenen Rolle der institutionellen Vetospieler weder notwendige noch ausreichende Player sind. Nur die Zustimmung der institutionellen Vetospieler ist für einen Politikwechsel notwendig. Nicht die Regierungspartei(en) entscheidet/entscheiden, sondern das Parlament (vgl. Tsebelis 1995: 302).

In Bezug auf die Sozialpolitik lässt sich die Kernthese dieses Ansatzes im Grunde in einem einzigen Satz zusammenfassen: Je größer die Anzahl der institutionellen Vetoplayer ist, desto stärker wird ein Politikwechsel (hier im Sinne einer neuen sozialpolitischen Maßnahme oder der Verbesserung einer bestehenden Sozialleistung) erschwert und desto schwächer ist das sozialpolitische Engagement eines Staates ausgeprägt.

Huber, Ragin und Stephens zeigen den kombinierten Effekt des Zusammenspiels verschiedener institutioneller Eigenschaften auf: Föderalismus, präsidentiale Regierung, Bikameralismus, direktdemokratische Elemente und Einerwahlkreise. Das Zusammentreffen mehrerer dieser Eigenschaften ist stark und negativ verknüpft mit der Höhe von öffentlichen Ausgaben generell und für Sozialleistungen im Speziellen. Eine solch institutionelle Machtstreuung bedeutet, dass auch kleine Minderheiten sozialpolitische Gesetzgebung blockieren können (vgl. Huber, Ragin u. Stephens 1993). Während etwa in der Schweiz[16] besonders viele Vetoplayer einem Politikwechsel im Wege stehen, ist die Vetoplayerdichte in den nordischen Staaten sowie in Großbritannien und Neuseeland nur sehr gering ausgeprägt (Schmidt u. Ostheim 2007b: 69). Großbritannien weist zwar Einerwahlkreise auf, vermisst aber eine starke zweite Kammer, Direktdemokratie oder starken Föderalismus. Hier sind andere angloamerikanische Staaten, darunter auch unsere beiden untersuchten

[16] Vgl. hierzu auch die Darstellung der Rolle der Schweizer Direktdemokratie in Bezug auf die Sozialpolitik in Wagschal u. Obinger 2000

Staaten Kanada und Australien, mit einer weitaus größeren Anzahl an Vetopunkten konfrontiert.

Tsebelis, dessen Arbeiten sich für die Vergleichende Politikwissenschaft als besonders einflussreich erwiesen, ergänzt die Vetoplayer-Theorie um weitere wesentliche Aspekte. So unterscheidet er zunächst zwischen individuellen und kollektiven Vetospielern. Zu ersteren zählen zum Beispiel ein Präsident als Staatsoberhaupt oder eine dominante politische Partei, während zu zweiteren Parlamente und schwache politische Parteien zählen. Nicht nur eine hohe Anzahl von Vetospielern erschwert laut Tsebelis einen Politikwechsel, sondern auch die Kongruenz der Vetospieler. Ist diese, definiert als inhaltliche Nähe in Policy-Fragen, nur schwach ausgeprägt, wird der Politikwechsel zusätzlich erschwert. Positiv formuliert bedeutet das, je mehr kohäsive bzw. nicht-kongruente Vetoplayer existieren, desto stabiler ist das politische System (vgl. Tsebelis 2002).

Tsebelis Berechnungen zeigen, dass kollektive Vetospieler das politische System im Gegensatz zu individuellen eher destabilisieren:

> *„Collective veto players may reach outcomes when individual ones cannot agree. This may be the case with U.S. institutions, where disagreements among members of the House and among senators may provide the necessary room for compromises while individual decision makers (such as rigid parties controlling the majority of each chamber) would not be able to agree." (Tsebelis 2002: 61)*

Tsebelis zählt darüber hinaus auch weitere Vetospieler, wie die mächtigen Interessenvertretungsorganisationen der Arbeitnehmer und der Wirtschaft /Landwirtschaft bzw. Institutionen wie die Armee oder die Zentralbank auf.

> *„However, the existence of such veto players is quite idiosyncratic. It varies with the policy area (such as farmers on agriculture), with some specific balance of forces (the strength of the army in some societies), or with the personality of the occupant of a position." (Tsebelis 1995: 305)*

Weitere, mehr institutionalisierte Vetospieler, sind die Höchstgerichte, verfassungsrechtlich zwingende Supermehrheiten und Elemente direkter Demokratie wie Referenden (vgl. Tsebelis 1995: 305; Tsebelis 2002). Für diese Arbeit besonders wesentlich ist aber die Rolle des Föderalismus im Vetospieleransatz. Föderale Staaten haben laut Tsebelis jedenfalls grundsätzlich eine höhere Vetoplayer-Dichte als unitarisch strukturierte Länder und sind damit aus weiter oben geschilderter Logik folgend politisch stabiler. Föderalismus ist ein Balanceakt verschiedener Teilglieder eines Staatsgebildes. Diese Teile sind bereit, am föderalen Ganzen teilzuhaben, wenn ihnen ein gewisses Maß an Autonomie erhalten bleibt. Reißt die Zentralregierung zu viel Macht an sich und untergräbt so diese Autonomie und damit die Balance zwischen den Teilgliedern, kann die Föderation zusammen brechen: einerseits durch Autonomiebestrebungen und die Bildung unabhängiger Staaten oder umgekehrt durch die Errichtung eines starken Zentralstaates (vgl. Tsebelis 2002: 136f.).

> *„Eine vergleichsweise dichte institutionelle Vetospielerschar sowie ein geringes Maß an Zentralisierung von Steuerungsressourcen (wie Geld und Recht) erwiesen sich schließlich beispielsweise bei der Expansion der Sozialausgaben in der zweiten Hälfte des 20. Jahrhunderts in einigen Ländern als Bremsfaktoren."* (Siegel 2007: 269)

Hinsichtlich der drei Dimensionen Innovation, Koordination und Implementierung umstrittener Ziele erreicht Kanada überraschender Weise höhere Werte als Deutschland und sein Nachbar USA, die weit abgeschlagen sind. Das US-amerikanische System der *checks and balances* scheint durch seine hohe Vetospielerdichte von drei institutionellen Playern (Präsident, Senat und Repräsentantenhaus kontrollieren sich gegenseitig) mehr als Blockadesystem zu funktionieren anstatt einen Rahmen für politische Innovationen zu bieten (vgl. Feigenbaum u. a. 1993).

Vor allem eine starke zweite Kammer im Parlament stellt einen mächtigen Vetospieler dar. Wenn eine Regierung etwa das Unterhaus kontrolliert, aber nicht das Oberhaus, dann gelten die Parteien des Oberhauses, deren Zustimmung für eine Mehrheitsbildung erforderlich ist, als zusätzliche Vetospieler, und zwar unabhängig davon, ob diese Parteien Teil der Regierungskoalition sind oder nicht (vgl. Tsebelis 2002: 145). In Australien waren die Democrats etwa lange Zeit hindurch das Zünglein an der Waage im Senat, bevor sie diese Rolle an die Grünen abgeben mussten. Nach den Wahlen von 2010 übernahmen vier unabhängige Senatoren diese politisch brisante Vetofunktion.

5. Sozialpolitik in Kanada

Die Beurteilung von Outputs und Outcomes der kanadischen Sozialpolitik erfolgt durchaus kontroversieller als die eher unumstrittene liberale Ausrichtung ihres australischen Äquivalentes. So hebt etwa Schiller die steuerfinanzierten Universal- und Selektivprogramme, vor allem in den Bereichen Gesundheit und Altersvorsorge hervor, die in Kanada einen höheren Stellenwert als in anderen Ländern einnehmen würden und stellt sogar generell die Einteilung Kanadas in die Gruppe der liberalen Wohlfahrtsstaaten in Frage (vgl. Schiller 1994: 43f.). Auch Zuberi bestätigt gut 12 Jahre später die universalistischen Elemente innerhalb des kanadischen Sozialstaates, ohne aber die Einteilung in den Cluster *liberal welfare states* selbst anzuzweifeln. Er bezeichnet den Weg, den die kanadische Sozialpolitik eingeschlagen hat, vielmehr als *high road* innerhalb des liberalen Typus, der sich vom *low road*-Prinzip der USA markant abheben würde:

> *„Although the United States and Canada shared similar social welfare systems (and poverty levels) in the early 1970s, Canada has created universal health insurance, maintained and extended social programs, and heavily invested in urban public infrastructure. The United States have, during the same period, cut back social programs and dramatically reduced union coverage, urban infrastructure and worker protections, with serious consequences for the working poor."* (Zuberi 2006: 175)

Lightman und Riches erkennen dagegen bereits seit den 80er Jahren eine immer stärkere Annäherung an die stark marktorientierte Sozialpolitik der USA, die im neuen Jahrtausend einen neuen Tiefpunkt erreicht habe: „It is difficult to look to the future with much optimism about the prospects for Canadian social policy. Universality is seriously wounded, if not dead, and residual welfarism rules. … Hunger, homelessness, child poverty, unemployment and the continuing exclusion of First Nations peoples, crowd the social policy agenda" (Lightman u. Riches 2009: 62).

Auch Bellefeuille betont die minimalistische Ausrichtung der kanadischen Sozialpolitik:

„The Canadian social welfare state is ordinarily observed as a member of the residual state family. It is designed on a remedial, minimalist model in which social programs are typically deficit oriented and put in place as a last resort when basic human needs are left unmet by the structural shortcomings of a capitalist-driven market society." (Bellefeuille 2004: 25)

Die Verschlechterung der sozialen Lage vieler Kanadier wurde vor allem in der zweiten Amtsperiode der Regierung Mulroney und im Laufe der Regierung Chretién sichtbar: „The Liberal government of Jean Chétien … altered the stealthy erosion of social policy and embarked on a course that radically transformed the funding arrangements for means-tested income benefits and social services" (Evans 2002: 92). Die Kinderarmut nahm zwischen 1989 und 1999 um fast 40% zu, die Anzahl der Haushalte, die mehr als 50% ihres Einkommens für das Wohnen ausgaben, stieg allein von 1990 bis 1995 um 43%. Ein weiterer Indikator für zunehmende soziale Unsicherheit war die starke Zunahme der Inanspruchnahme von *food banks* (vgl. Bellefeuille 2004: 29).

Den unterschiedlichen Einschätzungen zum Trotz lässt sich eine klare Zweiteilung der kanadischen Sozialpolitik konstatieren, zum einen gibt es universale steuerfinanzierte Programme, wie die ersten beiden Pensionssäulen oder das Gesundheitssystem, zum anderen rudimentäre Leistungen mit harten Zugangsbarrieren, die primär für Bedürftige ausgestaltet sind, wie die Sozialhilfe, aber auch die Leistungen bei Arbeitslosigkeit.

Die kanadische Sozialpolitik ist im Großen und Ganzen durch vier finanzielle Kriterien gekennzeichnet (vgl. Hess 1993: 28ff.):

» Das Universalitätsprinzip garantiert einkommensunabhängige Leistungen für alle Menschen innerhalb einer bestimmten Personengruppe. Dazu zählen vor allem die Grundpension im Alter, die allen Pensionisten ab einem bestimmten Alter zur Verfügung steht oder Leistungen für Kranke im Rahmen des steuerfinanzierten Gesundheitssystems.

» Das Sozialversicherungsprinzip wirkt bei der Arbeitslosenversicherung, bei der 2. Pensionssäule und bei Arbeitsunfällen. Die Sozialversicherungsbeiträge bemessen sich nach dem Erwerbseinkommen des Versicherten und werden zwischen Arbeitgebern und Arbeitnehmern aufgeteilt.

» Steuerabsetzposten sind vor allem in der Familienpolitik vorherrschend. Durch die Reduzierung der Steuerbemessungsgrundlage wird Familien mit Kindern ein höheres Nettoeinkommen ermöglicht.

» Bedarfsorientierte Sozialleistungen sollen jenen Menschen Unterstützung bieten, die sonst keine oder kaum andere Einkommensquellen haben. Vor allem die kanadische Sozialhilfe fällt in diese Kategorie.

Ein wesentliches Merkmal der kanadischen Sozialpolitik ist auch das Prinzip der territorialen Integration. Während in vielen Wohlfahrtsstaaten die Umverteilung zwischen den verschiedenen Schichten und Bevölkerungsteilen im Zentrum steht, ist in Kanada die Umverteilung zwischen den Provinzen eine prioritäre Triebfeder. Die nationale Sozialpolitik wirkt dabei für Kanadier in Ost und West identitätsstiftend und unterstützt ärmere Provinzen bei der Anhebung ihrer Standards:

„The strategy worked. Many Canadians, especially in English Canada, have come to see Medicare and other national social programmes as part of the Canadian identity, something that distinguishes them from their powerful neighbours to the south, and part of the social glue holding their vast country together." (Banting 2005: 130f.)

Die beiden identitätsstiftendsten und umfassendsten kanadischen Sozialprogramme, nämlich das Gesundheits- und das Pensionssystem, scheinen tatsächlich weitgehend resistent gegen Angriffe jedweder Regierung zu sein …

5.1 Historischer Überblick zur Entwicklung der kanadischen Sozialpolitik

Wie sein südlicher Nachbar USA war auch Kanada in Fragen der Sozialpolitik ein Spätentwickler. Unter anderem verzögerten Faktoren wie die späte Besiedlung, die lange Dominanz der Landwirtschaft und schwache Entwicklung der verarbeitenden Industrie den Aufbau eines Sozialstaates. Erst unter dem Eindruck von Kriegen und der Weltwirtschaftskrise kam es zu einem Umdenkungsprozess und eine Zeit lang sogar zu einer Orientierung an europäischen Wohlfahrtswerten (vgl. Bolkovac 2000: 42).

Im 19. Jahrhundert war Sozialpolitik zunächst primär Angelegenheit der Familie oder der Kirche. Doch gab es bereits erste öffentliche Ansätze im Bereich der Armenfürsorge, für vernachlässigte Kinder und für geistig und körperlich Behinderte. Im Rahmen der Industrialisierung der Städte und der einsetzenden Migration vom Land in die wachsenden Zentren nahmen Proteste und soziale Unruhen zu. Doch erst nach dem Ersten Weltkrieg, nachdem sich viele aus Europa zurückkehrende Soldaten in Armut wiederfanden, setzte sich die Ansicht durch, dass der Staat, wenn er genug Geld dafür hat, Krieg zu führen, auch Geld für Soziales aufbringen kann und soll. Auch die Angst vor der Ausbreitung des aufkeimenden Sozialismus trug zu einer stärkeren sozialpolitischen Aktivität der Regierung bei. Der *Government Annuities Act* von 1908 hatte hierfür bereits die Weichen gestellt, indem ein freiwilliges, durch die Regierung verwaltetes Alterssicherungssystem eingeführt wurde (vgl. Hick 2007: 35f.).

Eine Vorreiterrolle hatte die Provinz Ontario bereits 1914 übernommen, als mit der *Workers' Compensation* die erste Unfallversicherung für Arbeiter eingeführt wurde, um auf die zunehmenden Arbeitsunfälle zu reagieren. Die meisten anderen Provinzen folgten mit ähnlichen Gesetzen nach. Zur selben Zeit entstanden die ersten Leistungen für Mütter. Zum einen sollten Kriegswitwen unterstützt werden, zum anderen Frauen, die während des Ersten Weltkrieges arbeiten gingen, animiert werden, wieder ihren Platz zu Hause einzunehmen. Manitoba führte die erste *Mothers' Allowance* ein, welche die westlichen Provinzen alle übernahmen. Die östlichen Provinzen folgten erst ab 1930 nach. 1927 folgte der erste größere sozialpolitische Eingriff der kanadischen Regierung in Form des *Old Age Pension Acts*. Den Provinzen wurden darin Bundesmittel zugesichert, sofern sie eine öffentliche Pension für bedürftige Über-70-Jährige einführten, Ureinwohner wurden dabei allerdings explizit ausgeschlossen. Unter dem Eindruck der Weltwirtschaftskrise, zunehmender Unruhen und dem Vorzeigeprojekt des *New Deals* von US-Präsident Franklin D. Roosevelt führte die konservative Regierung unter R.B. Bennett in den 30er Jahren eine Arbeitslosenversicherung ein, die von den Höchstgerichten aber wegen Verfassungswidrigkeit wieder aufgehoben wurde (vgl. Hick 2007: 36ff.).

Arbeit war in alleiniger Provinzkompetenz, weswegen nur die Möglichkeit einer Verfassungsänderung blieb, um eine nationale Arbeitslosenversicherung für ganz Kanada einzuführen. Diese 1940 in Kraft getretene und, mit zahlreichsten Abänderungen, bis heute bestehende Versicherungsleistung wird aus Arbeitnehmer- und Arbeitgeberbeiträgen finanziert. Kanadische Politiker beobachteten nicht nur die Politik der USA, sondern waren auch aufmerksame Leser des britischen *Beverage Reports* von 1943, der weitere Anregungen zum Ausbau des Sozialstaates lieferte und am Beginn der kanadischen Welfare *State Period* von 1941 bis 1974 stand (vgl. Hick 2007: 41ff.). Eine weitere Voraussetzung zum Ausbau des Sozialstaates und zur Stärkung der sozialpolitischen Kompetenz der Bundesregierung stellte die Umstrukturierung des Steuersystems dar. Ottawa bot den Provinzen eine fixe und nachhaltige Kofinanzierung ihrer Sozialprogramme an, wenn diese auf die Einhebung ihrer Einkommens- und Körperschaftssteuern verzichteten (vgl. Banting 2005: 102).

Um die soziale Not vor allem von Familien mit Kindern zu lindern führte man 1945 die erste universale Sozialleistung in Form der *Canada`s Family Allowance* (FA) ein, einer steuerfreien monatlichen Kinderbeihilfe für jedes Kind bis zum Alter von 16 Jahren. 1944 war der *National Housing Act* für sozialen Wohnbau vorausgegangen und 1952 folgte schließlich die Weiterentwicklung des Pensionsrechtes in Form der *Old Age Security* (OAS), einer weiteren universalen, steuerfreien monatlichen Leistung in Form einer Rentenzahlung für alle Pensionisten über 65 (vgl. Lightman u. Riches 2009: 48ff.).

Die Jahre von 1965-73, unter den Regierungen von Lester Pierson und den ersten beiden Kabinetten von Pierre Trudeau waren die „High Points of Welfare State Development" (Lightman u. Riches 2009: 53). 1965 wurde als Ergänzung zum OAS der *Canadian Pension Plan* (CPP) eingeführt, eine einkommensabhängige Pensionssäule, die durch Arbeitnehmer- und Arbeitgeberbeiträge finanziert wird. Eine relativ niedrige Deckelung sollte dafür sorgen, dass die untere Mittelschicht den größten Anteil der Leistungen bekommt. Für jene Pensionisten, die keine ausreichenden Zahlungen aus dem CPP erhielten und auch keine ausreichenden privaten Mittel zur Verfügung hatten, wurde als Ergänzung 1967 der *Guaranteed Income Supplement* (GIS) eingeführt. Der GIS ist demnach vermögensabhängig und berücksichtigt das Familienvermögen statt dem individuellen Einkommen (vgl. Lightman u. Riches 2009: 53ff.).

Doch zwei weitere wesentliche Meilensteine in der kanadischen Sozialpolitik wurden Mitte der 60er Jahre gelegt: Zum einen handelt es sich dabei um das steuerfinanzierte Gesundheitssystem, zum anderen um die Sozialhilfegesetzgebung in Form des *Canada Assistance Plans* (CAP). Das besondere an letzterem war, dass die Bundesregierung sich verpflichtete, 50 Prozent aller Provinzausgaben für soziale Bedürftigkeit ohne Limit abzudecken. Das Recht auf Unterstützungsleistungen war für alle Bedürftigen bedingungslos. Das kanadische Gesundheitssystem gilt heute als Juwel der kanadischen Sozialpolitik. Bereits 1954 wurden Spitalsbehandlungen ohne Selbstbehalte eingeführt. Bei der fachärztlichen Behandlung übernahm die Provinz Saskatchewan die Führungsrolle. Als sich die dortige universale Krankenversicherung als erfolgreich erwies, wurde sie auf die anderen Provinzen ausgedehnt, wobei die Verantwortung für Gesundheit, anders als etwa bei der Arbeitslosenversicherung, in Provinzkompetenz blieb. Ottawas Rolle war aber durch die beträchtliche Kofinanzierung nicht minder einflussreich als beim CAP, denn wenn Provinzen sich nicht an die Vorgaben des Bundes hielten, wurden die Zahlungen kurzerhand eingefroren (vgl. Lightman u. Riches 2009: 55ff.).

Nach der Publikation des *White Papers on Unemployment Insurance* wurden 1971 die Leistungen aus der Arbeitslosenversicherung auf zwei Drittel des Einkommens erhöht bzw. der Bezieherkreis stark erweitert. Wenn man arbeitslos wurde, konnte man immer noch einen adäquaten Lebensstandard behalten (vgl. Hick 2007: 46). Viele Sozialleistungen wurden zur Zeit der Regierung Trudeau regelmäßig inflationsangepasst, was während der Wirtschaftskrise der 70er Jahre verbunden mit großzügigen Absetzmöglichkeiten im Steuerrecht alsbald zu großen Budgetdefiziten führen sollte.

> *„... what gives me some of the greatest pleasure when I reflect on my years in office is the human dimension, what we were able to do for people. For example, during my time in office the percentage of Canadians living in poverty dropped from 23 percent (1969) to 12.8 percent (1984). Our concern for the elderly was reflected in the poverty rate for families headed by a senior citizen, which went from 49 percent in 1969 to 14 percent in 1980. We were indeed moving towards a Just Society, looking after those who most needed help."*
> (Pierre Trudeau; Premierminister 1968-79, 1980-84; in: Trudeau 1993: 357)

Wie überall in der industrialisierten Welt fand der Ausbau des Wohlfahrtsstaates ab Mitte der 70er Jahre schließlich auch in Kanada ein abruptes Ende. 1978 wurde in einem ersten Konsolidierungsschritt das *Established Programs Financing* (EPF) eingeführt, das die Kofinanzierung Ottawas für die Bereiche Spitäler, Fachärzte und tertiäre Bildung zu einer Blocksumme vereinigte, die jede Provinz, abhängig von ihrer Bevölkerungszahl, jährlich erhielt. Die Blocksumme wurde jedoch auch dann ausbezahlt, wenn die Provinzen ihre Aufwendungen für die drei Bereiche kürzen sollten.

Nach der konservativen Wende von 1984 versuchte Brian Mulroney das eine oder andere Sozialprogramm auszuhebeln, mit unterschiedlichem Erfolg. Der Plan, *Old Age Security*-Zahlungen einzufrieren, verursachte große Proteste und musste zurückgezogen werden. Um die steigenden Kosten der universalen Pensionen und Familienbeihilfen einzudämmen, beschloss die Regierung Mulroney, dass OAS-Pensionen und Familienleistungen ab einem Nettoeinkommen von $50.000 gekürzt werden. Da kleine Einkommen nicht betroffen waren, ging diese Reform durch, auch wenn gegen die Aufkündigung des kanadischen Universalismus protestiert wurde. 1992 wurde die *Family Allowance* endgültig durch den *Child Tax Benefit* (CTB) ersetzt, der vom Erwerbsstatus, dem Einkommen und von der Zahl der Kinder abhing (vgl. English und Young 2006: 51ff). Insgesamt kann jedoch für die Amtszeit Mulroneys konstatiert werden: „In the 80s, no Reagans or Thatchers tore apart our social safety net" (Ibbitson 2009: 44).

Als Jean Chrétien und die Liberals 1993 die Konservativen an der Regierung ablösten, hatte auch innerhalb der Liberalen Partei der wirtschaftsfreundliche Flügel die Oberhand gewonnen und verordnete dem Land trotz Budgetüberschüssen einen unerwartet harten Sparkurs. Dabei war Jean Chrétien bei der Leadership Convention der Liberals noch als Kandidat des linken Parteiflügels gegen den Wirtschaftsvertreter und seinen späteren Finanzminister Paul Martin angetreten. Gerade in einer Zeit hoher Arbeitslosigkeit entschloss sich die Regierung dazu, einen Deckel bei den Zahlungen für den *Canada Assistance Plan* einzuführen, was dazu führte, dass der Anteil der Bundeszahlungen in den drei reichsten Provinzen Ontario, British Columbia und Alberta deutlich unter die 50%-Marke fielen.

Die Einführung der berüchtigten *workfare*-Programme war die Folge. 1996 wurden die Zahlungen an die Provinzen weiter fusioniert, indem man die CAP-Zahlungen mit den Geldern des *Established Programs Financing* (EPF) verschmolz. Die neue Pauschalsumme wurde als *Canada Health and Social Transfer* (CHST) betitelt und stellte eine signifikante Reduzierung der Bundesmittel dar. Weiters wurde der soziale Wohnbau eingestellt sowie die *Unemployment Insurance* rundum erneuert. Als umgetaufte *Employment Insurance* (EI) stellte sie ab 1997 nur mehr reduzierte Leistungen für weniger als ein Drittel der Arbeitslosen zur Verfügung (vgl. Lightman u. Riches 2009: 56ff.). Die Entwicklungen Mitte der 90er Jahre markierten „a watershed in Canadian social policy whose impact remains in the twenty-first century" (English u. Young 2006: 58).

Dass im Gegensatz zur Arbeitslosenversicherung das Pensionssystem gegen Kürzungen weitgehend immun blieb, lag zum einen an der großen Popularität des öffentlichen Systems, zum anderen am Widerstand der NDP, von Frauenrechtsgruppen und einigen Provinzregierungen. Die geplante Zusammenlegung von OAS und GIS musste wieder ad acta gelegt werden (vgl. Banting 2005: 119ff.).

> *„Some programmes were better insulated than others from the chill winds of the day, and federalism was part of the buffering process, constraining retrenchment in the same way it had constrained expansion in earlier days."* (Banting 2005: 118)

Als einziges relevantes neues Sozialprogramm wurde 1998 der *Canada Child Tax Credit* (CCTC) eingeführt. Diese Familienleistung war aber, dem neuen marktorientierten Geist entsprechend, in erster Linie an Leute mit Beschäftigung adressiert. Zwar sollten alle bedürftigen Haushalte die Leistung über das Einkommensteuersystem erhalten, doch während sich bei aktiv Beschäftigten automatisch das Nettogehalt erhöhte, wurde bei den Beschäftigungslosen von den Provinzen Sozialhilfeleistungen im selben Ausmaß weggekürzt, indem die neue Leistung wirkte (vgl. Lightman u. Riches 2009: 56ff.).

Der kanadische Premierminister Jean Chrétien bewegte sich nach seiner Ankündigung, nicht mehr kandidieren zu wollen, zum Ärger seines Nachfolgers Paul Martin wieder weiter nach links und verkündete, dass nach der Phase der erfolgreichen Budgetkonsolidierung nun wieder mehr finanzielle Mittel für sozialpolitische Maßnahmen zur Verfügung stehen würden. Das Budget von 2003 sah daher ein Ausgabenplus von 11% gegenüber dem Vorjahresbudget vor, was den größten Ausgabenzuwachs seit dem Ende der Trudeau-Ära darstellte (vgl. Martin 2003: 407f.).

1999 hatten die Provinzen und Territorien mit der kanadischen Regierung außerdem das sogenannte *Social Union Framework Agreement* (SUFA) abgeschlossen. Die Provinzen hatten darauf gedrängt, bei künftigen finanziellen Entscheidungen des Bundes rechtzeitig informiert und bei der Umsetzung eingebunden zu werden. Darüber hinaus kann nun jede Provinz aus neu eingeführten Sozialprogrammen hinaus optieren und stattdessen das Geld nehmen, ohne Auflagen für dessen Verwendung zu erhalten. 2004 wurde der *Canada Health and Social Transfer* zweigeteilt in den *Canada Health Transfer* (CHT) und den *Canada Social Transfer* (CST). Ersterer ist ausschließlich für den Gesundheitsbereich zuständig, während zweiterer tertiäre Bildung, Sozialhilfe und soziale Dienstleistungen wie Fürsorge für Kleinkinder umfasst (vgl. Hick 2007: 18f).

5.2 Das kanadische Pensionssystem

„Unilateralism is not an option here. ... Nothing happens unless formal approval is given by both levels of government." (Banting 2005: 95)

Das öffentliche System, ein Mix aus steuerfinanzierter und beitragsfinanzierter Säule, kann als Schmalspurausgabe des dänischen Modells angesehen werden. Die öffentliche Pension weist nur moderate Leistungshöhen auf, während Pensionisten um die 50% ihrer Pension von privaten Betriebspensionen oder anderen Privatvorsorgen beziehen. Dennoch vermag es das kanadische Pensionssystem durch seine Fokussierung auf die kleineren Einkommen und seine garantierten Mindestleistungen besser als die Pensionssysteme der meisten anderen Industrieländer, Altersarmut weitgehend zu verhindern.

Dieses System wurde im Zuge des Ausbaus des kanadischen Wohlfahrtsstaates in der Periode von den 50er Jahren bis zu den 70er Jahren aufgebaut. Die drei staatlichen Säulen unterteilen sich in einen (mittlerweile einkommensabhängigen, aber ursprünglich als Grundeinkommen konzipierten) universalen Teil (*Old Age Security*/OAS), eine Ergänzungssäule für Leute mit geringem Alterseinkommen (*Guaranteed Income Supplement*/GIS) und eine einkommensabhängige Versicherungspension (*Canada Pension Plan*/CPP, *Québec Pension Plan*[17]). Das GIS funktioniert im Grunde wie eine negative Einkommensteuer. Einkommen wird über einer Freibetragsgrenze vom GIS abgezogen. Vermögen bleibt dabei ohne Berücksichtigung (vgl. Béland u. Myles 2005: 252 u. 255).

Die Bemessungsgrundlage für den *Canada Pension Plan* ergibt sich aus den 35 besten Beitragsjahren, wer weniger hat, bekommt eine dementsprechend verringerte Leistung. Höchstens können aber 25% des Durchschnitts der höchsten beitragspflichtigen Monatseinkommen erreicht werden. Frühere Pensionsantritte ab 60 Jahren sind möglich, reduzieren aber die CPP-Pension um bis zu 30%. Ein späterer Antritt mit bis zu 70 Jahren ist ebenfalls möglich und erhöht die Pensionsleistung um bis zu 30%. Der Beitragssatz wurde schrittweise von 3,6% (1966) auf heute 9,9% erhöht und wird zwischen Arbeitgebern und Arbeitnehmern aufgeteilt. Selbständige zahlen den vollen Satz (vgl. Bolkovac 2000: 53ff.).

---

[17] Québecs Unabhängigkeitsbestrebungen kamen auch dadurch zum Ausdruck, dass Québec als einzige kanadische Provinz eigene Pensionsprogramme installierte, die aber in facto kaum von den bundesstaatlichen abwichen. QPP-Überschüsse wurden investiert, um die frankokanadische Wirtschaft zu unterstützen.

Abbildung 8: Leistungen der öffentlichen kanadischen Pension (Stand 1. Quartal 2010), ohne Hinterbliebenen- und Behindertenleistungen

Art der Leistung		Durchschnittsleistung	Maximalleistung	Voraussetzungen
Old Age Security		\$464.64	\$516.96	Mindestalter 65, 10 Jahre Aufenthalt in Kanada, bei Einkommen ab \$66,733 (bis zum generellen Wegfall bei \$108,090) oder bei Aufenthalt von weniger als 40 Jahren wird OAS schrittweise gekürzt
Guaranteed Income Supplement	Alleinstehende	\$447.88	\$652.51	Mindestalter 65, Leistung wird ab Zuverdienst über \$3,500 gekürzt, Wegfall \$15,672
	Partner eines Pensionisten	\$280.19	\$430.90	Wegfall der Leistung bei Einkommen ab \$20,688
	Partner eines Nicht-Pensionisten	\$444.37	\$652.51	Wegfall der Leistung bei Einkommen ab \$37,584
	Partner eines „Allowance"-Beziehers	\$376.25	\$430.90	Wegfall der Leistung bei Einkommen ab \$37,584
Allowance		\$395.44	\$947.86	Alter 60-64, Partner eines Beziehers von OAS und GIS, 10 Jahre Mindest-Aufenthalt in Kanada, Wegfall der Leistung ab \$28,992
Canada Pension Plan		\$472.36	\$934.17	Mindestalter 65, alle Erwerbstätigen über 18 zahlen für Verdienste über \$3,500 bis zu einem Maximalbetrag 4,95 % ihres Einkommens (der Arbeitgeberbeitrag beträgt ebenfalls 4,95%)

Quelle: *Service Canada (2010); Online*

Sowohl die steuerfinanzierte Grundpension als auch der *Canada Pension Plan* stellen Leistungen für hinterbliebene Partner bzw. letzterer auch für Waisen und Behinderte bereit. Zeiten der Kindererziehung für Kinder unter sieben Jahren werden aus der Berechnung heraus genommen und reduzieren die CPP-Pension nicht. Im Gegensatz zum GIS müssen die Pensionsleistungen aus dem OAS und dem CPP versteuert werden. Alle Leistungen werden jährlich oder sogar vierteljährlich, wie beim OAS, valorisiert (vgl. Service Canada; Online).

Das öffentliche Pensionssystem ist verfassungsrechtlich abgesichert und kann nur mit Unterstützung von mindestens zwei Drittel der Provinzen die zwei Drittel der Bevölkerung repräsentieren abgeändert werden. Das bedeutet eine de-facto-Veto-Macht für die bevölkerungsreichste Provinz Ontario, die mehr als ein Drittel der Einwohner Kanadas aufweist[18] und eine Ausweitung der öffentlichen Säule zu verhindern trachtet. Ironischer Weise war es gerade dieses verfassungsrechtliche Hindernis, das in den 90er Jahren Beschneidungen des Systems verhinderte (vgl. Béland u. Myles 2005: 257).

Historische Entwicklung

Das erste Pensionsgesetz wurde mit dem *Old Age Pensions Act* bereits 1927 von einer liberalen Minderheitsregierung verwirklicht. Es war der Preis für die parlamentarische Unterstützung der Sozialdemokraten. Bis zu einem Vermögen in bestimmtem Ausmaß konnten Personen ab 70 staatliche Pensionsleistungen in Anspruch nehmen. Ottawa übernahm 50% der Kosten. Doch viele Provinzen führten die öffentlichen Pensionen erst nach 1931 ein, als der Bundesanteil auf 75% angehoben wurde. 1951 wurde durch den sogenannten *Old Age Security Act* ein allgemeines Grundeinkommen im Alter geschaffen, das Vermögensverhältnisse nicht mehr berücksichtigte (vgl. Banting 2005: 99f. u. 106). In der zweiten Hälfte der 50er Jahre und zu Beginn der 60er Jahre war die Alterssicherung eines der dominierendsten Themen der kanadischen Politik. Allein 1957 wurden die Pensionen zweimal erhöht. Im Wahlkampf von 1958 forderten die Liberalen erstmals die Einrichtung einer zweiten, nach dem Versicherungsprinzip organisierten Pensionssäule bzw. die Verbesserung der ersten Säule. Die Wahlen wurden zwar verloren, aber der Druck blieb aufrecht und nach der Wiedererlangung der Regierungsgewalt löste Premierminister Pearson seine Versprechen ein (vgl. Little 2008: 23f.). Zwischen 1965 und 1970 wurde das Antrittsalter schrittweise auf 65 Jahre gesenkt. 1967 wurde schließlich mit dem GIS die zweite steuerfinanzierte Säule eingerichtet.

---

[18] Laut Statistics Canada lebten 2010 38,8% der Kanadier in Ontario.

Um in die neue ab 1966 geltende Versicherungspension namens *Canada Pension Plan* (CPP) auch Leistungen für Hinterbliebene und Behinderte inkludieren zu können, musste Ottawa die Zustimmung der Provinzen einholen. Vor allem Québec lehnte den Erstvorschlag der Regierung als zu wenig großzügig ab und konnte mit der Drohung nach einem eigenen vom Rest Kanadas unabhängigen Pensionssystem deutliche Zugeständnisse erwirken. Der Beitragssatz betrug nun 3,6% statt der vorgeschlagenen 2%, außerdem gab es eine Freibetragsgrenze für Niedrigverdiener und auch Selbständige wurden inkludiert. Jede zukünftige Änderung der Versicherungssäule würde in Hinkunft außerdem eine Verfassungsmehrheit erfordern (vgl. Little 2008: 28ff.).

Mit der 1975 vom *Canadian Labour Congress* (CLC) aufgestellten Forderung, die Beiträge und Pensionen der CPP/QPP-Leistungen zu verdoppeln, wurde eine Reformdebatte ausgelöst. Die Unternehmerseite forcierte einen Ausbau der privaten Säule zur Erhöhung der Ersatzraten. Dabei waren vor allem größere Firmen auch bereit, verpflichtende Beiträge zu leisten, während kleinere Unternehmen dies ablehnten. Die Spaltung der Unternehmerseite verhalf der öffentlichen Idee zum Durchbruch, die neben den Gewerkschaften und, wieder einmal, Politikern aus Québec auch durch einen von der sogenannten *Task Force on Retirement Income Policy* vorgelegten Bericht der Bundesregierung unterstützt wurde (vgl. Béland u. Myles 2005: 257). Ab 1975 gab es keine Einkommenstests für Pensionsbezieher mehr. 1978 kopierte der CPP die Scheidungsregel aus Québec, nach der die während der Ehe erworbenen Ansprüche zwischen den Partnern gesplittet werden konnten (vgl. Little 2008: 40).

Der nach dem Ende der Trudeau-Ära erfolgte Rechtsruck bei den Wahlen von 1984 war auch eine Bedrohung des sozialpolitischen Erbes von Lester Pearson und Pierre Trudeau. Premierminister Brian Mulroney stellte öffentlich die Notwendigkeit einer universalen Grundsäule in Frage. Wirtschaftskrise und das kanadische Budgetdefizit erhöhten die Popularität von Sparmaßnahmen. Zunächst versuchten die Konservativen die regelmäßige Indexierung der OAS-Leistungen abzuschaffen. Der Gegendruck durch Gewerkschaften, NGOs und Pensionistenvereine war allerdings derart wuchtig, dass Mulroney für die nächsten vier Jahre jegliche Reformpläne auf Eis legte. Im Sinne der *blame avoidance*-Strategie[19]

19 Die Blame Avoidance-Theorie geht davon aus, dass Regierungen oder andere politische Player unpopuläre Maßnahmen zu verschleiern trachten, in dem sie diese zum Beispiel in ein Paket mit anderen Maßnahmen einbetten, anderen Playern (Opposition, Provinzen etc.) den schwarzen Peter zuschieben oder die Maßnahme auf einen Teil der Bevölkerung begrenzen wie im hier angeführten Beispiel. Siehe zur Blame Avoidance-Theorie vor allem Weaver 1986

versuchten es die Konservativen 1989 durch die Hintertüre: Es wurden nur die Pensionen jener Leute angetastet, die Einkommen über $51,765 aufwiesen. Alles darüber liegende Einkommen reduzierte von da an die OAS-Leistungen um 15 Cent für jeden Dollar darüber. Die Rechnung ging auf, die kanadischen Medien berichteten kaum über die Pensionskürzung. Diese war langfristig ausgelegt: Die Schwelle wurde hinkünftig nicht inflationsangepasst, somit stieg die Anzahl der Senioren, die sie überschritten, langsam, aber automatisch an. 12 Jahre später, im Jahr 2001, hatten sie immerhin 5% der Pensionisten überschritten. Danach wurde die von den Liberalen eingeführte Indexierung wirksam (vgl. Béland u. Myles 2005: 258f.).

Weitere Reformen der Mulroney-Regierung waren, wenig überraschend, wieder Reaktionen auf den Druck aus Québec. So wurde 1987 eine Frühpension ab 60 Jahren eingeführt, die für all jene Kanadier attraktiv war, die auch mit einer niedrigeren staatlichen Pension zufrieden waren. So wurde der Pensionsanspruch um 0,5% für jedes Monat reduziert, in dem man vor dem Alter von 65 Jahren in den Ruhestand trat. Umgekehrt wurde die Pension in derselben Weise angehoben, falls man länger arbeitete. Zuvor waren bereits die CPP-Behindertenleistungen auf das höhere Niveau Québecs angehoben sowie das Beitragssplitting bei Scheidung verpflichtend vorgesehen worden (vgl. Little 2008: 41 u. 64).

Rezession und ein stetiges Ansteigen der Invaliditätspensionen machten in den 90er Jahren bereits die nächste Pensionsdebatte notwendig. Von der Anhebung des Pensionsantrittsalters über eine deutliche Erhöhung des Beitragssatzes bis zur völligen Privatisierung des Pensionssystems nach chilenischem Vorbild war die volle Bandbreite an Vorschlägen auf dem Tisch. Viele Vorschläge schieden schon bald aus, da ja die Reform des Pensionssystems in Kanada die Zweidrittelmehrheit der Provinzen sowie die Zweidrittelmehrheit der Gesamtbevölkerung erfordert. Für die Anhebung des Pensionsantrittsalters und die Privatisierungsoption war eine solche Mehrheit nicht erreichbar. Stattdessen einigte man sich auf eine schrittweise Erhöhung des Beitragssatzes auf 9,9% bis zum Jahr 2003 sowie einen strengeren Zugang zur Invaliditätspension. Statt Beitragszahlungen während zwei der letzten drei Jahre bzw. fünf innerhalb der letzten zehn Jahre waren ab nun vier innerhalb der letzten sechs Jahre erforderlich (vgl. Little 2008: 241 u. 245f.). Während die Reform Party und die NDP gegen die Pensionsreform stimmten, erhielten die Liberalen die Unterstützung der Progressive Conservatives und des Bloc Québécoise, deren ihnen nahestehenden Provinzregierungen sich in vielen Punkten durchsetzen konnten (vgl. Little 2008: 261).

Die Liberalen planten ergänzend eine Zusammenlegung von OAS und GIS. Dieses Vorhaben wurde von rechts wie links kritisiert und somit rasch zu Fall gebracht (vgl. Béland 2009: 56). Stattdessen wurden zwischen 1995 bis 1997 die Beiträge zur Arbeitslosenversicherung – eine Forderung vieler Provinzen als Ausgleich für die erhöhten Pensionsbeiträge - und fiskale Transfers zu den Provinzen gekürzt. Die Beitragsraten für den CPP wurden schrittweise auf die heutigen 9,9% erhöht sowie die Freibetragsgrenze bei $3,500 eingefroren (die Inflation sorgt dafür, dass Einkommen, das für Beiträge herangezogen wird jährlich steigt), CPP-Pensionen werden außerdem nach den fünf besten Jahren, statt wie zuvor den besten drei, berechnet.

Trotz der niedrigeren Pensionen, die Frauen auf Grund ihres geringeren Erwerbseinkommens erhielten, wurden viele praktische Auswirkungen des neuen Pensionssystems aus Gendersicht als positiv gewertet:

> *„Under the reformed CPP, the benefit-contribution ratio would be 1.82 for everyone – but 2.56 for women and 1.36 for men. In other words, women might get lower benefits in total than men ... ,but relative to what they put into the CPP, women got far more out of it than men. They lived longer (and collected retirement pensions for an average of almost five years more than men), made greater use of the childrearing drop-out provision, and were the usual recipients of survivor benefits because they outlived their husbands."* (Little 2008: 260)

Pensionssystem heute

Die Grundpensionssäule OAS und die *Canada Pension Plan*-Säule zusammen ergeben heute bloß eine Pensionsleistung von 40% des Durchschnittslohnes. Die dritte bzw. vierte Säule, wenn man das GIS als eigene Säule ansieht, sind die Privatpensionen. Sie sind die älteste Form der kanadischen Altersvorsorge und gehen auf das 19. Jahrhundert zurück. Bereits 1970 hatten 40% der Arbeitnehmer eine solche private Vorsorge namens *Registered Pension Plans* (RPPs). Als Altersvorsorge für Selbständige waren 1957 die *Registered Retirement Savings Plans* (RRSPs) geschaffen worden, in die jeder einzahlen kann. 1999 besaßen bereits 60% der kanadischen Familien (allerdings fast ausschließlich Angehörige der Mittel- und Oberschicht) RRSPs (vgl. Béland u. Myles 2005: 255f.). Was die Betriebspensionen betrifft, so haben sich Pläne mit fest definierten Leistungen zugunsten von Plänen mit vom Arbeitgeber garantierten Beiträgen ohne garantierte Leistungshöhe stark vermindert. Die Finanzkrise von 2009 bescherte sowohl den RPPs als auch den RRSPs schmerzliche Verluste, die viele Kanadier zwangen ihren Pensionsantritt zu verschieben (vgl. Béland 2009: 57f.).

Debatten zur weiteren Reformierung bzw. Kürzung des öffentlichen kanadischen Pensionssystems sind in jüngster Zeit wegen seiner großen Beliebtheit innerhalb der kanadischen Bevölkerung aber weit weniger oft geführt worden als etwa im Bereich der Gesundheitspolitik. Und das scheint auch so zu bleiben:

> *„As in the past, politicians who would dare attack these programs could face strong popular resistance. In itself, this prospect may protect such programs against cutbacks, at least in the short run."*
>
> (Béland 2009: 56)

Die schwere Finanzkrise von 2009 und ihre Folgen hat aber auch vor dem CPP und dem QPP nicht Halt gemacht. Beide investieren die Beitragszahlungen an kanadischen und internationalen Finanzmärkten.

5.3 Gesundheitspolitik

> *„There is a systemic problem for health care: in the end, we all die."*
>
> (Jones u. Kilgour 2007: 141)

Hauptziel des steuerfinanzierten kanadischen Gesundheitssystems ist es, und hier sehen wir einen kardinalen Unterschied zum südlichen Nachbarn USA, sicher zu stellen, dass alle Einwohner Kanadas ohne Direktzahlungen über einen angemessenen Zugang zu Gesundheitsleistungen verfügen. Dass dieses Ziel keine leere Floskel ist, zeigt unter anderem die Tatsache, dass alle Einwohner Kanadas von der öffentlichen Krankenversicherung erfasst sind, was beispielsweise in einem korporatistischen Wohlfahrtsstaat wie Österreich immer noch nicht gewährleistet ist. Private Krankenversicherungen sind darüber hinaus in Kanada im starken Gegensatz zu de facto allen anderen Industriestaaten immer noch weitgehend unbedeutend und auf wenige Leistungen limitiert, die vom staatlichen System nicht abgedeckt werden. Dem Entstehen einer Zweiklassenmedizin scheint so, zumindest theoretisch, gesetzlich vorgebeugt. Außerdem ist das *single-insurer*-System Kanadas auf Grund der niedrigen administrativen Kosten weitaus billiger als das Modell im Nachbarstaat USA. Von allen sozialstaatlichen Leistungen ist es folglich die Gesundheitspolitik, auf welche die Kanadier besonders stolz sind.

„Unlike other facets of Canadian social policy, it sets out a vision of distributive justice based on the principle of „equity". Equity as a distributive principle requires that `need´, not ability to pay, be the sole determinant of access and distribution of health services."

(Burke u. Silver 2006: 375)

Der universale Ansatz im kanadischen Gesundheitswesen ist einer der deutlichsten Indikatoren dafür, dass Kanada sich von klassisch liberalen Wohlfahrtsstaaten nach der Definition Esping-Andersens unterscheidet, und, im Gegensatz zu den USA oder Australien, eher als Mischmodell bezeichnet werden müsste (vgl. Esping-Andersen 1990).

Die Gesundheitspolitik in Kanada wird seit dem *Canada Health Act* (CHA) von 1984 durch fünf nationale Kriterien geregelt (vgl. Bolkovac 2007: 31):

1. Öffentliche Administration: Alle Spitäler mit Grundversorgung müssen öffentlich finanziert werden und arbeiten auf Non-Profit-Basis.
2. Umfassendes Leistungsangebot: Krankenhausaufenthalte und Fachärzte müssen ebenso abgedeckt sein wie Zahnoperationen.
3. Universalität: Alle Einwohner Kanadas müssen krankenversichert sein.
4. Übertragbarkeit: Bei einem Wechsel in eine andere Provinz können die Ansprüche mitgenommen werden.
5. Breiter Zugang: Hiermit meint man einerseits die Gewährleistung angemessener Bezahlung von Ärzten, zum anderen die Bereitstellung eines ausreichenden Angebotes an Gesundheitseinrichtungen.

Für Basisleistungen des öffentlichen Systems gibt es in der Regel wenig bis gar keine Selbstbehalte. Um eine *Health Insurance Card*, die kanadische Variante einer e-card, zu erlangen, reicht in der Regel (es gibt je nach Provinz unterschiedliche Praktiken) ein dreimonatiger Aufenthalt im Land. Die privat getragenen Ausgaben für Gesundheit sind laut OECD mit 30% der Gesamtausgaben zwar höher als in Österreich (24%), aber deutlich niedriger als in den Vereinigten Staaten (54%).

Im Gegensatz zu den USA gibt es in Kanada auch Krankengeld bzw. Entgeltfortzahlung im Krankheitsfall. Das Krankengeld beträgt einheitlich 55% des Lohnes/Gehaltes. Die Entgeltfortzahlung ist dagegen nicht klar durch Gesetze geregelt. Abhängig davon, welcher Art von Beschäftigung ein Arbeitnehmer nachgeht, ist eine unterschiedliche Dauer der Lohnfortzahlung vorgesehen. Diese ergibt sich u. a. aus Vereinbarungen zwischen Gewerkschaften und Arbeitgebern. Diese sehen anders aus als die in Europa üblichen Systeme. Ein Arbeitnehmer in Kanada kann für jeden Monat ohne Krankheit eine bestimmte Zahl von Tagen ansparen, um sie bei einem Krankenstand für die Lohnfortzahlung einsetzen zu können. In der Regel werden für jedes krankenstandsfreie Monat eineinhalb Tage angespart (vgl. Beske u. Drabinski 2005: 78f.).

Um die Niveaus der Gesundheitsleistungen der Provinzen und Territorien anzugleichen, gibt es einen Finanzausgleich, der je nach Wirtschaftskraft die lokalen Gesundheitsstrukturen subventioniert oder eben nicht. Die beiden reichsten Provinzen, Alberta und Ontario, bekommen demnach keine Ausgleichszahlungen. Für die meisten Provinzen sind die Gesundheitsausgaben der größte Budgetposten, weswegen sie auf die Zuzahlungen Ottawas in großem Ausmaße angewiesen sind (vgl. Maioni 2008: 169 u. 172). „In practical terms, the federal government was able to use the CHA as a way to minimize asymmetry in health provision among the provinces and to contribute towards regional equity" (Maioni 2008: 178).

Selbstbehalte

Krankentransporte, Zahnbehandlungen und Arzneimittel werden in Kanada von der Krankenversicherung nicht abgedeckt. Allerdings sind die Kosten für Krankentransporte im Vergleich zu den USA durchaus moderat. Die Arzneimittel sind ebenfalls in der Regel günstiger als im Süden, weil die kanadische Regierung die Preise direkt mit den Pharmakonzernen verhandelt, anstatt sie, wie die US-Regierung, völlig freizugeben. Außerdem besteht in den meisten Provinzen die Möglichkeit, eine Medikamentenzusatzversicherung abzuschließen, sofern diese nicht ohnehin vom Arbeitgeber oder den einzelnen Provinzen angeboten wird.

In British Columbia an der Westküste werden beispielsweise, einkommensabhängig, nach einem Freibetrag, der vollständig selbst getragen werden muss, 0% bis 4% des Bruttohaushaltseinkommens als Ausgabenhöchstgrenze definiert, während in der Provinz Ontario die ersten C$500,- selbst bezahlt werden müssen und danach nur mehr $2 Rezeptgebühr pro Verschreibung anfallen. In vielen Provinzen gibt es derzeit einen Trend, den öffentlichen Anteil an den Medikamentenkosten noch weiter auszudehnen (vgl. UBC Centre for Health Services and Policy Research 2009; Online).

Historische Entwicklung

Der Ursprung des kanadischen Gesundheitssystems liegt in den Provinzen. Saskatchewan hatte bereits 1916 ein System geschaffen, wo Ärzte von der jeweiligen Gemeinde, in der sie praktizierten ein Grundgehalt von der öffentlichen Hand bekamen. Die Zeit der großen Depression begünstigte die Weiterentwicklung dieses Modelles, waren die Ärzte in diesen schweren Notzeiten doch massiv auf öffentliche Gelder angewiesen. Es war ausgerechnet der Zweite Weltkrieg, der einen starken Antrieb zur Schaffung eines nationalen Gesundheitssystems in Kanada bot. Die zentralisierte Kriegspolitik war von Erfolg gekrönt gewesen, und, verbunden mit dem Wunsch nach einer humaneren und sozialeren Gesellschaft, gab es seitens der Kanadier einen ordentlichen Vertrauensvorschuss für bundespolitische Sozialprogramme. Doch konnte man nicht einfach über die Provinz Québec hinweg gehen, welche die sozialpolitischen Belange von Bildung über Armenfürsorge bis zum Spitalswesen de facto an die katholische Kirche übertragen hatte und alle nationalen Sozialprogramme als inkompatibel mit der Autonomie der Provinz ablehnte. Auch die Interessenvertretungen der Mediziner agierten als Vetoplayer gegen eine sogenannte *socialized medicine*, mit ähnlicher Argumentationsstrategien wie sie über 60 Jahre später von Gegnern der Gesundheitsreform von US-Präsident Barack Obama ins Feld geführt wurden. Bundespolitische Initiativen wurden so rasch abgewürgt (vgl. Boychuk 2008: 96ff.).

Das bemerkenswerte in dieser Situation war die Tatsache, dass die sozialdemokratische Regierung von Saskatchewan schrittweise die öffentliche Gesundheitspolitik ausdehnte, ohne den, höchst ungewissen, positiven Ausgang der Verhandlungen zu einer Kofinanzierung des Bundes abzuwarten. Zunächst wurde eine staatliche Krankenversicherung für Sozialhilfeempfänger, Pensionisten und Witwen eingeführt, um schließlich mit einer universalen Krankenhausversicherung bereits 1947 die Gesamtbevölkerung der Provinz zu erfassen. Als drei weitere Provinzen dem Beispiel Saskatchewans nachfolgten, kam die Bundesregierung in Zugzwang. Zum einen sollte ein System errichtet werden, das der Bundesregierung Kontrolle über die verwendeten Steuermittel gab (und verhinderte, dass diese an private Anbieter gingen), zum anderen sollte verhindert werden, dass diese Mittel nur an einige Provinzen statt auf ganz Kanada aufgeteilt werden (vgl. Boychuk 2008: 105 u. 110ff.).

Das öffentliche Gesundheitswesen Kanadas, wie wir es heute kennen, entstand im Wesentlichen während der 60er Jahre des 20. Jahrhunderts. Die Provinz Saskatchewan übernahm 1962 mit der Einführung einer allgemeinen universalen Krankenversicherung, die gegen einen heftigen 23-tägigen Ärztestreik durchgesetzt wurde, ein weiteres Mal die Vorreiterrolle. Es folgten trotz Kritik der medizinischen Profession schrittweise alle anderen Provinzen nach, bis schließlich 1971 das gesamte Bundesgebiet vom universalen kanadischen *medicare*-System mit freier Krankenhaus- und Arztbehandlung erfasst war (vgl. Bolkovac 2007: 28; Boychuk 2008: 122).

Anfang der 80er Jahre war Ottawa erneut in Konfrontation mit der Ärzteschaft. Eine zunehmende Zahl an Ärzten hob von ihren Patienten Gebühren ein, außerdem wurde in einigen Provinzen die Einführung von Spitalsbeiträgen andiskutiert. Das widersprach nach Ansicht der liberalen Bundesregierung dem Gleichheitsgrundsatz und die Regierung Trudeau bereitete ein neues Gesetz mit Sanktionsmöglichkeiten vor. Wieder streikten die Ärzte, diesmal auch in Ontario, wo gleich 25 Tage lang die Arbeit niedergelegt wurde (vgl. Banting 2005: 123).

Mit dem *Canada Health Act* (CHA) und der Schaffung der berühmten fünf nationalen Grundprinzipien (siehe oben) wurde ein weiterer Meilenstein gelegt, der generell Zuzahlungen bei praktischen Ärzten verbat und alle Provinzen, in deren Verantwortung der Gesundheitsbereich an sich liegt, verpflichtete, die bundespolitischen Standards einzuhalten, weil sie ansonsten die Bundeszuschüsse verlieren würden (vgl. Jones u. Kilgour 2007: 144). Sollten dennoch Selbstbehalte für im CHA garantierte Leistungen eingehoben werden, würde der Bund seine Zuschüsse um eben diese Höhe kürzen und sie so nutzlos machen. Diesmal war es ausgerechnet der Spätzünder Québec gewesen, der von Anfang an auf Selbstbehalte verzichtet hatte und im Gegensatz zu den englischsprachigen Provinzen keinen Anpassungsdruck verspürte (vgl. Boychuk 2008: 139).

Die Probleme mit der Finanzierung und Aufrechterhaltung des nationalen Gesundheitssystems bestanden jedoch weiter fort. Dafür gibt es verschiedene Ursachen: Die Provinzen bekamen nach der Verabschiedung des *Canada Health and Social Transfer* (CHST) im Jahr 1996 nur mehr *block transfers*, die einen Fixbeitrag des Bundes für die Gesundheit, tertiäre Bildung, Sozialhilfe und soziale Dienstleistungen darstellten. Die konkreten Prioritäten sollten von den Provinzregierungen selbst bestimmt werden (vgl. Burke u. Silver 2006: 382). Das brachte, wie zu erwarten, Verschlechterungen für die Bürger mit sich. In der Gesundheitspolitik haben etwa einige kanadische Provinzen auf die Kürzungen mit der Einführung von Kopfpauschalen, die als zusätzliche Einkommensquelle für das Gesundheitssystem dienen, reagiert.

Auf der Ausgabenseite wurden einige vorher versicherte Leistungen gestrichen. Darunter kann die Zahnbehandlung für Kinder genauso fallen wie Augenuntersuchungen oder die Versicherung bei Auslandsaufenthalten. Für Bestätigungen von Krankmeldungen können ebenso Selbstbehalte verlangt werden wie für bestimmte Untersuchungen (vgl. Evans 2002: 84).

Aktuelle Entwicklungen

Die fortwährende Unzufriedenheit der Provinzen und die Konterkarierung des universalen Prinzips durch die Wiedereinführung von Zuzahlungen zwang Ottawa umzudenken, und seine Gesundheitsausgaben wieder schrittweise zu erhöhen. 1999 legte das *Social Union Framework Agreement* (SUFA) neben der Bundes-Beitragserhöhung speziell für den Bereich der Gesundheit fest, dass Ottawa keine in den Bereich der *block transfers* fallenden Initiativen ohne Zustimmung der Mehrheit der Provinzregierungen mehr treffen darf. Dadurch wurde die provinzielle Rolle bei der Identifikation nationaler Prioritäten und Ziele bestätigt und sogar gestärkt (vgl. Burke u. Silver 2006: 382f.). Im Budget von 1999 wurden $11.5 Milliarden, auszuzahlen in einem Zeitraum von fünf Jahren, für die Gesundheitsausgaben der Provinzen veranschlagt. Bereits 2000 und 2003 kamen weitere, wenn auch nicht ausreichende, Finanzspritzen hinzu (vgl. Maioni 2008: 168).

Der sogenannte Romanow-Report, der 2002 vorgestellt wurde, geht auf Initiative der Regierung Chrétien zurück, die den ehemaligen Premierminister der Provinz Saskatchewan, Roy J. Romanow, mit einer Studie beauftragte. Die breit angelegte Untersuchung sollte Vorschläge ausarbeiten, wie das universale Gesundheitssystem auch weiterhin gesichert werden kann (vgl. Martin 2003: 407f.). Fast alle wesentlichen Aspekte des Gesundheitssystems wurden in dem Bericht ausführlich analysiert: von speziellen Problemfeldern der indigenen Bevölkerung über die medizintechnische Infrastruktur bis zur Situation des Gesundheitspersonals (vgl. Romanow 2002).

> *„The Romanow Report makes it clear that the Canadian system is under fiscal strain. The provinces, for example, have picked up a growing percentage of medical expenditures in the past ten years, and the system as a whole is suffering from the federal cutbacks made in the 1990s, the failure to expand home care, and problematic patterns of access in remote rural areas. There is the also growing problem of waiting lists, especially for noncritical services."* (Zuberi 2006: 71)

Als Hauptsorge der Kanadier wurden die Wartezeiten bei nicht lebensnotwendigen Operationen, bestimmten Spezialisten oder Untersuchungen wie Computertomographie oder Magnetresonanztomographie identifiziert. Kanada schneidet hier im OECD-Ländervergleich weit unterdurchschnittlich ab. In der öffentlich geführten Debatte in Kanada wird daher des öfteren eine Privatisierung bestimmter Leistungen vorgeschlagen um die öffentlichen Gesundheitsdienstleister zu entlasten. Der Romanow-Report argumentiert hier dagegen:

> *„... private facilities may improve waiting times for the select few who can afford to jump the queue, but may actually make the situation worse for other patients because much-needed resources are diverted from the public health care system to private facilities."*
>
> (Romanow 2002: 139)

Der *Canada Health Act* von 2004 griff vor allem das Problem der Wartezeiten auf und verlangte bis zu einer Deadline von allen Provinzen klare Ziele und Indikatoren, wie sie ihre Wartezeiten reduzieren wollen. Eine weitere auf die Ergebnisse des Romanow-Report unmittelbar folgende Maßnahme war die Einführung eines *Health Councils*, das über die gleichen Qualitätsstandards im gesamten Land wachen und die Kooperation zwischen nationalen, provinziellen und territorialen Playern forcieren soll (vgl. Burke u. Silver 2006).

Genau diese Qualitätskontrolle ist aber in Kritik geraten. Für Robin V. Sears bleibt die nur mangelhaft funktionierende Kontrolle sogar die Topherausforderung der kanadischen Gesundheitspolitik schlechthin: „Can you imagine another industry that killed between 9,000 and 23,000 of its clients annually surviving the political scandal that would generate? That is the estimate of medically inflicted deaths in Canada" (Sears 2009: 39).

Das Gespenst der Privatisierung spukt unterdessen weiter durch die politische Theorie und Praxis Kanadas. Ein Urteil des Supreme Courts von 2005 annullierte Sektionen in Gesetzen der Provinz Québec, die Privatversicherungen für medizinisch notwendige Serviceleistungen, die von der öffentlichen Hand abgedeckt werden, verboten hatten. Es stellt sich die Frage, ob damit ein erster Dominostein Richtung mehr privat umgefallen ist. Das universale Prinzip scheint zumindest teilweise zu erodieren, „as the wealthy pay for private health services; and the publicly funded system becomes increasingly vulnerable to additional privatization" (Burke u. Silver 2006: 387.). Alle großen Parteien betonen jedoch, dass die Finanzierungsbasis des Gesundheitssystems verbessert werden muss, ohne die bestehenden Grundprinzipien abzuändern (vgl. Boychuk 2008: 4). Und Québec reagierte auf seine eigene Art auf das Urteil des Höchstgerichtes, indem zwar ein Gesetz verabschiedet wurde, das in der Provinz private Gesundheitsanbieter zuließ, allerdings vorläufig bloß in drei Bereichen: Operationen an der Hüfte, am Knie und bei Grauem Star (vgl. Maioni 2008: 176).

Andererseits haben inzwischen fast alle Provinzen regionale Kontrollnetzwerke für Krankenanstalten eingeführt, die den Wettbewerb für Patienten aus derselben Stadt reduzieren und das Angebot effizienter bündeln sollen. In die ähnliche Richtung geht die *bigger is better*-Strategie beim Medikamenteneinkauf. Eine provinzweit bzw. bundesweit einheitliche Einkaufspolitik mit den damit verbundenen zentralen Verhandlungen mit der Pharmaindustrie hat sicherstellen können, dass Medikamente in Kanada immer noch, im Durchschnitt, um 20% weniger kosten als am US-amerikanischen Markt (vgl. Sears 2009: 40).

5. 4 Leistungen bei Arbeitslosigkeit

Auch in Kanada hat sich der Arbeitsmarkt in den letzten Jahrzehnten verändert. Einer der stärksten langfristigen Trends ist die stetige Zunahme von unterbezahlter Teilzeitarbeit. Betrug der prozentuelle Anteil dieser Beschäftigungsform an allen Arbeitsplätzen 1953 noch magere 3,8%, so waren 1999 bereits 18,5% der Arbeitsplätze mit Teilzeitbeschäftigten besetzt. Teilzeitarbeit findet zumeist unfreiwillig statt, und oft nehmen Teilzeitbeschäftigte aus finanzieller Notwendigkeit heraus noch einen zweiten oder sogar dritten zusätzlichen Job an. Aber nicht nur Teilzeitbeschäftigte haben mit schlechten Arbeitsbedingungen und niedrigen Löhnen zu kämpfen, generell gelten in Kanada 25% der Arbeitnehmer, davon deutlich mehr Frauen als Männer, als Niedrigsteinkommensbezieher, die weniger als zwei Drittel des Medianstundenlohnes ausbezahlt bekommen. Interessant ist die Tatsache, dass sich dieser Prozentsatz im Grunde bereits seit 1980 nicht mehr verändert hat. Außerdem weist Kanada seit den 70er Jahren mit über 10% signifikant höhere Arbeitslosenraten auf als andere Länder des liberalen Wohlfahrtsclusters wie die USA, Australien oder Neuseeland (vgl. Hick 2007: 83ff.).

Das kanadische Arbeitslosenversicherungssystem (*Employment Insurance*/EI) ist ein Bundesprogramm mit Administration durch die Provinzen. Unter anderem weist es folgende Kennzeichen auf (vgl. Zuberi

2006: 88f.; Human Ressources and Skills Development Canada 2009b; Online):

- Vor dem Leistungsbezug gibt es eine zweiwöchige Wartezeit.
- Das Arbeitslosengeld kann bis zu 50 Wochen ausbezahlt werden.
- Ein Zuverdienst ist in der Höhe von $50 pro Monat oder 25% der Leistung (was von beiden höher ist) möglich.
- Voraussetzung sind 420 bis 700 geleistete Arbeitsstunden innerhalb der letzten 52 Wochen, je nach Höhe der Arbeitslosigkeit in der jeweiligen Region. In Ausnahmefällen (etwa wenn jemand zum ersten Mal am Arbeitsmarkt ist oder mehr als zwei Jahre abwesend war) können 910 Stunden verlangt werden.
- Es darf kein Eigenverschulden für eine Entlassung bzw. keine Selbstkündigung vorliegen.
- Der Beitragssatz beträgt bis zu einer Höchstgrenze 1,73% des Lohnes/Gehaltes und das 1,4-fache davon für den Arbeitgeber.
- Die Ersatzrate beträgt in der Regel (bis zu einer Höchstgrenze) 55% des Durchschnittseinkommens der letzten 26 Wochen, kann aber bis zu 80% ansteigen (bei Niedriglohnfamilien mit Kindern).

Historische Entwicklung

Die erste Gesetzgebung zur Einführung von Mindestlöhnen wurde bereits 1918 in British Columbia tätig, bis 1920 folgten vier weitere Provinzen nach. Zuerst als Maßnahme gegen die Ausbeutung von Frauen und Kindern am Arbeitsmarkt gedacht, wurden ab 1925 auch Männer in das Mindestlohnsystem eingebunden, und das sogleich auf einem höheren Niveau als bei den Frauen (vgl. Hick 2007: 92f.). Aber erst 1940 wurde in Kanada als letztem industrialisiertem Land eine Arbeitslosenversicherung eingeführt, nachdem der erste Versuch 1935 wegen Verfassungswidrigkeit gescheitert war.

Nachdem durch eine Verfassungsänderung Ottawa auch in den Bereichen Beschäftigung und Versicherung tätig werden durfte, stand einer nationalen Arbeitslosenversicherung nichts mehr im Wege. Zunächst waren dennoch bloß rund 40% der Arbeitnehmer von der neuen Sozialleistung erfasst, weil sie nur bis zu einer Höchsteinkommensgrenze wirksam war. Allerdings betrug die Ersatzrate bereits 60% und bei entsprechenden Versicherungszeiten konnte die Leistung bis zu einem Jahr bezogen werden (vgl. Crouchene u. Allan 2009: 21f.).

Die Gruppe der Leistungsberechtigten wurde noch in den 40er Jahren erweitert, um auch Saisonbeschäftigte und heimkehrende Soldaten einzubeziehen. Später folgten auch die selbständigen Fischer. 1971 wurde die Arbeitslosenversicherung mit der Inklusion der öffentlichen Bediensteten und einer Erweiterung des Leistungskataloges um Mutterschaft oder Krankheit schließlich de facto universal. Die Zugangsvoraussetzung wurde auf acht Wochen herabgesetzt, die Arbeitgeberbeiträge waren, was bis heute gleich blieb, um 1,4 mal höher als die der Arbeitnehmer. Die Ersatzraten betrugen 75% für Arbeitnehmer mit Angehörigen und 66% für jene ohne Angehörige. Alle danach durchgeführten Anpassungen und Änderungen fokussierten vor allem auf einen komplizierten Mix aus den Wochen, die man gearbeitet haben musste um sich zu qualifizieren und der unterschiedlichen Leistungsdauer je nach Höhe der regionalen und nationalen Arbeitslosigkeit und individueller Beschäftigungsdauer (vgl. Courchene u. Allan 2009: 22).

Im Rahmen des allgemeinen Sparkurses der Regierung Chrétien Mitte der 90er Jahre wurden auch bei der Arbeitslosenversicherung weitere Änderungen vorgenommen. Um das Ziel zu unterstreichen, dass die Arbeitslosenversicherungsleistung in erster Linie eine neue Arbeitsaufnahme ermöglichen soll, wurde ihr Name von *Unemployment Insurance* auf *Employment Insurance* (EI) umgetauft (vgl. Hick 2007: 236). 1990 waren bereits von der konservativen Vorgängerregierung unter Brian Mulroney die gesamten Kosten der Versicherung zwischen Arbeitnehmern und Arbeitgebern aufgeteilt worden, um Ottawa finanziell zu entlasten. Diese Maßnahme führte bereits 1996 zu einem Überschuss von 6 Millionen $ (vgl. Courchene u. Allan 2009: 23).

Auch die erforderlichen Qualifikationswochen wurden erhöht, die maximale Dauer der Leistungen für die meisten Regionen reduziert und die Ersatzrate auf 50% für jene herabgesetzt, die zumutbare Arbeitsplätze ausschlugen. 1993 wurde schließlich die Ersatzrate generell auf 57% herabgesetzt und die Leistungen für alle Arbeitnehmer, die selbst kündigen oder entlassen werden, gestrichen. Schon bald folgte eine weitere Herabsetzung der Ersatzrate auf 55% bzw. weitere Reduzierungen der Bezugsdauer und der Bezugsvoraussetzungen in raschen Schritten. Die im *Employment Insurance Act* von 1996 festgelegte *Intensity Rule* sah darüber hinaus vor, dass die 55%-Ersatzrate herabgesetzt wird, wenn innerhalb der letzten fünf Jahre bereits Leistungen aus der EI bezogen wurden. Diese Regelung wurde als sehr stigmatisierend und strafend wahrgenommen und erwies sich darüber hinaus als ineffektiv, weswegen sie 2001 auch wieder aufgehoben wurde (vgl. Hick 2007: 235f.).

Die Folgen aller dieser Änderungen: Während im Jahr 1990 noch 88% der Arbeitslosen Versicherungsleistungen aus der Arbeitslosenversicherung beziehen konnten, waren es 1997 nur mehr 43% (vgl. Snyder 2006: 322). Freilich variiert auf Grund der komplexen Berechnungsmethode und der großen regionalen Unterschiede dieser Prozentsatz je nach betroffener Region.

So betrug die Anzahl der Leistungsberechtigten 2004 in Ontario etwa nur knapp 30%, während in Newfoundland and Labrador um die 93% der Arbeitslosen berechtigt waren, Leistungen aus der EI zu beziehen (vgl. Hick 2007: 244). Diese Unterschiede gingen nicht zuletzt auf den erbitterten Widerstand der ärmeren Provinzen im kanadischen Osten bzw. Québecs zurück, die sich bereits in den 70er und 80er Jahren für großzügigere Regelungen eingesetzt hatten und auch in den 90er Jahren konsequent gegen die Pläne der Regierung Chrétien mobil gemacht haben (Banting 2005: 119f.).

Heute gibt es ca. 60 verschiedene *Employment Insurance*-Regionen und je nach Region variieren die Voraussetzungen für Leistungen aus der Arbeitslosenversicherung (siehe Abbildung nächste Seite). 420 Stunden Beschäftigung reichen beispielsweise in Regionen mit einer Arbeitslosigkeit über 13% aus um sich zu qualifizieren und 42 Wochen lang Arbeitslosengeld zu beziehen, während in Regionen mit 6% oder niedriger 700 Stunden erforderlich sind, um sich zu qualifizieren und 1680 Stunden, um 37 Wochen lang Arbeitslosengeld zu beziehen (vgl. Courchene u. Allan 2009: 22). Eine sogenannte *Clawback Rule* bestimmt, dass die Leistungen der Arbeitslosenversicherung zurückbezahlt werden müssen, sobald man ein Jahresnettoeinkommen von $84.750 überschreitet (vgl. Hick 2007: 241).

Ausblick

Angesichts der Wirtschaftskrise und des Druckes der drei Oppositionsparteien, die von der konservativen Minderheitsregierung mehr soziale Signale einmahnten, wurde 2009 die maximale Anspruchsdauer für den Bezug von Arbeitslosenunterstützung auf 50 Wochen verlängert. Für eine Verbesserung der Arbeitslosenversicherung liegen zahlreiche Vorschläge auf dem Tisch, die Diskussion ist wohl noch lange nicht beendet.

Nachdem die radikalen Umgestaltungen der 90er Jahre alleinerziehende Frauen und Kinder am stärksten getroffen hat, werden zukünftige Reformvorhaben auch danach zu messen sein, wie sehr sie Verbesserungen für diese Gruppen beinhalten.

Abbildung 9: Leistungsdauer der Employment Insurance nach geleisteten Arbeits

Arbeitslosigkeit	< 6%	6% bis 7%	7% bis 8%	8% bis 9%	9% bis 10%
Arbeitsstunden	Dauer der Leistung				
420-454	0	0	0	0	0
455-489	0	0	0	0	0
490-524	0	0	0	0	0
525-559	0	0	0	0	0
560-594	0	0	0	0	25
595-629	0	0	0	23	25
630-664	0	0	22	24	26
665-699	0	20	22	24	26
700-769	19	21	23	25	27
770-839	20	22	24	26	28
840-909	21	23	25	27	29
910-979	22	24	26	28	30
980-1.049	23	25	27	29	31
1.050-1.119	24	26	28	30	32
1.120-1.189	25	27	29	31	33
1.190-1.259	26	28	30	32	34
1.260-1.329	27	29	31	33	35
1.330-1.399	28	30	32	34	36
1.400-1.434	29	31	33	35	37
1.435-1.469	30	32	34	36	38
1.470-1.504	31	33	35	37	39
1.505-1.539	32	34	36	38	40
1.540-1.574	33	35	37	39	41
1.575-1.609	34	36	38	40	42
1.610-1.644	35	37	39	41	43
1.645-1.679	36	38	40	42	44
1.680-1.714	37	39	41	43	45
1.715-1.749	38	40	42	44	46
1.750-1.784	39	41	43	45	47
1.785-1.819	40	42	44	46	48
> 1.820	41	43	45	47	49

Quelle: Policy Options Vol. 30/ No. 8 (September 2009)

stunden und regionalen Arbeitslosenraten, Stand 2009

10% bis 11%	11% bis 12%	12% bis 13%	13% bis 14%	14% bis 15%	15% bis 16%	> 16%
			Dauer der Leistung			
0	0	0	31	33	35	37
0	0	29	31	33	35	37
0	28	30	32	34	36	38
26	28	30	32	34	36	38
27	29	31	33	35	37	39
27	29	31	33	35	37	39
28	30	32	34	36	38	40
28	30	32	34	36	38	40
29	31	33	35	37	39	41
30	32	34	36	38	40	42
31	33	35	37	39	41	43
32	34	36	38	40	42	44
33	35	37	39	41	43	45
34	36	38	40	42	44	46
35	37	39	41	43	45	47
36	38	40	42	44	46	48
37	39	41	43	45	47	49
38	40	42	44	46	48	50
39	41	43	45	47	49	50
40	42	44	46	48	50	50
41	43	45	47	49	50	50
42	44	46	48	50	50	50
43	45	47	49	50	50	50
44	46	48	50	50	50	50
45	47	49	50	50	50	50
46	48	50	50	50	50	50
47	49	50	50	50	50	50
48	50	50	50	50	50	50
49	50	50	50	50	50	50
50	50	50	50	50	50	50
50	50	50	50	50	50	50

5.5 Sozialhilfe

Die Sozialhilfe ist, unter finanzieller Beteiligung der Bundesregierung, in primärer Verantwortung der Provinzen und ist die am meisten umstrittene und gleichzeitig die von der kanadischen Bevölkerung am meisten abgelehnte Sozialleistung: „Surveys of public opinion indicate uniformly negative attitudes towards social assistance recipients, often in the form of the `welfare bum´ stereotype“ (Armitage 2003: 81). Im Gegensatz etwa zum universalen Gesundheitssystem hat sich bei sozialer Bedürftigkeit eine neo-konservative Positionierung durchgesetzt. Eine geringe Rolle des Staates steht Werten wie Freiheit, Individualismus und Ungleichheit gegenüber. Ungleichheit führt demnach zu Innovation und persönlicher Leistung. Soziale Probleme sollen in erster Linie selbst oder im Kreise der Familie gelöst werden. Eine negative Stereotypisierung der Leistungsempfänger ist durchaus beabsichtigt (vgl. Snyder 2006: 309ff.).

Durch immer schärfere Zugangsbedingungen und den Zwang, jeden noch so schlechten Arbeitsplatz zu akzeptieren, ist die Zahl der Sozialhilfeempfänger seit der ersten Hälfte der 90er Jahre stark zurück gegangen. Bezogen 1994 noch knapp unter 3,1 Millionen Menschen Sozialhilfeleistungen, waren es 10 Jahre später, am Ende der 10-jährigen Regierungsperiode von Jean Chrétien im Jahr 2003, bereits nur mehr um die 1,65 Millionen Menschen (vgl. Hick 2007: 259).

Die Sozialhilfesätze aller Provinzen und Territorien sind deutlich unter der Armutsgrenze angesiedelt: „These levels show no progress towards the goal of reducing poverty. Indeed, the trend in the 1990s is towards lower percentages of the poverty line being covered by social assistance and associated payments“. Immer mehr Menschen müssen inzwischen ihr Essen aus Suppenküchen und sogenannten *food banks* beziehen. Diese Einrichtungen werden oft von Non-Profit- oder religiösen Organisationen betrieben und stellen für viele Obdachlose die einzige Sozialleistung dar, da man ohne permanente Adresse keine Sozialhilfe beziehen darf (vgl. Armitage 2003: 80 u. 84).

Sozialhilfeempfänger dürfen in der Regel keine zusätzlichen Einkünfte haben, auch Invaliditätspensionen werden komplett von der Leistung abgezogen, das Haushaltsvermögen wird angerechnet (vgl. Armitage 2003: 81). 2010 betrug etwa der maximale Sozialhilfesatz für die Provinz Nova Scotia $529 pro Monat für Singles und $1,115 für eine vierköpfige Familie (vgl. Government of Nova Scotia; Online). Das *Canadian Council on Social Development* berechnete die Armutsschwelle für eine vierköpfige in einer Großstadt lebenden Familie bereits vor gut 10 Jahren mit $3,000 vor Steuern (vgl. Armitage 2003: 210f. u. 261).

Historische Entwicklung

Der *Canada Assistance Plan* (CAP) von 1966 knüpfte ausdrücklich an die in den frühen 50er Jahren eingeführte finanzielle Mitverantwortung des Bundes für die Unterstützung Blinder und Behinderter an. Ottawa verpflichtete sich im Rahmen des CAP zu einem Cost-Sharing von 50:50, vorausgesetzt, dass die Regelungen der Provinzen den inhaltlichen und administrativen Kriterien des Bundes entsprachen. Doch behielten die Provinzen weitgehende Ausgestaltungsmöglichkeiten bzgl. ihrer Leistungssätze (vgl. Schiller 1994: 217f.). Der CAP sollte mit einigen Modifikationen 30 Jahre lang Bestand haben.[20]

Der CAP regelte über die Sozialhilfe im engeren Sinne hinaus auch Leistungen wie Einrichtungen für Pflegebedürftige oder Betreuungskosten für Kinder unter sechs Jahren. 1977 wurde der Bereich der Pflegebedürftigkeit aus dem CAP herausgelöst und in den Bereich der Gesundheitsfinanzierung übertragen (vgl. Schiller 1994: 218f.). Beginnend in den 50er Jahren, waren die Aufwendungen für Sozialhilfeleistungen bis zur Mitte der 70er Jahre kontinuierlich und deutlich angestiegen. Das war nicht bloß auf eine Zunahme der Bedürftigen zurückzuführen, sondern auch auf die Verbesserungen der Leistungen unter den Regierungen der Premierminister Diefenbaker, Pearson und Trudeau (vgl. Banting 2005: 115). Schon bald sollte jedoch ein gegenteiliger Kurs eingeschlagen werden.

1991 wurde zunächst ein 5%-Limit für potenzielle Erhöhungen der Bundesbeiträge zum CAP für die drei reichsten Provinzen Alberta, British Columbia und Ontario eingeführt. Ontario wurde von dieser Begrenzung am stärksten getroffen und hatte bereits 1995 $1,8 Milliarden weniger Zuschüsse zur Verfügung als zuvor. 1996 wurde der CAP schließlich durch den *Canada Health and Social Service Transfer* (CHST) und den *Human Resources Investment Fund* (HRIF) ersetzt. Der CHST stellte ein, deutlich reduziertes, Blockbudget für die Bereiche Gesundheit, tertiäre Ausbildung und Sozialhilfe zur Verfügung. Der HRIF war für Leistungen im Zusammenhang mit Arbeitsmarkt und Beschäftigung zuständig, aber auch aus diesem Topf wurden insgesamt weniger Mittel an die Provinzen transferiert als zuvor (vgl. Armitage 2003: 78ff.). Somit

---

[20] Für einen kompletten Überblick der 30-jährigen Geschichte des *Canada Assistance Plans* siehe zum Beispiel Coward 2000. Für die Entstehungsgeschichte und Implementierung des CAP siehe Dyck 1973.

kann ein unmittelbarer Zusammenhang zwischen der Aufhebung der 50-prozentigen Kostenübernahme Ottawas für die Sozialhilfeprogramme der Provinzen und deren umfangreichem Umbau ab 1997 konstatiert werden.

Workfare

Der Begriff *workfare* wurde in den 90er Jahren, ausgehend von den USA, auch in Kanada prominenter.[21] Der CHST erlaubte zum ersten Mal offiziell die Einführung von *workfare*-Maßnahmen. Deren Installierung wurde durch den Rückgang der finanziellen Mittel indirekt gefördert (vgl. Hick 2007: 269). Ontario führte 1997 als erste Provinz unter dem Titel *Ontario Works* offiziell entsprechende Maßnahmen ein. Als frühere Beispiele könnten auch die reduzierten Leistungssätze in Québec (1991) für Leute, die nicht an Arbeitsmaßnahmen teilnehmen wollten, angeführt werden (vgl. Armitage 2003: 82ff.). „The purpose was to provide a basic welfare program in Ontario Works whose success was predicated on the principle that only the neediest of the needy would receive assistance. Success was defined in terms of leaving the program. Reliance on the program was considered dependency" (The Star; 2.6.2009).

Neben Job-Trainings und Stellenvermittlung steht unbezahlte gemeinnützige Arbeit im Zentrum von *Ontario Works.* Bereits um die Basisleistungen zu erhalten, kann von Sozialhilfeempfängern 17 bis 70 Stunden Arbeit pro Monat verlangt werden. Das *zero tolerance*-Prinzip sieht darüber hinaus vor, dass alle Leistungsempfänger, die falsche Angaben machen, lebenslang für Sozialhilfeleistungen gesperrt werden. 2001 warf der durch alle Medien gehende Fall von Kimberly Rogers ein schlechtes Licht auf die Sozialhilfepolitik der Provinz Ontario. Die hochschwangere Frau wurde überführt, ihre Studiendarlehen bei ihrem Sozialhilfeantrag nicht angegeben zu haben und daraufhin neben einer hohen Geldstrafe und lebenslanger Sperre des Sozialhilfebezugs zu sechs Monaten Hausarrest verurteilt. Dabei erkrankte sie und starb in ihrer Wohnung (vgl. Hick 2007: 272ff.). Alle Provinzen verschärften, in unterschiedlicher Härte, nach der Abschaffung des *Canada Assistance Plans* unverzüglich ihre Sozialhilferegelungen. Neben Ontario kritisiert Hick auch die Gesetzgebung der Provinz British Columbia, diese „denies assistance when in need as a human right" (Hick 2007: 268). 2002 hatte

[21] *workfare* ist eine verkürzte Bezeichnung für *work for welfare* und bezieht sich auf Programme, die von Sozialleistungsempfängern verlangen, einer Arbeit oder arbeitsähnlichen Tätigkeit nachzugehen, um möglichst schnell wieder in den Arbeitsmarkt integriert zu werden. Bei Weigerung der Teilnehmer folgen harte Sanktionen.

British Columbia mit Bill 26 und Bill 27 neben dem *zero-tolerance*-Prinzip Leistungskürzungen vollzogen, die in dieser Schärfe bis dahin in Kanada nicht gekannt wurden:

- » In einem Zeitraum von fünf Jahren darf maximal zwei Jahre lang Sozialhilfe bezogen werden.
- » Bevor man einen Antrag auf Sozialhilfe stellen darf, muss man drei Wochen lang auf Jobsuche gewesen sein.
- » Die Leistungen für Alleinerzieher und Personen im Alter von 55-64 Jahren wurden reduziert.
- » Alleinerzieher müssen aktiv nach einer Arbeit suchen wenn ihre Kinder drei Jahre alt werden.

Vor allem gegen das Zeitlimit gab es bald starke Opposition, weshalb die Regierung von B. C. diese Regelung lockerte und Ausnahmen zuließ. Nichtsdestotrotz wurde das Ziel erreicht: ein signifikanter Rückgang der Leistungsberechtigten (vgl. Hick 2007: 268). Die *workfare*-Maßnahmen waren unterdessen bis dato noch nicht dazu geeignet, die Situation der Betroffenen signifikant zu verbessern. So stellte Statistics Canada 2003 fest, dass nicht weniger als ein Drittel der Teilnehmer an *workfare*-Maßnahmen nach Absolvierung des Programmes weniger verdienten als vorher (vgl. Frenette u. Pinot 2003: 19). Innerhalb von sieben Jahren, von 1997 bis 2004, hat sich die Anzahl der Sozialhilfeempfänger etwa in Ontario um die Hälfte reduziert. Nur 2% der noch verbliebenen Leistungsempfänger waren in der *workfare*-Komponente des Sozialhilfeprogrammes von Ontario inkludiert. Kanadische Sozialwissenschaftler führen den starken Rückgang der Anspruchsberechtigten vor allem auf die strengen Zuverdienstbestimmungen und die Tatsache zurück, dass mittlerweile auch sehr geringes Einkommen die mageren Sozialhilfesätze übertrifft (vgl. Snyder 2006: 318f.).

5.6 Familienleistungen

> *„We argue that, outside the government of Quebec`s demonstrated leadership on … family policy, provincial and territorial governments in the rest of Canada have generally not proven to be major laboratories of innovation."* (Friendly u. White 2008: 183)

Familien- und kinderbezogene Leistungen wurden in Kanada bereits sehr früh etabliert. Bereits seit 1918 gab es in Form der *Child Tax Exem-*

ption einen steuerlichen Kinderfreibetrag. Die in den meisten Provinzen in den 20er und 30er Jahren eingeführten *Mothers' Allowances* waren eine Art Sozialhilfe für bedürftige Mütter. 1944 wurde auf nationaler Ebene für Kinder unter 16 Jahren ein Kindergeld (*Family Allowance*) eingeführt. In den folgenden Jahrzehnten kam es zu mehrfachen inflationsbedingten Erhöhungen sowohl des Kindergeldes als auch des Steuerfreibetrages (vgl. Schiller 1994: 181).

Zu weiteren größeren Reformen kam es erst unter der Regierung Trudeau, die gleich mehrere familienpolitische Reformen durchführte. 1971 startete man mit der sogenannten *Child Care Expense Deduction*, einem steuerlichen Absetzbetrag für Ausgaben, die für Betreuung von Kindern unter 14 Jahren verwendet wurden. Dieser Absetzbetrag wurde regelmäßig erhöht und wird heute von ca. 1,2 Millionen kanadischen Familien in Anspruch genommen (vgl. Hick 2007: 292). Kurz danach, 1973, wurde die Altersgrenze der *Family Allowance* für Kinder auf 18 Jahre angehoben, die Leistung erhöht, aber gleichzeitig der Steuer unterworfen bzw. sowohl für das Kindergeld als auch für den Kinderfreibetrag eine automatische Inflationsanpassung eingeführt. Vorangegangene Versuche der Liberalen, die Leistung mehr bedarfsgerecht zu gestalten und für Bezieher höherer Einkommen generell zu eliminieren, waren auf Grund deren großen Unpopularität vor allem innerhalb der Mittelschicht, gescheitert (vgl. Schiller 1994: 181f. u. 201).

1978 führte der damalige Finanzminister Jean Chrétien den *Refundable Child Tax Credit* ein. Dies war das erste Mal, dass das kanadische Steuersystem als Mittel der Einkommensumverteilung herangezogen wurde. Der neue Tax Credit sah die maximale Leistung für Niedriglohnfamilien vor, geringere Leistungen für Mittelschichtsfamilien und schließlich den kompletten Wegfall der Leistungen für wohlhabende Familien. Der Begriff *refundable* bedeutete nicht etwa, dass die Steuergutschrift irgendwann einmal zurück gezahlt werden musste, sondern sah vor, dass diese auch dann zur Auszahlung kommen sollte, wenn die Steuerlast einer Familie unter dem Satz des *Child Tax Credits* lag. Gleichzeitig mit der Einführung neuer Programme ließ man die traditionelle *Family Allowance* schrittweise ausschleifen. 1986 wurde zunächst die Leistungshöhe eingefroren, 1989 folgte die Abschaffung der Leistung für Besserverdienende und 1993 war schließlich die gesamte FA Geschichte (vgl. Hick 2007: 292f.).

Schiller weist auf die „hohe wahlpolitische Bedeutung familienpolitischer Transferleistungen" hin (vgl. Schiller 1994: 188f.), weswegen alle Parteien familienpolitische Ausgaben in gewissem Ausmaß prinzipiell befürworten. Dem konnte sich auch die Opposition in Form der Progressive Conservatives nicht verschließen, obwohl diese

> *„die Regierung während der ganzen 70er Jahre wegen zu hoher Staatsausgaben attackierte, aber konkrete Forderungen zur Einschränkung der familienpolitischen Programme schon aus wahlpolitischen Gründen nicht forcieren konnte. So trug sie auch die Indexierungsentscheidung von 1973 mit, konnte jedoch die Einführung des Child Tax Credit 1978 von der Programmtendenz her wesentlich leichter akzeptieren."*
>
> (Schiller 1994: 202)

1993 wurde der *Child Tax Benefit*/CTB (ab 1998 *Canada Child Tax Benefit*/CCTB genannt) eingeführt, der eine monatliche Basisleistung in Form eines Steuerabsetzbetrages vorsah, der vom Einkommen der Familie und der Kinderanzahl abhängig war. Einen erhöhten Satz gibt es ab dem dritten Kind und generell für Kinder unter sieben Jahren. Neben der Basisleistung gibt es eine Aufstockung (die zunächst als *Working Income Supplement*/WIS bezeichnet und 1998 in *National Child Benefit Supplement*/ NCBS umgetauft wurde) für erwerbstätige Niedrigverdiener. Eine Einschleifregelung sieht vor, dass nur kleine und mittlere Einkommen von der Leistung profitieren (vgl. Hick 2007: 293).

Die (regelmäßig erhöhten) Basisraten setzten sich (außer in Alberta) zuletzt wie folgt zusammen (vgl. Canada Revenue Agency 2010):

- » Basisleistung: $113.91 pro Monat
- » Zusatzleistung für das dritte und jedes weitere Kind: $7.91 pro Monat
- » Jahresnettohaushaltseinkommen, ab dem Leistung gekürzt wird: $41,544

Für Geringverdiener stehen Zusatzleistungen zur Verfügung (vgl. Canada Revenue Agency 2010):

- » $176.50 pro Monat für das erste Kind
- » $156.08 pro Monat für zweite bzw. $148.50 für jedes zusätzliche Kind
- » Jahresnettohaushaltseinkommen, ab dem Leistung gekürzt wird: $24,183

Diese Familienleistungen stellten das erste nationale Sozialprogramm seit der Einführung von *Medicare* und dem *Canada Pension Plan* in den 60er Jahren dar. Das Programm wurde vielfach wegen seiner starken Bevorzugung der Erwerbstätigen und der Tatsache kritisiert, dass ausgerechnet die Bedürftigsten, nämlich die Sozialhilfebezieher, keinen Anspruch auf die zweite Säule des Programmes haben. Die kanadische Regierung von Jean Chrétien hielt dagegen, dass man Anreize schaffen müsse, damit Erwerbsarbeit und der Übergang von *welfare to work* attraktiver werde:

> *„The NCBS is designed to promote labour force participation by funding significant income supplements for low-income working families, and supports and services, such as child care and extended health benefits. In essence, it encourages and supports parents who enter and stay in the workforce."* (Hick 2007: 295)

Von 1998 bis 2002 wurden weder CCTB noch NCBS inflationsangepasst, was eine reale Leistungskürzung für alle Empfänger bedeutete. Alle kanadischen Provinzen und Territorien haben neben dem nationalen Programm noch eigene Steuerabsetzbeträge in ähnlicher Höhe eingeführt, die mit den nationalen kombiniert und gemeinsam abgesetzt werden. Die 2006 gewählte konservative Regierung unter Stephen Harper ergänzte die bestehenden Programme, bei gleichzeitiger Streichung der Zusatzleistung für Kinder unter sieben Jahren, mit dem *Universal Child Care Benefit* (UCCB), einer steuerbaren monatlichen Leistung in der Höhe von $100. Bei Zweipersonenhaushalten sieht das Gesetz allerdings vor, dass immer die Person mit dem geringeren Einkommen den UCCB steuerlich geltend macht (vgl. Hick 2007: 296f.). Die neuen Familienprogramme erreichten mehr als 80% der kanadischen Familien mit Kindern, allerdings ohne Fokussierung auf die Bedürftigsten. Ein wesentliches Ziel der Liberalen Regierung von Jean Chrétien blieb folglich unerfüllt, nämlich die Reduzierung der Kinderarmut. Diese stieg in den 90er Jahren weiter stetig an (vgl. Evans 2002: 90ff.).

Auch bei der Kinderbetreuung für unter 5-Jährige befindet sich Kanada, mit der Ausnahme Québecs, auf einem weitaus geringeren Standard als andere Industrieländer. Nur wenige Kleinkinder besuchen Kinderbetreuungseinrichtungen, diese weisen einerseits erwerbstätigkeitsfeindliche Öffnungszeiten auf und verlangen andererseits Gebühren, die für viele Eltern nur schwer bewältigbar sind. Während der Anteil an erwerbstätigen Müttern in den letzten Jahrzehnten stetig angestiegen ist, wurde die Kinderbetreuung parallel dazu kaum ausgebaut. Ottawa war in dieser Frage, auch wegen der rechtlichen Zuständigkeit der Provinzen, lange Zeit inaktiv. Die Liberalen setzten erst 1984 erste Schritte, die angesichts der kurz bevorstehenden Wahlniederlage jedoch nicht umgesetzt werden konnten. Als sie in den 90er Jahren wieder an der Macht waren, versprachen sie die Schaffung von 150.000 neuen Kinderbetreuungsplätzen, wenn die Provinzen zustimmen würden. Viele Provinzen stimmten zu, der Plan wurde, diesmal angesichts der großen Spar- und Konsolidierungspläne der Regierung Chrétien, dennoch nicht umgesetzt. Stattdessen wurden im Jahr 2000 über $2 Milliarden, auf fünf Jahre verteilt, für die Unterstützung von Kleinkindern zur Verfügung gestellt. Obwohl manche Provinzen, hier seien vor allem Nova Scotia und Newfoundland and Labrador hervorgehoben, das Geld tatsächlich für die Schaffung neuer Betreuungsplätze nutzten, bevorzugten andere Geldleistungen an die Eltern. Ontario stellte zum Beispiel überhaupt keine direkten Mittel zur Kinderbetreuung zur Verfügung, sondern kürzte diese sogar noch. Dennoch stellten die Liberalen 2003 weitere $900 Millionen bereit. Erst der Minderheitsregierung unter Paul Martin gelang es 2005, bezeichnender Weise wieder kurz vor der Abwahl, ein Abkommen[22] mit allen Provinzen aus zu verhandeln, das weitere $5 Milliarden ‚auf fünf Jahre verteilt, vorsah, die diesmal aber nicht frei verfügbar, sondern für den Ausbau der Kinderbetreuung zweckgebunden wurden. Es war jedoch zu spät. Die konservative Nachfolgeregierung sah sich an das Abkommen ihrer Vorgänger nicht gebunden und kündigte es umgehend einseitig auf. Statt $1 Milliarde pro Jahr wurden nur $250 Millionen pro Jahr bereit gestellt, und auch das ohne Auflagen. Dabei zeigten viele relevante Umfragen, das eine Mehrheit der Kanadier das liberale Modell gegenüber dem der neuen Regierung bevorzugt hätte (vgl. Friendly u. White 2008: 184ff. u. 196).

Québec ließ sich im Übrigen auch von der Familienpolitik Ottawas nicht beeindrucken und fuhr auch ohne finanzielle Unterstützung der Bundesregierung in diesem Bereich eigene Programme. So gibt es etwa seit 1997 um einen sehr geringen Kostenbeitrag universalen Zugang zu Kinderbetreuung (vgl. Banting 2005: 128). Außerdem schuf Québec ein System der Elternkarenz, das 18 Wochen lang 75% Lohnersatz garantiert und weitere 32 Wochen zwischen 55% und 75% (vgl. Friendly u. White 2008: 199).

---

[22] Das Programm wurde nach seinen vier Grundprinzipien QUAD getauft. QUAD steht dabei für *quality, universality, accessibility* und *developmentally focused programming*.

Exkurs: Die soziale Lage der Aborigines

„Die Leute wurden durch den Kolonialismus zerstört und leiden immer noch darunter. Sie haben ihr Land verloren und ihren Lebensstil. Wir schulden den Aboriginal People immer noch Unterstützung!"
(Lorraine Michael, NDP-Vorsitzende Newfoundland and Labrador; zitiert in Bolkovac 2009)

Die kanadischen Ureinwohner (hier auch mit dem Überbegriff Aborigines bezeichnet) bilden ca. 3,4% der Bevölkerung Kanadas und unterteilen sich in drei große Gruppen: Indianer, Métis[23] und Inuit, wobei die meisten indigenen Kanadier Indianer sind. Bei den Verhandlungen zur ersten Kanadischen Verfassung von 1867 waren Aborigines nicht beteiligt, weswegen bis heute ihre Vertreter argumentieren, dass sich Rechte wie Selbstverwaltung und Landrechte nicht aus irgendwelchen aufoktroyierten Gesetzen, an deren Zustandekommen sie überhaupt nicht beteiligt waren, ableiten lassen könnten, sondern bloß auf Grund der historischen Präsenz der Völker (vgl. Papillon 2008: 292ff.).

Die Geschichte der Zwangsassimilation von Aborigine-Kindern liest sich ähnlich wie die historischen Ereignisse in Australien (siehe die entsprechende Darstellung in nächstem Kapitel). Auch in Kanada wurden Kinder von Ureinwohnern durch Priester, Sozialarbeiter und Polizisten von ihren Eltern getrennt und in Erziehungsanstalten oder zu Adoptivfamilien gesteckt. Alle großen religiöse Gruppen und Religionsgemeinschaften nahmen sich der Kinder an: von Jesuiten und Ursulinen bis zu Anglikanern und Methodisten. Auch der Staat stellte Einrichtungen zur Verfügung. Die letzte solche Erziehungseinrichtung schloss erst 1984. Sexuelle und physische Erniedrigung waren Jahrhunderte lang die Regel, die Aborigine-Herkunft und Kultur sollten ausgemerzt werden (vgl. zum Beispiel Fournier u. Crey 1997).

So verwundert es auch nicht, dass die Aborigines erst viel später in die Sozialgesetzgebung einbezogen wurden als der Rest der kanadischen Bevölkerung und dann auch nur auf niedrigerem Niveau. So stellte das *Old Age Pension Program* von 1948 zwar alle Aborigines mit den Weißen gleich, doch bekamen diese durch den *Unemployment Assistance Act* von 1956 geringere Leistungen als andere Kanadier. Dasselbe galt für die Sozialhilfe (vgl. Hick 2007: 166f.). Erst mit dem *Indian Act* bekamen Indi-

[23] Als Métis werden die Nachfahren der Engländer, Schotten und Franzosen bezeichnet, die mit indianischen Frauen Kinder gezeugt haben.

aner erstmals das Recht zugesprochen, sich zu organisieren. Das Wahlrecht folgte schließlich 1960 (vgl. Comeau u. Santin 1995: 4f.).

Die Diskriminierungen im Strafrecht blieben aber noch aufrecht. Berühmt wurde u. a. der Fall von Joseph Drybones, der wegen öffentlicher Trunkenheit verurteilt worden war. Während weiße Kanadier laut damaliger Gesetzeslage auf Grund dieses Deliktes nur mit Gefängnisstrafen bis zu einem Höchstmaß von 30 Tagen bestraft werden durften und auch fakultativ die Möglichkeit bestand, von einer Bestrafung überhaupt Abstand zu nehmen, betrug das Strafausmaß für Indianer bis zu 90 Tage. Zumindest musste aber eine Geldstrafe in einem bestimmten Ausmaß verhängt werden, was de facto für die Betroffenen Gefängnis bedeutete. Der Fall Drybones ging bis zum Obersten Gerichtshof, der schließlich mit einem Stimmenverhältnis von 6:3 mit Berufung auf die *Canadian Bill of Rights* zugunsten des Indianers entschied (vgl. Diefenbaker 1972: 97ff.).

Der spätere Premierminister Jean Chrétien präsentierte 1969 als Indian Affairs-Minister der Regierung Trudeau ein sogenanntes *White Paper*, dessen Ziel die Verlagerung der Kompetenzen für die Angelegenheiten der Ureinwohner auf Provinzebene und die Abschaffung des zuständigen Bundesministeriums war. Die Indianervertreter, mit Unterstützung der Sozialdemokraten, reagierten heftig und verwehrten Chrétien zum Teil Gesprächstermine, weil sie nicht für seine Sicherheit garantieren konnten und wollten. Das *White Paper* musste zurückgezogen werden, die Indianer präsentierten ihrerseits als Gegenentwurf ein *Red Paper*, in dem sie detailreich ihre Forderungen bzgl. Landrechten, Selbstverwaltung, Bildung und anderes darstellten (vgl. Comeau u. Santin 1995: 1-13).

1973 anerkannte das kanadische Höchstgericht zum ersten Mal Landrechte von Ureinwohnern, eine wichtige Vorentscheidung für die neue Kanadische Verfassung von 1982, die auch die Rechte der Ureinwohner erstmals festschrieb. Das gelang aber auf Grund des Widerstandes der beiden Provinzen Alberta und British Columbia erst in zähen Last-Minute-Verhandlungen, und nur in verwässerter Form. Es wurden so bloß die bereits existierenden Landrechte anerkannt. „Chrétien says that dropping women and natives from the package was the only way he could persuade the majority of the other provinces to sign on" (Comeau u. Santin 1995: 17).

Premierminister Trudeau sicherte den Vertretern der Ureinwohner allerdings eine Reihe weiterer Konferenzen innerhalb der nächsten fünf Jahre zu, bei denen ihre Anliegen weiter erörtert werden sollten. Die letzte dieser ambitionierten Zusammenkünfte endete 1987 allerdings ohne

Ergebnis. Für manche Indianer- und Inuit-Vertreter war bei den vorgebrachten Vorschlägen vor allem die starke Rolle der Provinzen bei der Gewährung von Selbstverwaltungsrechten inakzeptabel. Es war kein Zufall, dass kurz danach der einzige Abgeordnete indianischer Abstammung im Parlament von Manitoba 1990 den *Meech Lake Accord*, der die Macht der kanadischen Provinzen und vor allem den Status von Québec gestärkt hätte (siehe genauer unter 3.7.1), zu Fall brachte. Die Ureinwohner waren sich darin einig, dass sie lieber als Minderheit in einem geeinten Kanada leben wollten als unter dem frankophonen Nationalismus Québecs, der unter Premier Parizeau gerade einen neuen unberechenbaren Höhepunkt erreicht hatte (vgl. Comeau u. Santin 1995: 18ff.).

Beim *Charlottetown Accord* hatte die Regierung Mulroney offenbar aus den Fehlern der Vergangenheit gelernt und band die Aborigines von Beginn an in die Verhandlungen ein. Tatsächlich wurde die Chance genutzt und viele Forderungen der Ureinwohner aufgenommen. Allerdings unterlag der fertige Entwurf letztendlich 1992 bei einem Referendum (vgl. Comeau u. Santin 1995: 24ff.). Weitere Schritte folgten dennoch. Mit dem sogenannten *Nisga'a Final Agreement* von 1998 wurden erstmals einer indigenen Bevölkerungsgruppe Gesetzgebungskompetenzen für lokale Angelegenheiten übertragen. Ein Jahr später wurde schließlich das Territorium Nunavut geschaffen, in dessen Parlament die Inuit die Mehrheit stellen (vgl. Papillon 2008: 298ff.).

Trotz aller politischer Emanzipation bleiben die Lebensumstände vieler Ureinwohner allerdings nach wie vor trist. Die Lebenserwartung der indigenen Kanadier liegt im Durchschnitt immer noch fast sieben Jahre unter jener der restlichen Bevölkerung. Die Selbstmordrate unter jugendlichen Indianern ist bei Burschen um acht Mal höher als im Schnitt und bei Mädchen fünf Mal höher. Auch bei anderen Sozialindikatoren wie Kindersterblichkeit, Kinderarmut oder Alkohol- und Drogenmissbrauch schneiden Aborigines viel schlechter ab als andere Kanadier. In manchen Provinzen leben bis zu 75% der Ureinwohner von der Sozialhilfe. Dennoch schaffte die kanadische Regierung in den 90er Jahren den sozialen Wohnbau für Aborigines ab, wodurch sich die Anzahl der Obdachlosen unter den Ureinwohnern dramatisch erhöhte (vgl. Hick 2007: 160f., 167 u. 173).

Eine Abwanderung in die großen Städte erscheint daher vielen jungen Menschen auf den ersten Blick als einzige Alternative. Doch die Armutsrate von Aborigines in urbanen Gebieten beträgt 55% (vgl. Papillon 2008: 293). Auch die Provinzen sind auf Grund der Zuständigkeit der Bundesregierung nur wenig engagiert und scheinen sich mit der zunehmenden Abhängigkeit der Aborigines von der Sozialhilfe und deren geringen Beschäftigungsmöglichkeiten abgefunden zu haben:

> *„As the province has no responsibility for services to Indians it has no interest in the effects of its policies, no feedback mechanisms, no commitment to consultation, and no responsibility or accountability for their results. ... The support mechanisms that provinces develop to assist local staffs apply policies, for example, employment supports and access to daycare service, are not available to Indians ..."*
>
> (Armitage 2003: 86)

Doch auch die Bundesregierung zieht sich schrittweise immer mehr zurück. Verwaltete der Bund 1983 noch 50% der Programme für kanadische Ureinwohner selbst, so ist dieser Prozentsatz mittlerweile auf 8% geschrumpft. Im Großen und Ganzen sind die Aborigines nun allein für die Administration von sozialen Services, Bildung, wirtschaftlicher Entwicklung und Wohnbau in ihren Kommunen verantwortlich (vgl. Papillon 2008: 303). Vor allem kleine Reservate haben aber kaum Möglichkeiten, wirtschaftlich unabhängig zu agieren, so sehr es manche Chiefs auch behaupten. Diese Reservate sind besonders stark von der Abwanderung betroffen. Mittlerweile leben generell nur mehr 50% der Ureinwohner in Reservaten (vgl. The Globe and Mail; 27.7.2010).

Zu den Vergünstigungen, die der kanadische Staat den Ureinwohnern zur Verbesserung ihrer sozialen Lage ermöglicht, gehören u. a. Ausnahmeregelungen für die Mehrwertsteuer des Bundes und der Provinzen bzw. für andere Konsumsteuern und die Einkommensteuer. Das Problem mit diesen Ausnahmeregelungen ist die sehr weit verbreitete Praxis, die für den Eigenbedarf steuerfrei erworbenen Produkte gewinnbringend, aber illegal, an Menschen außerhalb der Reservate oder Besucher weiter zu verkaufen. Besonderer Beliebtheit erfreuen sich hier Zigaretten, die auch oft in Tabakfabriken in den Reservaten selbst, legal und oft auch illegal, hergestellt werden. Diese Einnahmequelle - „normale" Jobs sind in der Regel in allen Reservaten rar - ermöglicht es der indigenen Bevölkerung allerdings andererseits, selbst Geld zu verdienen und die Entwicklung in ihren Reservaten positiv voranzutreiben (vgl. Kheiriddin 2010: 53ff.).

6. Sozialpolitik in Australien

„Like its wildlife and its football, Australia has an unusual social security system compared with many other countries. It is highly targeted, funded by general revenue and has flat-rate rather than earnings-related payments."
(Ziguras 2010: 158)

Die Sozialpolitik Australiens weist zwei wesentliche Merkmale auf: zum einen zeichnet sie sich durch eine sehr starke Fokussierung der öffentlichen Politik der Bundes- und Provinzregierungen auf Armutsbekämpfung aus, zum anderen durch eine erhebliche Rolle des privaten nicht-öffentlichen Sektors bei der Bereitstellung sozialpolitischer Leistungen bzw. dessen direkte Subventionierung (vgl. Gray u. a. 2008: 12).

Bei der Einteilung Australiens in Esping-Andersens Wohlfahrtsstaatentypologisierung wurden deshalb die umgekehrten Kritikpunkte vorgebracht als bei der Einteilung Kanadas. So seien die Sozialleistungen im Gegensatz zu Kanada nicht zu universal für einen liberalen Sozialstaat, sondern, umgekehrt, selbst für ein liberales Modell zu restriktiv, weswegen Bryson und Verity anregen, für Australien die Bezeichnung *neo-liberal welfare state* anzuwenden (vgl. Bryson u. Verity 2009: 67). Im Vergleich zu anderen OECD-Staaten hat die Sozialpolitik in Australien tatsächlich einen eher geringen Stellenwert, wenn auch manche Policy-Felder, wie Gesundheit, Familienpolitik oder Alterssicherung unter der Bevölkerung populärer sind als Arbeitslosenunterstützung oder adäquate Mindesteinkommen.

„Old age, sickness and large families are the categories of need most widely accepted as qualifying for state assistance. Unemployment and inadequate wages are sources of need which are often more controversial, because of doubts that the resulting lack of income is wholly involuntary."
(Castles 2002: 41)

Die sehr stark ausgeprägte Förderung privater Wohlfahrt unterscheidet Australien von den meisten anderen OECD-Staaten. Private Leistungen sollen dabei so weit wie möglich ausgebaut werden, das öffentliche System soll nur als Sicherheitsnetz in Form von Grundleistungen für den Notfall dienen, keinesfalls aber Einkommensersatzleistungen anbieten. Folglich gibt es auch keine einkommensbezogenen Leistungen (vgl. Gray u. a. 2008: 12).

Die australische Sozialpolitik unterschied sich dadurch von Anfang an von jener Europas. Australien war durch eine effiziente Agrarproduktion gekennzeichnet, nicht durch große Industriebetriebe wie viele europäische Staaten. Auf Grund von Knappheit an Arbeitskräften und des hohen Levels an landwirtschaftlicher Produktion waren die Löhne in Australien hoch. Die Regierung ging folglich davon aus, dass das Standardeinkommen eines männlichen Arbeiters ausreichend sein sollte, um eine Familie mit bis zu drei Kindern problemlos zu ernähren (vgl. Castles 2002: 43):

> *„... the Australian welfare state has ended up with a stronger emphasis on means testing than in any other Western nation. The historical presumption has been that income from employment produces the necessary means, and only when it fails is there a case for the state to step in with help. ... the level of state assistance has always been relatively low, leaving welfare recipients considerably less well off than even those at the bottom of the wage pyramid."* (Castles 2002: 45)

Trotz des vergleichsweise geringen Niveaus sozialstaatlicher Leistungen kann durch die Konzentration auf die Bedürftigsten ein gewisser Umverteilungseffekt konstatiert werden.

> *„... although private market income inequality has increased, the total disposable and final incomes available to households have not shown a marked trend towards greater inequality, largely because of various measures taken by government. For example, 25 years ago low-income households in Australia received little in the way of direct income transfer. Today, low-income families with dependent children, living in rental accommodation, might receive almost half of their disposable income from government transfers. These days almost one-third of all Australian adult residents now receive some form of government income support."*
> (Bell u. Quiggin 2006: 157)

6.1 Historischer Überblick zur Entwicklung der australischen Sozialpolitik

> *„In Australia, the `old politics´ of the welfare state in the European sense of big spending and big taxing programmes ended almost before it had begun."* (Castles u. Uhr 2005: 81)

Die Frühphase der australischen Sozialpolitik war eng mit der Arbeiterbewegung verknüpft, die in Australien zunächst erfolgreicher war als in anderen Ländern. Die Australian Labour Party (ALP) war 1896 gegründet worden und bereits kurz darauf, 1899, wurde in Queensland bereits die erste sozialistische Regierung der Welt ins Amt gewählt. Die Labour-Bundesregierung unter Premierminister Andrew Fisher, die, abgesehen von einem kurzen liberalen Zwischenspiel 1913/14, von 1910 bis 1916 die Geschicke des jungen Landes lenkte, war ebenfalls weltweit die erste ihrer Art. Danach folgten erst 1938 Neuseeland bzw. 1940 Schweden. Die ersten sozialpolitischen Maßnahmen in dieser Phase waren die 1908 eingeführten Alters- und Invaliditätspensionen bzw. vier Jahre später das universale Müttergeld, das allen europäischstämmigen Müttern bei der Geburt ihres Kindes ausbezahlt wurde, nicht aber an asiatische oder indigene Frauen (vgl. Bryson u. Verity 2009: 67f.). Während die sozialpolitische Entwicklung in Australien auf den ersten Blick sehr vielversprechend anlief, kam sie jedoch alsbald ins Stocken und fiel immer weiter hinter vergleichbare Industriestaaten zurück. Die mittlerweile in Labor Party umgetaufte Partei errang nur mehr selten die Macht und das viel zu kurz, um die politische Zielrichtung der Konservativen nachhaltig abzuändern (vgl. Castles u. Uhr 2005: 65f.).

Lohnpolitik stand von Anfang an über der Sozialpolitik. Bereits 1907 war im sogenannten *Harvester Judgement* per Gerichtsbeschluss ein Mindestlohn festgelegt worden, der die Bedürfnisse eines Mannes, seiner Ehefrau und von zwei Kindern abdecken sollte. Dieses Charakteristikum des australischen Modells veranlasste Francis G. Castles zur Wahl der Bezeichnung *wage earners`welfare state* (vgl. Castles 1983). Die Löhne waren

> *„formulated around the premise of a provider, a male worker who then had the responsibility to support his wife and children. All early efforts to protect the family unit were therefore geared towards wage fixing and protection of wage earners. ... Wages were kept artificially high, a system which both encouraged and allowed families to meet their own needs, thereby entrenching a sense of Australian self-reliance."*
>
> (Chenoweth 2008: 54)

Neben der Festlegung eines Mindestlohnes wurde auch die Kompetenz zur Schlichtung von Arbeitskämpfen zentralisiert. Als Folge der heftigen Auseinandersetzungen zwischen Gewerkschaften und Arbeitgebern, die sich seit den 1890er Jahren immer weiter ausgebreitet hatten, wurde der *Commonwealth Court of Conciliation and Arbitration* eingesetzt, der im

Streitfall einen Arbeitskampf beenden und von oben einen Lohn festsetzen konnte (vgl. Castles u. Uhr 2005: 61). Diese zentralisierte Methode der Lohnfestsetzung blieb im Wesentlichen bis zum Ende des 20. Jahrhunderts durchgehend aufrecht, bis 1996 stattdessen die betrieblichen Lohnverhandlungen eingesetzt wurden (vgl. Bhattacharyya u. Hatton 2010: 7f.).

Bereits in den frühen 30er Jahren kam es, während andere Staaten gerade erst im Begriff waren, ihre Leistungen auszubauen, in Australien schon wieder zu den ersten Einsparungen im Sozialsystem. So wurden die Pensionen von Senioren, Invaliden und Soldaten gekürzt sowie das Mutterschaftsgeld einer Bedarfsprüfung unterzogen. Neue Ideen wie Familienbeihilfen oder die Einführung einer Arbeitslosenversicherung wurden vom Parlament zurückgewiesen (vgl. Castles u. Uhr 2005: 68f.).

Die Kompetenz, Einkommensteuern einzuheben, eigentlich eingeführt, um die australischen Kriegsanstrengungen nachhaltig zu finanzieren, fiel erst während des Zweiten Weltkrieges an den Bundesstaat, der damit ein Instrument in die Hand bekam, neben der Außenpolitik auch innerstaatliche Ausgaben wie vor allem die Sozialpolitik effektiver zu lenken. Die Bereitstellung wohlfahrtsstaatlicher Leistungen blieb aber, so wie die Bildungspolitik, mehrheitlich Angelegenheit der Einzelstaaten (vgl. Bryson u. Verity 2009: 75).

> *„... the Federal Government sets the overall policy arrangements for housing, education, disability, health etc. and then hands over responsibility and the funds, to the states who then run public housing services, schools, disability services, hospitals and health services etc. Most of the state social programs are provided by services purchased from non-government community agencies (NGOs) which increasingly include for-profit businesses.*
> *Some key areas, however, have been retained fully within the Federal Government. These include the income security system, payment of pensions and allowances and the delivery of employment services for the unemployed and people with disabilities."* (Chenoweth 2008: 54)

Durch die steuerrechtlichen Änderungen konnte die Bundesregierung nach einer sehr langen Durststrecke in den 40er Jahren eine große Reihe neuer Sozialleistungen initiieren, darunter vor allem einkommensabhängige Leistungen wie die Witwenpension, die Arbeitslosenunterstützung und diverse Gesundheitsleistungen sowie die universale Familienbeihilfe (vgl. Bryson u. Verity 2009: 68f.). Begünstigend für diese Entwicklung war auch die Tatsache, dass die Nachkriegszeit durch besonders niedrige Arbeitslosigkeit gekennzeichnet war. Bis in die 70er Jahre hinein wuchs die Arbeitslosenrate kaum jemals über 3% (vgl. Castles 2002: 45). Zwischen 1945 und 1965 waren die Durchschnittseinkommen um mehr als 50% gestiegen, außerdem setzte sich die 5-Tage-Woche und ein dreiwöchiger bezahlter Urlaub durch (vgl. Macintyre 2009: 220).

Inzwischen war auch die gewerkschaftliche Organisationsrate erheblich angestiegen. Von mageren 5% zur Jahrhundertwende war sie auf 47% Mitte der 70er Jahre angewachsen (vgl. Bhattacharyya u. Hatton 2010: 10). Die 70er Jahre waren auch die Zeit des nächsten größeren sozialpolitischen Reformschubes. Die Amtsübernahme von Labor-Premierminister Gough Whitlam (1972-75), dessen Maßnahmenpakete eine radikale Neuausrichtung der australischen Politik bedeuteten, löste eine ähnliche Euphorie und Erwartungshaltung aus wie die Wahl Barack Obamas zum US-Präsidenten im Jahr 2008.

> *„The main thrust of the policy was to pursue a number of social aims, from increasing the national consciousness of Australians to improve the welfare of the masses and in particular the poorer and otherwise handicapped sections of the community, including oppressed or deprived minorities such as the Aboriginals."* (Sawer 1977: 8)

Die Zeit für die Umsetzung seiner Vorhaben war für Whitlam allerdings denkbar kurz und Vieles scheiterte am in Australien vorherrschenden konservativen Mainstream und dem zu raschen Tempo der Reformen, das die Australier nach über zwei Jahrzehnten konservativer Vorherrschaft rasch überforderte: „Having finally made it, from the very beginning he was in hurry, riding shotgun in his avowed partnership with the people." Dieses Tempo war es wohl auch, welches den Eindruck erweckte, „that he was determined to change everything, which innately conservative Australians, and especially the business community, did not want" (Brown 2002: 118f.). „Whitlam knew what he wanted for society and refused to argue about details. He was too impatient to negotiate, and would not learn the necessary political art of compromise, refusing to settle for less than he wanted" (Walter u. Strangio 2007: 29).

Wesentliche Maßnahmen dieser Ära waren (vgl. u. a. Bryson u. Verity 2009: 69 u. 80):

» Schaffung einer universalen steuerfinanzierten Krankenversicherung, bekannt als *medibank* (diese wurde später in den heute gängigen Begriff *medicare* umbenannt)

» Anerkennung und finanzielle Förderung von Aborigines und Ende der sogenannten *White Australia*-Politik, die Einwanderung bis 1973 nach ethnischen Kriterien steuerte um die Vorherrschaft der weißen Bevölkerungsmehrheit zu sichern
» Kompetenzübertragung der tertiären Ausbildung an den Bund und damit verknüpft Abschaffung der Studiengebühren (letzteres wurde 1987 rückgängig gemacht)
» Finanzielle Zuwendungen für Alleinerzieher
» Einführung der automatischen Anpassung von Pensionen an den Verbraucherpreisindex
» Einführung einer steuerfinanzierten Grundpension ab 70 Jahren

Nicht zu vergessen ist auch die Angleichung der Mindestlöhne von Frauen an jene der Männer im Jahr 1974 (vgl. Macintyre 2009: 238f.). Trotz all dieser Reformen war Australien nach Japan und Griechenland Ende der 70er Jahre, was die Höhe seiner Sozialausgaben betrifft, allerdings immer noch das Schlusslicht innerhalb der industrialisierten Welt. Selbst im für Labor so wichtigen Gesundheitsbereich befand sich Australien nur im untersten Viertel der OECD-Länder (vgl. Castles u. Uhr 2005: 77). Es war überraschender Weise aber nicht die nach der Abwahl Whitlams 1975 nachfolgende Regierung der Liberal Party unter Malcolm Fraser, die neoliberale Reformen im Sozialbereich initiierte, sondern die Labor Party selbst, nämlich mit ihren Premierministern Bob Hawke und Paul Keating (1983-96). Für den Konservativen Fraser dagegen galt das Umgekehrte: „(He) even became a softie when he constantly backed Social Security Minister Dame Margaret Guilfoyle in Cabinet when spending on welfare went way over Budget" (Brown 2002: 143).

Die frühen 80er Jahre waren durch hohe Arbeitslosenraten, eine hohe Inflation (zum Beispiel 1985/86: 6%), steigende Defizite und Sozialausgaben sowie wegbrechende Einkommensteuereinnahmen gekennzeichnet (vgl. Barrett u. Tseng 2008: 180).

> *„The advent of the Labor government in 1983 brought the decisive shift of economic policy, opening Australia up to the operation of a global market and removing fixtures of national life that were erected in the early years of the Commonwealth. From this decision to dismantle protection and state paternalism a series of consequential changes to work and welfare, education and national identity followed."*
>
> (Macintyre 2009: 300f.)

Gleich zu Beginn seiner Amtszeit schloss der ehemalige Gewerkschafter Bob Hawke einen Pakt mit dem Gewerkschaftsdachverband ACTU (*Australian Council of Trade Unions*), der moderate Lohnerhöhungen gegen ein adäquates Sozialleistungsniveau und eine existenzsichernde Betriebspension eintauschte. Die Erwartungen der Gewerkschaften wurden aber alsbald enttäuscht. Selbst eine der wenigen universalen Leistungen, nämlich die Familienbeihilfe, wurde einkommensabhängig gestaltet. Dazu trat 1987 die Wiedereinführung der Studiengebühren, allerdings in Verbindung mit einem bis heute bestehendem Kreditsystem, bei dem der Kredit erst dann zurückgezahlt werden muss, wenn eine bestimmte Einkommensgrenze überschritten wird. Für Arbeitslose wurde ein rigoroses Trainingsprogramm eingeführt sowie strengere Kriterien zur Überprüfung ihrer Arbeitswilligkeit initiiert (vgl. Robbins 2006: 483f.). Bob Hawke war offensichtlich sprichwörtlich angetreten, alle heiligen Kühe seiner Labor Party zu schlachten, wie seine Kritiker anmerkten (vgl. Walter u. Strangio 2007: 36).

Was die Ausweitung bestehender Leistungen betrifft, sind vor allem die Verbesserung der Finanzierungsbasis des Gesundheitssystems, das gleichzeitig von *medibank* auf *medicare* umgetauft wurde, sowie die Einführung der beitragsfinanzierten Alterspension, dem *Superannuation Guarantee Scheme* (SGS), ab 1986, zu erwähnen. Für alle Arbeitnehmer zwischen 18 und 70 Jahren, die über der Geringfügigkeitsgrenze verdienten, mussten die Arbeitgeber fortan 3% des Lohnes/Gehaltes in einen Pensionsfonds einbezahlen. Dieser Beitrag wurde gegen den Willen des Unternehmerdachverbandes, der *Industrial Relations Commission* (IRC), schrittweise auf 9% angehoben. Nach Auslaufen der Übergangsphase im Jahr 2030 bzw. schon bei Annäherung an diesen Zeitpunkt sollen Pensionisten ein höheres Alterseinkommen erhalten als jemals zuvor (vgl. Bryson u. Verity 2009: 76f.). Die *Superannuation* bleibt bis heute das bedeutendste sozialpolitische Erbe der aufeinander folgenden Labor-Regierungen Hawke/Keating und gilt auch unter Gewerkschaftern als größte Errungenschaft einer ansonsten sozialpolitisch eher finsteren Zeit. „We accepted that to get super up wage outcomes would be affected. We broke through in getting super and there are no apologies about it. … We have created billions of dollars for workers for their retirement that they would not otherwise have had …" (Combet 2004: 20).

Als der Konservative John Howard die Regierung übernahm verordnete er allen Bereichen der australischen Politik einen harten nationalistisch-konservativen Reformkurs. Sei es, dass Asylwerber, die von einem sinkenden Boot gerettet worden waren, auf eine kleine Insel verbannt wurden, sei es, dass Australien sich weigerte, die Anti-Folterkonvention der UNO zu unterzeichnen, sei es, dass Klimaschutzmaßnahmen massiv boykottiert wurden oder sei es, dass der Regierungschef sich weigerte, das erlittene Unrecht der Aborigines anzuerkennen bzw. an diesbezüglich einberufenen Versöhnungskonferenzen teilzunehmen (vgl. Brown 2002: 213ff.). Dem Sozialbereich erging es nicht besser: „Mehr als zuvor wird im Sozialbereich gegenwärtig auf Privatinitiative gesetzt. Von einem `Lucky Country´ ist augenblicklich nicht mehr die Rede" (Voigt 2000: 110). Die lange Regierungszeit der Liberal/National-Koalition (1996-2007) verfestigte laut Bryson und Verity schließlich den bereits von den Vorgängerregierungen eingeschlagenen Pfad Richtung *neo-liberal welfare state* endgültig:

> *„The gap between rich and poor widened and social benefits increasingly favoured the better-off, especially private business. The welfare sector itself became increasingly privatized, as government funding was paid to businesses to provide social services, while citizens were subsidized to purchase the services offered on a for-profit basis."* (Bryson u. Verity 2009: 71)

Als zentrale Anlaufstelle für Arbeitslose, Obdachlose, Alleinerzieher und Aborigines fungiert seit 1997 die Organisation *Centrelink*. Wenn bezahlte Arbeit nicht zur Verfügung steht, müssen von den Betroffenen ehrenamtliche Tätigkeiten geleistet werden um sich für Arbeitslosenunterstützung zu qualifizieren. Behinderte und Alleinerzieher müssen dem Arbeitsmarkt ebenfalls immer zur Verfügung stehen (vgl. Bryson u. Verity 2009: 71). Die Arbeitsvermittlung obliegt dabei 200 privaten profitorientierten oder Nonprofit-Organisationen, die sich im sogenannten *Job Network* vereinigen. Wer die Auflagen nicht erfüllt, wird vom zuständigen *case manager* gemeldet und dementsprechend sanktioniert (vgl. McDonald u. Marston 2005: 377f.).

Die Regierung Howard führte in allen Bereichen der Sozialpolitik Privatisierungen durch. Bei der SGS-Pension wurde für Arbeitnehmer die Möglichkeit geschaffen steuerbegünstigte Zusatzbeiträge in den Pensionsfonds einzuzahlen, eine Maßnahme, die Besserverdienende massiv begünstigte. Die Arbeitsvermittlung wurde an kirchliche und private For-profit-Unternehmen ausgelagert. Im Gesundheitssektor wurden private Krankenversicherungen steuerlich begünstigt, um den Anteil der Australier mit Privatversicherung deutlich anzuheben. Die Regierung ging dabei sogar so weit, eine Strafsteuer für jene Leute einzuführen, die sich keine Privatversicherung kaufen wollten und konnten. Kein Wunder, dass der Anteil der Privatversicherten innerhalb von zwei Jahren von 30% (1998) auf 44% (2000) anstieg.

John Howard hinterließ nicht zuletzt auch in der Bildungspolitik seinen großen Privatisierungsstempel. So wurde das Budget für die öffentlichen Schulen empfindlich zurückgeschraubt und gleichzeitig private Schulen stärker gefördert, was die Outcomes des australischen Bildungssystems erheblich weniger egalitär machte. Schließlich wurden auch die Universitäten ermutigt, neben den Stipendiaten wieder Plätze für gut situierte Vollzahler zu reservieren, die bei Vorauszahlung der Studiengebühren einen Studienplatz garantiert bekommen (vgl. Bryson u. Verity 2009: 76ff.).

Die Terroranschläge vom 11. September 2001 in New York und die unmittelbare Beteiligung der Regierung Howard an George Bushs darauf folgendem *war against terror* führten zu weiteren Kürzungen sozialpolitischer Maßnahmen wie des *Pharmaceutical Benefits Schemes* (PBS) oder der Invaliditätspensionen, die mit den steigenden Militär- und Grenzschutzausgaben begründet wurden. Dies veranlasste die *Democrats* von einem *Fortress Australia Budget* zu sprechen (vgl. Rodgers 2004: 150).

All diese Maßnahmen erzeugten zwar große Irritationen bei NGOs, Gewerkschaften, Umweltschutz- und Menschenrechtsaktivisten, Frauenrechtlerinnen und Aborigines, doch konnte sich John Howard der Unterstützung einer klaren Mehrheit der konservativen Wählerschaft Australiens gewiss sein:

> *„On the whole, the conservative Australian electorate did not get in a flap when the Howard Government cut funds for universities, for research, for social welfare, and for the ABC, all in the interests of economic rationalism and the budget bottom line. Nor was there much backlash when it disbanded the Commonwealth Employment Service and handed over many of the job replacement processes to the Catholic Church and the Salvation Army."* (Brown 2002: 213)

Für die radikale Umstrukturierung der Sozialpolitik und des Arbeitsmarktes war es notwendig, ergänzend auch den Einfluss der Gewerkschaften zurückzudrängen, gewerkschaftsfreie Zonen zu schaffen oder sogar bestehende Gewerkschaften zu zerschlagen:

> *„Die allgemeine Zielsetzung dieser Politik bestand darin, das gesamte Tarifsystem von einem System der kollektiven Vertretung in eins der individuellen Vertretung zu verwandeln. Und sollte das mittelfristig nicht gelingen, dann hatten die Arbeitgeber die Möglichkeit, mit ihren Beschäftigten einen `Kollektivvertrag´ ohne Gewerkschaften abzuschließen.*
> *Diese Regierungspolitik fiel zusammen mit einem grundlegenden Wandel im Unternehmerverhalten. Der Arbeitsminister gab den Arbeitgebern grünes Licht, offen gegen Gewerkschaften und ihre Mitglieder vorzugehen. Viele Unternehmer folgten mit Begeisterung."* (Crosby 2009: 45f.)

Besonders starke Kritik, auch international, rief in diesem Zusammenhang die Ausbildung von Streikbrechern in Dubai, wo gewerkschaftliche Organisation verboten ist, hervor. Die Streiks der Gewerkschaft der Hafenarbeiter (MUA) sollte durch diese antigewerkschaftlich eingestellten und entsprechend instruierten Arbeiter unterlaufen werden. Gleichzeitig wurde viel Geld in Propaganda gesteckt, welche die Ziele der Gewerkschaft in der Öffentlichkeit desavouieren und dämonisieren sollte (vgl. The Age; 17.06.1998).

Die Labor-Regierungen von Kevin Rudd und seiner Nachfolgerin Julia Gillard versuchten nach der langen Regierungszeit John Howards zumindest in Teilbereichen Verbesserungen durchzuführen, so wurde u. a. die erwähnte Entmachtung der Gewerkschaften, so weit wie möglich, rückgängig gemacht und kleinere Verbesserungen bei der Krankenversicherung und der Familienpolitik vorgenommen.

Insgesamt blieb der sozialpolitische Stempel allerdings kaum spürbar. Auch die im Mai 2008 etablierte und mit Experten aus verschiedenen Interessenorganisationen besetzte Diskussionsplattform *Australian Social Inclusion Board* brachte außer einer Reihe an Papieren keine konkreten Ergebnisse. Die meisten Australier bekamen nicht einmal mit, dass sie überhaupt existierte (vgl. Latham 2010; Online). Die Wahlniederlage der Labor Party von 2004, die nach einem Wahlkampf mit exponiert sozialreformerischen Themen besonders bitter war, führte in Folge zu der Strategie, den konservativen Mainstream in Australien nicht über Gebühr zu verärgern: „Gillard`s policy is to work closely with big corporations, elite schools and media executives“ (Latham 2010; Online). Dafür wurde ihre Partei 2010 im Amt bestätigt …

6.2 Das australische Pensionssystem

> *„Australia`s retirement income system has two distinctive features: a means-tested public pension, and a policy mandating private retirement.“*
>
> (Barrett u. Tseng 2008: 177)

Die *Age Pension* ist die erste Säule im australischen Pensionssystem. Diese öffentliche Alterspension erhalten Männer und Frauen bis zu einer 2014 auslaufenden Übergangsphase derzeit noch ab 65. Bereits ab 2017 wird das Pensionsalter allerdings schrittweise bis 2023 auf 67 Jahre angehoben. Voraussetzungen für die Alterspension sind ein mindestens 10-jähriger Aufenthalt in Australien, davon fünf Jahre ohne Unterbrechung. Für Staa-

ten, mit denen Australien ein Sozialversicherungsabkommen hat, gilt diese Regel unter Umständen nicht. 1997 wurde festgeschrieben, dass die staatliche Grundpension für einen allein stehenden Rentner 25% des durchschnittlichen Wochenlohnes betragen muss (vgl. Department of Human Services Australia; Online).
2010 betrug die staatliche Pension für Alleinstehende $644.20 vierzehntägig, für Paare je $485.60. Dazu kommt eine Zusatzleistung, die Kosten für Telefon, Medikamente und Hilfsmittel bezuschussen soll. Sie beträgt $56.90 für Alleinstehende und $85.80 für Paare. Damit bewegt man sich gut 40% unter dem Mindestlohn. Es kann allerdings noch eine kleine Wohnbeihilfe in der Höhe von $113.40 beantragt werden. Diese relativ geringe staatliche Pensionsleistung ist zusätzlich an strenge Zuverdienstgrenzen gekoppelt. So darf ein Alleinstehender nicht mehr als $146 dazu verdienen, ein Paar nicht mehr als $256 (Zahlen jeweils für 2010, vierzehntägig). Jedwedes darüber liegendes Einkommen wird um 50 Cent je Dollar (Alleinstehende) bzw. 25 Cent je Dollar (Paare) gekürzt. Staatliche Leistungen wie Familienbeihilfen oder Pflegegeld werden aber nicht auf die Pension angerechnet. Vermögen reduziert ab einer gewissen Höhe ebenfalls die Pensionsleistung. Die Freibetragsgrenze für Alleinstehende beträgt hierbei zum Beispiel $313,250, für Hausbesitzer $181,750 (vgl. Department of Human Services Australia; Online).
Ein *Pension Bonus Scheme* belohnt Personen, die bis zu fünf Jahre über das gesetzliche Rentenalter hinaus weiter arbeiten, mit einem einmaligen steuerbefreiten Betrag (nach fünf Jahren) von $40,576. Nach einem Jahr bekäme man nur $1,623.10, dann steigt diese Summe steil an, was Leute zu einem längeren Verbleib am Arbeitsplatz motivieren soll (vgl. Department of Human Services Australia; Online).

Abbildung 10: Pensionsbonuszahlungen 2010

Bonusjahre	Alleinstehende	Partner
1	$1,623.10	$1,227.40
2	$6,492.20	$4,909.50
3	$14,607.50	$11,046.40
4	$25,969.00	$19,638.00
5	$40,576.50	$30,684.40

Quelle: Department of Human Services

Auf Grund der niedrigen staatlichen Pensionssäule verfügen fast 90% der Arbeitnehmer über irgendeine Form der privaten Zusatzaltersvorsorge.

Die Betriebspensionen stellen die zweite Säule des Pensionssystems dar. Die Arbeitgeberpflichtbeiträge zur betrieblichen Altersvorsorge im Rahmen der sogenannten *Superannuation Guarantee* sind mittlerweile von ursprünglich 3% auf 9% angewachsen. Für Niedrigverdiener leistet die Regierung unterstützende Beiträge. 2005 gab es in Australien etwa 2000 große Betriebsrentenfonds. Zwei Drittel des Gesamtvermögens der australischen Betriebsrentenfonds sind am Aktienmarkt angelegt. Schlechte Kursentwicklung führte schon vor der Finanzkrise zu negativen Renditen. Dazu treten Verluste von Ersparnissen durch hohe Verwaltungsgebühren (vgl. Borowski 2005: 64ff.).

Ursprünglich konnte man sich die Beiträge zu den Betriebsrentenfonds bereits mit 55 Jahren auszahlen lassen. Ab 2014 ist das früheste Entnahmealter mit 60 festgelegt, also immer noch sieben Jahre unter dem gesetzlichen Pensionsalter und der Auszahlung der *Age Pension*. Alle Arbeitnehmer zwischen 18 und 65 Jahren, die über der Geringfügigkeit verdienen, werden von der zweiten Säule erfasst. Es besteht allerdings keine Verpflichtung, sich die angesparten Mittel als Pension auszahlen zu lassen, über das Geld kann vielmehr völlig frei verfügt werden (vgl. Barrett u. Tseng 2008: 180f. u. 186).

Bei Durchschnittsverdienern beträgt die Ersatzquote der betrieblichen Altersvorsorge und der öffentlichen Altersrente zusammen etwa 70% nach 30 Jahren. Kurzfristige Anreize zur Eigenvorsorge bot ein sogenanntes Beitragsanteilprogramm, das von Juli 2003 bis Juni 2004 wirksam war und freiwillige Arbeitnehmerbeiträge zur betrieblichen Altersvorsorge mit einem staatlichen Zuschuss in gleicher Höhe auffettete (vgl. Borowski 2005: 68ff.). Heute sind freiwillige Beiträge zumindest stark steuerbegünstigt.

Die öffentliche Pension und die Betriebspensionen sind unterschiedlichen Besteuerungen unterworfen. Bei letzteren wird beispielsweise ein 15%-Satz für die Arbeitgeberbeiträge fällig und noch einmal 15% für Investmentgewinne. Zusätzliche Steuern gibt es für Hochverdiener. Pensionsausschüttungen werden wie normale Einkommen besteuert, allerdings gibt es einen 15%-Abschlag bis zu einer „Lebenseinkommensgrenze“ (vgl. OECD 2005: 91f.).

Historische Entwicklung

Die australische Verfassung gab der Bundesregierung ab 1908 die Verantwortung für die Pensionen in die Hand. Anstatt aber ein Sozialversicherungssystem nach deutschem Vorbild einzuführen, entschied man sich für ein bedarfsabhängiges steuerfinanziertes Unterstützungssystem. Die Universalität wurde weiter unterlaufen durch den Ausschluss von Aborigines und Ausländern (vgl. Smyth 2010: 103). Die Bedürftigkeit wurde durch strenge Einkommens- und Vermögenstests festgestellt, so dass in der Anfangsphase bloß 30% der älteren Australier eine staatliche Pensionsleistung beziehen konnten (vgl. Barrett u. Tseng 2008: 178).

Das erste offizielle Betriebsrentenprogramm war bereits 1862 von der Bank of New South Wales eingeführt worden. Die Ausdehnung dieses Ansatzes erfolgte bis zum Zweiten Weltkrieg allerdings nur schleppend. Zunächst waren bloß Angestellte des öffentlichen Dienstes sowie Mitarbeiter von Finanzinstitutionen und Großunternehmen erfasst. 1972 aber waren bereits 32% der Arbeitnehmer inkludiert, Anfang der 80er Jahre bereits 45%. Die Leistungen wurden gewöhnlich in Form eines Einmalbetrages ausgezahlt und selten zum Kauf einer Pensionsversicherung verwendet. Der Grund lag darin, dass regelmäßige Einkommen wie Privatpensionen vollständig besteuert, aber bei einem Einmalbetrag nur 5% berücksichtigt wurden (vgl. Borowski 2005: 56f.).

Haupteinkommensquelle der Pensionisten war also lange Zeit die staatliche Säule der Altersvorsorge. Die Bedürftigkeitsprüfung wurde später von der Whitlam-Regierung für Personen über 70 Jahren abgeschafft, das Vermögen wurde ab 1976 generell nicht mehr berücksichtigt. Wurde die Altersrente somit eine Zeit lang als soziales Recht wahrgenommen, folgte jedoch schon bald die politische Kehrtwende. Bereits 1984 wurde wieder eine Vermögensabklärung eingeführt, nach und nach wurde die Altersrente wieder primär ein Sozialhilfeprogramm für bedürftige ältere Menschen (vgl. Borowski 2005: 58ff.). 2004/2005 erhielten immerhin noch ca. 77% der australischen Pensionisten eine staatliche Alterspension, jedoch nur knapp über 50% den vollen Satz (vgl. Barrett u. Tseng 2008: 178f.).

Gleichzeitig sollte im Rahmen der ökonomisch notwendigen Sozialreformen der 80er Jahre und der Unterversorgung der staatlichen Pensionssäule die betriebliche Säule aufgewertet werden. Hierfür wurde 1986 die *Superannuation Guarantee* ins Leben gerufen, eine ab 1992 obligatorische betriebliche Altersvorsorge. Das frühest mögliche Entnahmealter wird schrittweise von 55 Jahren bis 60 Jahre im Jahr 2024 angehoben. Die in Betriebsrentenfonds eingezahlten Ersparnisse dürfen beim Arbeitgeberwechsel mitgenommen werden (vgl. Borowski 2005: 62f.).

Auch die australischen Gewerkschaften hatten die Einführung der *Superannuation Guarantee* unterstützt und zur Erreichung dieses Zieles in den 80er Jahren massive Kampagnen geführt, vor allem in den gewerkschaftlich gut organisierten Brachen wie der Bauwirtschaft oder der produzierenden Industrie (vgl. Combet 2004: 17).

> „*The union movement has always been a supporter of the public pension; we viewed superannuation as something in addition to the public pension. The public pension is a guaranteed income in retirement, a public right. It may be under pressure but we have always seen it as a right. Superannuation is important in that it provides additional income in retirement, meaning a decent standard of living.*" (Combet 2004: 18)

Die Einführung der *Superannuation* brachte vor allem Vorteile für Arbeitnehmer in der Privatwirtschaft und weibliche Beschäftigte, die bis dahin von Betriebsrentenprogrammen eher stiefmütterlich behandelt wurden, und nun vom Gesetzgeber obligatorisch in das Betriebsrentensystem inkludiert wurden. Arbeitnehmer, die schon vorher von großzügigeren, freiwilligen, Betriebsrentenprogrammen erfasst worden waren, behielten ihre alten Vergünstigungen. Sowohl Arbeitnehmer- als auch Arbeitgeberbeiträge werden seit 1990 besteuert. (vgl. Barrett u. Tseng 2008: 181f. u. 184).

Aktuelle Entwicklungen

Heute machen Privatpensionen und private Altersvorsorge 45% der australischen Alterseinkommen aus, weit mehr als das Doppelte des OECD-Schnittes. Australien befindet sich damit in einer Gruppe mit Staaten wie Großbritannien, den USA, Kanada und den Niederlanden. Die Finanzkrise erwischte allerdings auch die australischen Rentenfonds mit voller Wucht. Nach Irland waren die Verluste bei den Privatpensionen in Australien am höchsten, allein 2008 betrugen sie 26,7%. Das verschärfte die ohnehin schon vergleichsweise hohe Altersarmut zusätzlich, denn neben älteren Arbeitnehmern waren vor allem Pensionisten betroffen (vgl. OECD 2009; Online).

> „*Tax concessions for superannuation are an inefficient and inequitable way to fund retirement incomes. If the problem is defined in terms of the fiscal impact of an ageing Australia then the provision of uncapped superannuation tax concessions that vary directly with the amount of income received is an unnecessarily expensive, and regressive, policy response.*" (Denniss 2007: 45)

Mittlerweile haben die Kosten der Steuererleichterungen für die *Superannuation Guarantee* jene der staatlichen Pensionssäule erreicht, weswegen viele Kritiker bzgl. des privatisierten Systems die generelle Sinnfrage stellen. Ein großes Problem stellt die Tatsache dar, dass die größten prozentuellen Steuerabschreibungen massiv den Besserverdienenden nutzen (vgl. Spies-Butcher 2008: 286). Dazu tritt nun das Problem, dass „ … despite the enormous cost of superannuation tax concessions, it is estimated that by 2050 three quarters of retirees will still be reliant, in whole or in part, on government aged pensions" (Denniss 2007: 40).

Barrett und Tseng betonen die negativen Auswirkungen der Einkommens- und Vermögenstests bei der 1. Säule auf die Sparquote der Australier, die zu den niedrigsten in der industrialisierten Welt gehört: „The means test provides an added incentive for households to draw down their accumulations in order to qualify for the Age Pension and associated subsidies". Dagegen verleite das System der *Superannuation* dazu, die angesparten Mittel zu verkonsumieren, anstatt sie als private Zusatzrente zweckzubinden: „Lump-sum accumulations are disbursed for a variety of purposes, including paying off mortgage and other debt, and the purchase of significant consumer durables" (Barrett u. Tseng 2008: 191).

6.3 Gesundheitspolitik

„Today, there is a mixture of responsibilities for health across the three levels of government – Commonwealth, state or territory, and local. … the states still retain the major responsibility for service provision, including hospitals, community and public health, and dental sevices."

(Lewis 2010: 195)

Die Finanzierung von medizinischer Behandlung und Medikamenten obliegt in Australien der Bundesregierung. Alle Australier sind vom öffentlichen und steuerfinanzierten *medicare*-System erfasst und bekommen ihre Arztkosten entweder teilweise ersetzt oder vollständig, wenn sie zu einem entsprechenden Vertragsarzt gehen. Der steuerfinanzierte Anteil wird durch einen Krankenversicherungsbeitrag in der Höhe von 1,5% des Einkommens ergänzt. Insgesamt bezahlt die Regierung ca. 80% der medizinischen Behandlungen und 50% der Spitalskosten (die andere Hälfte übernehmen die Einzelstaaten). Der Spitalsaufenthalt ist gratis. Auch bei den Medikamentenpreisen nimmt die Regierung durch ihre umfangreiche Einkaufspolitik aktiven Einfluss, weswegen die Medikamentenkosten billiger sind als in vergleichbaren Industriestaaten (vgl. Gray 2006: 500ff.). Die Selbstbehalte gehören aber vergleichsweise zu den höchsten und haben negative Lenkungseffekte vor allem für niedrigere Einkommensgruppen (vgl. Gray 2004: 71f.). Besonders hoch sind solche Beteiligungen im Bereich der Zahnbehandlungen. Traditionell greift die Regierung nur in Ausnahmefällen in diesen Bereich ein – bei speziellen zahnmedizinischen Leistungen in Schulen, Armeekasernen sowie für Kriegsveteranen und Aborigines (vgl. Lewis 2010: 197).

Neben dem öffentlichen System, das in etwa 70% der Gesundheitskosten abdeckt, weist Australien einen sehr hohen Anteil an Privatversicherungen auf, die vor allem unter der Regierung Howard stark gefördert wurden (zur Privatisierung des Gesundheitssystems in Australien vgl. vor allem Lewis 2006). 30% der Versicherungsprämien werden rückerstattet und bei Nichtteilnahme erhöhen sich die Prämien umso mehr, je später man sich für eine Privatversicherung entscheidet, d. h. dass Personen, die sich erst im höheren Alter zu einer Privatversicherung entschließen, „draufzahlen". Wer sich früher zu einer Privatversicherung entschließt, kann als Belohnung mit billigeren Prämien rechnen. Wer sich überhaupt keine nimmt, muss stattdessen einen Steuerzuschlag von 1% bezahlen, außer er kann sich auf Grund seines geringen Einkommens keine Privatversicherung leisten (vgl. Gray 2006: 510).

Das steuerfinanzierte Krankengeld (*sickness allowance*) wird bis zu maximal 13 Wochen lang 14-tägig ausbezahlt. Es betrug 2010 für Alleinstehende $462.80 (vgl. Department of Human Services Australia; Online). Zusätzlich kann aber Wohn- und Arzneimittelunterstützung gewährt werden. Diese ist an eine Bedürftigkeitsprüfung gekoppelt und wird nur dann bezahlt, wenn das sonstige Einkommen der erkrankten Person nicht (mehr) ausreicht (vgl. Beske u. Drabinski 2005b: 18f.).

Voraussetzungen:

» Warteperiode von sieben Tagen (Ausnahme: finanzielle Notsituation oder Sozialpensionsempfänger)

» Zwei Jahre Aufenthalt in Australien

» Alter über 21 Jahre und in Erwerbsarbeit stehend

Die dem Krankengeld vorgelagerte Lohnfortzahlung im Krankenfall ist in Australien nicht bundesgesetzlich geregelt. Dafür gibt es in vielen Provinzen/Territorien eigene Regeln. So erwirbt man beispielsweise in Western Australia einen Anspruch auf zwei Wochen Lohnfortzahlung, sofern man im Jahr vor der Krankheit vollständig beschäftigt war. In anderen Teilen Australiens gibt es dagegen nur eine Woche, allerdings kann auch Urlaub bei Krankheit angerechnet bzw. Urlaubstage über mehrere Jahre hindurch angespart werden. Für öffentlich Bedienstete gibt es in allen Provinzen einen weitreichenderen Anspruch, in der Regel bis zu vier Wochen (vgl. Beske u. Drabinski 2005b: 18).

Das Pharmaceutical Benefits Scheme (PBS)

Der Selbstbehalt für Medikamente betrug 2010 bereits $33.30 pro Verschreibung. Pensionisten und Sozialhilfeempfänger zahlten allerdings nur $5.40 (vgl. The Pharmaceutical Benefits Scheme; Online).

1986 waren sogenannte *Safety Net Arrangements* eingeführt worden, vor allem um chronisch Kranke vor einer Kostenlawine durch Medikamentenausgaben zu bewahren. Überstiegen die jährlichen Ausgaben eines Haushaltes 2010 $1281.30, so musste für alle zusätzlichen Medikamente nur mehr $5.40 bezahlt werden. Für Pensionisten und andere Begünstigte betrug die Grenze $324.00. Darüber hinaus waren die Medikamente gratis. Eine Gesetzesvorlage der Howard-Regierung zur weiteren Erhöhung der Selbstbehalte sowie der *Safety Net Arrangements* wurde vom Senat zurückgewiesen (vgl. The Pharmaceutical Benefits Scheme; Online).

Historische Entwicklung

> *„Medicare was originally set up as a national health insurance scheme, intended to cover everyone and to eventually replace private health insurance (PHI) for most citizens. Policies that reduce its coverage and transfer funding away from the public hospital system seriously undermine its role and function."* (Gray 2006: 499)

Die Etablierung des australischen Gesundheitssystems erfolgte im internationalen Vergleich recht spät. Ein besonderes Hindernis war der große ideologische Gegensatz der beiden größten Parteien, Labor und Liberals, der so weit ging, dass man, unabhängig von den schwerwiegenden nationalen Folgekosten, die Sozialprogramme der jeweils anderen Partei bei einem Regierungswechsel nahezu komplett umdrehte bzw. rückgängig machte, was den Aufbau eines dauerhaft verlässlichen und effektiven Gesundheitssystems lange verzögerte.

So verwundert es kaum, dass die medizinische Versorgung der abgelegenen ländlichen Regionen vor allem von kirchlichen Organisationen voran getrieben wurde. Zunächst etablierte man ein Netz berittener Krankenhelfer, die zwischen kleinen Siedlungen und Viehstationen patrouillierten. Schwer Kranke und Verletzte konnten so dennoch nicht rechtzeitig in Krankenhäuser gebracht werden. Das änderte sich erst durch die Einführung der legendären *flying doctors* ab 1928 durch den presbyterianischen Pfarrer John Flynn, der von der australischen Regierung unterstützt wurde. 1939 starteten die Maschinen bereits von sechs Flugbasen aus, die bis 2008 auf 21 Basen mit 50 Maschinen ausgedehnt wurden (vgl. Hein 2009: 139).

Einen weiteren Faktor für den verzögerten Ausbau des Gesundheitssystems stellt die Tatsache dar, dass die Bundesregierung erst nach einem Referendum 1946 die Verantwortung für Gesundheitspolitik übertragen bekam, auch wenn die Durchführung weiterhin den Einzelstaaten obliegen sollte. Die Labor-Regierung forderte bereits in den 40er Jahren ein universales Gesundheitssystem, das medizinische Behandlung bei Fachärzten und in Spitälern abdecken sollte. Gegen den Widerstand der Medizinlobbies konnte jedoch damals zunächst nur eine steuerfinanzierte Krankenhausbehandlung durchgesetzt werden. Als 1949 eine Coalition-Regierung unter dem langdienenden Premierminister Menzies an die Macht kam, schaffte diese die erst kurz zuvor eingeführte Krankenhausversicherung wieder ab und führte ein öffentlich unterstütztes Privatversicherungssystem ein. Nachdem nur mehr Privatversicherte gefördert wurden, blieben um die 20% der Bevölkerung, die sich eine solche Versicherung nicht leisten konnten, ohne staatliche Unterstützungen (vgl. Gray 2006: 500 u. 506f.).

Nachdem 1944 und 1947 auch erste Versuche gescheitert waren, lebensnotwendige Medikamente für die Gesamtbevölkerung zur Verfügung zu stellen (der Oberste Gerichtshof hat die Gesetze als verfassungswidrig aufgehoben), trat 1948 ein „freiwilliges" System in Kraft, an dem Doktoren teilnehmen konnten oder auch nicht. 1950 konnte endlich das ursprüngliche Ziel (allerdings mit einer reduzierten Anzahl an Medikamenten auf der Liste) verwirklicht werden. 1960 wurde schließlich ein Selbstbehalt eingeführt, der in Folge ständig anwuchs (vgl. The Pharmaceutical Benefits Scheme; Online).

Die sozialreformerische Whitlam-Regierung wagte in den 70er Jahren einen weiteren Vorstoß Richtung universaler Krankenversicherung. Das sogenannte *medibank*-System wurde dabei dreimal vom Senat zurückgewiesen, um kurz vor dem Ende der Whitlam-Regierung doch noch in letzter Minute in Kraft treten zu können, freilich ohne dass es dadurch gelang, die Möglichkeit für Ärzte und Zahnärzte, ihr Gehalt frei festzulegen, zu beschneiden (vgl. Lewis 2010: 200). Das *medibank*-System löste wie zu erwarten große Proteststürme seitens der Opposition sowie des privaten Sektors aus. Folglich wurde es von der konservativen Nachfolgeregierung unter Malcolm Fraser auch schrittweise wieder abgeschafft und durch ein freiwilliges System ersetzt. Nachdem Labor unter Bob Hawke ab 1983 wieder die Regierung stellte, wurden die staatlichen Förderungen für Privatversicherungen wieder abgeschafft und das System *medibank*, wieder unter heftigen Protesten, unter einem neuen Namen als *medicare* wieder eingeführt. Diesmal wurde der heftige Widerstand zusätzlich von einem 18 Monate andauernden Ärztestreik in New South Wales begleitet (vgl. Gray 2004: 29f.).

Den Reformen von Labor war dennoch zum ersten Mal ein längerfristiger Erfolg beschieden. Zwar hatte die Opposition unter dem späteren Premierminister John Howard ihren ideologischen Zugang zur Gesundheitspolitik nicht verändert, doch konnte sich Labor zum ersten Mal 13 Jahre durchgehend an der Macht halten. Während dieser Zeit lernten die Australier ihr steuerfinanziertes Gesundheitssystem sehr zu schätzen. Die Meinungsumfragen sprachen eine sehr deutliche Sprache und Angriffe auf das *medicare*-System kosteten der Opposition wiederholt den Sieg. Als John Howard schlussendlich 1996 die Regierung übernahm, hatte sich seine Partei, um den Sieg nicht neuerlich zu gefährden, vor den Wahlen offen gegen eine Abschaffung von *medicare* ausgesprochen (vgl. Gray 2004: 30ff.). Aber die Regierung fand andere Wege, das ungeliebte universale System einzudämmen und auszuhöhlen.

Aktuelle Entwicklungen

Zunächst wurde die Unterstützung für Zahnbehandlungen für Niedrigeinkommen abgeschafft, es folgten die Erhöhung von Selbstbehalten bei Pflege, Hörgeräten und Medikamenten allgemein. Zur aktiven Förderung von Privatversicherungen wurde bereits 1997 das *Private Health Insurance Incentives Scheme* eingeführt, dass massive Steuerrückzahlungen von 30% für Käufer von Privatversicherungen vorsah und umgekehrt jene Menschen, die keine Privatversicherung abschlossen[24], mit einem Steuerzuschlag von 1% bestrafte. Ein weiterer Anreiz, möglichst rasch viele Australier in den privaten Krankenversicherungsmarkt zu drängen, war die Regelung, von Personen über 30 für jedes weitere Lebensjahr eine um 2% höhere Prämie einzuheben. Tatsächlich gelang es innerhalb von zwei Jahren den Anteil der Privatversicherten um 50% zu steigern. Im September 2000 waren bereits 45,8% von einer oder oft auch mehreren privaten Krankenversicherungen erfasst (vgl. Gray 2006: 508ff.).

Das löste noch nicht das Problem der langen Wartelisten. Zur Jahrtausendwende lag der Median der Wartezeit bei operativen Eingriffen bei 27 Tagen, für viele Patienten betrug die Wartezeit sogar über ein Jahr. Hier

[24] Sofern sie über $50,000 (Alleinstehende) bzw. $100,000 (Paare) verdienten.

hatte sich, von der Regierung indirekt sogar gefördert, eine Zweiklassenmedizin herausgebildet. Privatversicherte hatten und haben die Möglichkeit, sich in entsprechenden Privatspitälern sofort operieren zu lassen (vgl. Rohrbacher 2006: 6ff.).

Als nächsten Schritt zur weiteren Ausweitung des privaten Anteiles wollte die Regierung Howard u. a. die Selbstbehalte in den Arztpraxen erhöhen und eine generelle Privatversicherung einführen, die bei Ausgaben über $1,000 einspringen sollte. Widerstand seitens der Opposition im Senat, wo die Regierung keine Mehrheit hatte, führte zur Einsetzung einer Untersuchungskommission, die Hearings im ganzen Land abhalten ließ und zum Schluss kam, dass die Pläne der Regierung das Prinzip der Universalität weiter unterlaufen würden (vgl. Gray 2004: 45ff.). Nach dieser Niederlage wagte man 2003 einen weiteren Reformversuch, diesmal ohne die umstrittenen zusätzlichen Privatversicherungen. Ausgaben über $500 (Begünstigte) bzw. $1,000 sollten zu 80% ersetzt werden. Das heißt, wer viele Arztrechnungen ansammelt, bekommt viel Rückerstattung, wer unter der Grenze bleibt, wie die meisten Normalfamilien, bekommt nichts. Andererseits garantierte die Regierung ein Plus von 1500 neuen Doktoren und 1600 Krankenschwestern. Kritiker warnten vor einem starken Anstieg der Arztkosten, wenn die Regierung 80% von allen Honoraren zahlt, welche die Mediziner verrechnen. Der Senat verweigerte ein weiteres Mal seine Zustimmung, handelte in Folge die Grenzen von $500 und $1,000 auf $300 bzw. $700 herunter und konnte zumindest schmale Unterstützungen für Zahnbehandlungen und Physiotherapien in die neue Regelung hinein urgieren (vgl. Gray 2004: 49ff. u. Gray 2006: 511f.). Nachdem John Howard bei den Wahlen 2004 zum ersten Mal die Mehrheit in beiden Häusern erlangte, machte er den Kompromiss mit dem Senat allerdings, in guter australischer Tradition, sogleich wieder rückgängig.

Die Howard nachfolgende Labor-Regierung von Kevin Rudd hob die Einkommensgrenze für den 1%-Zuschlag auf $100,000 (Alleinstehende) bzw. $150,000 (Paare) an (vgl. Spies-Butcher 2008: 282f.). Bei der Zahnbehandlung setzte die neue Regierung eine universale Versicherung für Kinder durch. Der Plan, diese Leistungen generell für alle Bedürftigen einzuführen, wurde vom Senat blockiert, der diesmal das bestehende System verteidigte (vgl. Lewis 2010: 197).

Inzwischen ist auch die ländliche Gesundheitsversorgung unter Druck geraten. Immer mehr einheimische Ärzte meiden den unwirtlichen australischen Outback, und wollen weder stationär in staubigen kleinen Wüstendörfern, noch mit dem Flugzeug ihren Dienst vollziehen, sondern lieber Karriere in den größeren Städten an der Küste machen. Bereits 43% der in ländlichen Regionen tätigen Ärzte kommt daher aus dem Ausland. Doch auch an Piloten und Krankenschwestern herrscht mittlerweile immer größerer Mangel (vgl. Die Welt; 2.9.2008). Die glorreiche Zeit der *flying doctors* scheint endgültig vorbei zu sein.

6.4 Leistungen bei Arbeitslosigkeit und sozialer Bedürftigkeit

> *„Despite record economic growth, Australia is becoming more polarised in terms of income and wealth and unemployment and underemployment remain high."* (Ziguras 2006: 204)

Australien nimmt im Vergleich der Industriestaaten eine bemerkenswerte Sonderposition im Bereich der Arbeitslosenversicherung ein: Es gibt nämlich keine. An Stelle einer beitragsfinanzierten Arbeitslosenunterstützung gibt es für die Betroffenen bloß eine einkommensunabhängige *flat rate*, die von einer Sozialhilfe nicht unterscheidbar ist.

Diese sogenannte *Newstart Allowance* (NSA) ist an folgende Konditionen gebunden (vgl. Australian Government 2007):

» Der arbeitslose Antragsteller muss mindestens 21 Jahre alt und unter dem Pensionsantrittsalter sein.

» Migranten müssen seit mindestens 104 Wochen als Einwohner Australiens registriert sein.

» Die Arbeitswilligkeit muss durch die Bereitschaft, an Fortbildungsmaßnahmen bzw. Job Search-Programmen teilzunehmen, demonstriert werden.

Abbildung 11: Newstart Payment Rates 2010

Leistungsbezieher	14-tägige Zahlung
Alleinstehend, keine Kinder	$469.70
Alleinstehend, mit einem oder mehreren abhängigen Kindern	$508.20
Alleinstehend ab 60 Jahren, nach 9 hintereinander folgenden Monaten Leistungsbezug	$508.20
Partner (pro Kopf)	$424

Quelle: *Department of Human Services*

Für Alleinstehende betrug die Basisrate 2010 $469.70 (14-tägig). Es besteht darüber hinaus die Möglichkeit, einen Arzneimittelzuschuss zu beantragen. Bei Vermögen über $5,500 (Alleinstehende) bzw. $11,000 (Paare und Alleinstehende mit Kindern) wird das Arbeitslosengeld gekürzt. Bei Einkommen zwischen $62 und $250 wird die Arbeitslosenunterstützung um 50 Cents je Dollar reduziert. Über $250 sind es 60 Cents je Dollar. Für den Bezug gibt es eine Wartefrist von einer Woche (vgl. Department of Human Services; Online).

Die Arbeitslosigkeit hat sich von 1960 bis 1992 verzehnfacht, von 1% auf knapp 11%. Im neuen Jahrtausend hat sie sich wieder auf einem Niveau um die 5% eingependelt. Allerdings wird vielfach kritisiert, dass die Daten des *Australian Bureau of Statistics* (ABS) versteckte Arbeitslosigkeit massiv beschönigen. Außerdem ist die Rate der Langzeitarbeitslosen stark angestiegen und die Hälfte der Jobs sind mit Kurzzeitverträgen verknüpft (vgl. Bell u. Quiggin 2006: 149f.).

> *„The structure of employment has changed with a higher premium placed on skills and knowledge. At the lower end of the market, traditional unskilled `blue collar´ jobs have been rapidly disappearing, though simultaneously there has been a proliferation of part-time and/or casual jobs in the low-end services sector."* (Bell u. Quiggin 2006: 148f.)

Die niedrigen Arbeitslosenzahlen täuschen also darüber hinweg, dass Australien an der Spitze der OECD-Länder mit einem hohen Ausmaß an Unterbeschäftigung steht. Der ehemalige Finanzminister Peter Costello verkündigte zwar euphorisch, dass sich Australien einem Zustand der Vollbeschäftigung annähere. Doch selbst in Zeiten des wirtschaftlichen Aufschwunges und Rückgangs der Arbeitslosigkeit sind prekäre Beschäftigungsverhältnisse angestiegen. Der Anteil der Unterbeschäftigten liegt mittlerweile über dem Anteil der Arbeitslosen (vgl. Campbell 2008).

Historische Entwicklung

Während und nach dem Zweiten Weltkrieg initiierte die Labor-Regierung von Premierminister John Curtin umfassende arbeitsmarktpolitische Reformen. 1944 wurden zeitgleich eine Arbeitslosenunterstützung und eine Sozialhilfe für die Bedürftigsten eingeführt. Zur Verwaltung der Leistungen bei Arbeitslosigkeit wurde das *Commonwealth Employment Service* etabliert (vgl. Ziguras 2010: 161).

Erst in den 80er Jahren wurde das System zum ersten Mal hinterfragt, vor allem das Problem der Langzeitarbeitslosigkeit wurde extensiv analysiert. Dafür wurden im Jahr 1989 alle von Langzeitarbeitslosigkeit betroffenen Menschen zwischen 21 und 54 Jahren ausführlichen Interviews unterworfen, 1990 wurden davon auch die restlichen Langzeitarbeitslosen erfasst. Man führte nach Abschluss der Analyse einen *activity test* ein, der auch Schulungen und diverse Trainingsmaßnahmen vorsah. Eine verstärkte Vermittlung in Teilzeitstellen bzw. Gelegenheitsarbeit wurde ebenfalls lanciert (vgl. Ziguras 2010: 161).

Die Arbeitslosenunterstützung wurde 1991 zunächst durch zwei Programme ersetzt: die *JobSearch Allowance* wurde für jene Arbeitslosen eingeführt, die weniger als 12 Monate lang arbeitslos waren, die *Newstart Allowance* war das Programm für Langzeitarbeitslose. Beide Maßnahmen wurden mit Aktivierungsmaßnahmen verknüpft. Mit der Einführung der one-stop-Anlaufstelle *Centrelink* und der Auslagerung der Jobvermittlung an private Institutionen konnte die Regierung Howard ihre Ausgaben für Arbeitsmarktservice-Leistungen um 50% reduzieren. Ab 1997 werden im Rahmen des *work for the dole*-Programms junge Arbeitslose dazu angehalten, in kommunenbasierten Projekten als Bedingung für staatliche Unterstützung gratis zu arbeiten (vgl. Robbins 2006: 483ff.). Damit waren die Reformen aber noch lange nicht abgeschlossen. Die Regierung beauftragte Patrick McClure, den Leiter einer privaten Wohlfahrtseinrichtung, mit der Verfassung eines, tendenziösen und regierungsnahen, Berichtes über Sozialleistungsbezieher im erwerbsfähigen Alter. Der sogenannte McClure-Report betonte zwar die Notwendigkeit existenzsichernder Arbeitslosenunterstützung, forderte aber gleichzeitig die Ausweitung der Aktivierungsmaßnahmen und Arbeitsverpflichtung auf Alleinerzieher und Behinderte (vgl. McClure 2000).

Bei der Umsetzung einiger Empfehlungen des Reportes, im Speziellen Verschärfungen für ältere Arbeitslose und Alleinerzieher, sah sich die Regierung Howard mit einer Blockade des Senates konfrontiert, dessen Mehrheit aus Labor und Democrats auf die negativen Auswirkungen auf die sozial Schwächsten hinwies und die strengen Bestrafungen und Stigmatisierungen prinzipiell ablehnte. Erst zwei Jahre später wurden die Maßnahmen durchgesetzt, allerdings musste die Regierung den Übergang von Sozialleistung zu Arbeitseinkommen erleichtern, indem bei einer Arbeitsaufnahme nicht gleich die kompletten staatlichen Zuwendungen wegfallen durften. Keine Einigung konnte bei der Unterstützung für behinderte Arbeitnehmer erzielt werden, die nur mehr jenen zustehen sollte, die bloß 15 Stunden oder weniger wöchentliche Arbeitsfähigkeit aufwiesen, bis dahin waren es noch 30 Stunden gewesen. Aber auch diese Blockade konnte die Regierung Howard, wie auch bei ihren Vorhaben in der Gesundheitspolitik, erfolgreich aussitzen. Bei den Wahlen von 2004 gewann sie ihre ersehnte Mehrheit in beiden Häusern, mit der Howard in seiner letzten Amtsperiode noch einmal seinen Stempel hinterlassen konnte, ohne vom Senat als Vetoplayer eingebremst zu werden (vgl. Robbins 2006: 487f.).

Der australische Arbeitsmarkt wurde unterdessen zunehmend *middle-aged*, d.h. die Mehrheit der Arbeitskräfte war zur Jahrtausendwende zwischen 25 und 54 Jahre alt. Ursachen waren der spätere Eintritt in den Arbeitsmarkt durch jüngere Arbeitskräfte bzw. der frühere Ausstieg älterer Arbeiter. Ein weiteres Kennzeichen des australischen Arbeitsmarktes waren seit jeher die langen Arbeitszeiten, die zu den höchsten innerhalb der Gruppe der OECD-Länder gehören. 2001 haben über ein Viertel der männlichen Beschäftigten und immerhin 9% der weiblichen Arbeitskräfte durchschnittlich mehr als 48 Stunden in der Woche gearbeitet (vgl. Saunders 2002: 92). Die Situation am australischen Arbeitsmarkt wurde durch die schrittweise Entmachtung der Gewerkschaften, vor allem aber die Förderung individueller Vereinbarungen zwischen Arbeitnehmern und Arbeitgebern, weiter verschärft. Die Reduzierung des Rechtes von Gewerkschaften, Arbeitsplätze aufzusuchen und das Verbot, bestimmte Sachverhalte in Kollektivverträgen festzuschreiben, widersprach sogar Konventionen der *International Labour Organisation* (ILO) (vgl. Mack 2005: 162 u. 171).

Die Labor-Regierungen von Kevin Rudd und Julia Gillard, die John Howards langer Zeit im Premierministersessel nachfolgten, erkannten die Gewerkschaften zwar wieder als wichtigen Player bei der Arbeitsmarktpolitik an, blieben dem Prinzip des *welfare to work*-Ansatzes jedoch treu.

> *„To have the opportunities that we want Australians to have for the future requires people to step up to some responsibilities. Australians can seize the benefits of future opportunity by taking responsibility."*
>
> (Julia Gillard in: The Australian; 12.8.2010)

Premierministerin Gillard schnürte 2010 ein sogenanntes *Relocation Assistance Package* für Langzeitarbeitslose, das Jobsuchende anregen soll, in einer anderen Region nach Arbeit zu suchen. Dafür gibt es zwischen \$3000 und \$6000, bzw. noch einmal \$3000 extra für Familien. Arbeitgeber erhalten ebenfalls eine finanzielle Unterstützung, wenn sie einen umgesiedelten Jobsuchenden einstellen. Wenn ein Jobsuchender innerhalb der nächsten sechs Monate den neuen Job wieder verlässt, wird ihm allerdings die Arbeitslosenunterstützung für 12 Wochen gesperrt.

Generell sollen Langzeitarbeitslose sofort mit Leistungsentzug bestraft werden, wenn sie ein Vorstellungsgespräch versäumen (vgl. The Australian; 12.8.2010).

6.5 Familienleistungen

Das australische System der Familienpolitik orientiert sich stark an typisch liberalen Policy-Mustern, indem zwar Familien mit niederen Einkommen unterstützt werden, aber im Laufe der Zeit nur ein geringes Leistungsniveau für Familien aus der Mittelschicht aufgebaut worden ist (vgl. McDonald 2001: 16). Und das, obwohl die dominante Liberal Party ideologisch die Familie von Anfang an als Grundpfeiler der australischen Gesellschaft ansah. So forderten die Liberals etwa von Anfang an angemessene Unterkünfte, stabile Ehen und eine gute Ernährungssituation für alle Familien mit Kindern, um ausreichendes Bevölkerungswachstum sicher zu stellen (vgl. Day 1996: 386f.). Dennoch sind die meisten familienrelevanten Leistungen von Labo(u)r-Regierungen eingeführt worden.

Der australische Staat wurde familienpolitisch zum ersten Mal 1912 aktiv, als die Labour Regierung ein Muttergeld in Form einer einmaligen Zahlung, die bei Geburt eines Kindes fällig wurde, einführte. Der nächste Schritt erfolgte erst in den 40er Jahren mit der Einführung von Leistungen für Familien mit Kindern. Zwar gab es auch in den folgenden Jahrzehnten einige familienrelevante Leistungen, doch wurde das Problem der Kinderarmut erst Mitte der 80er Jahre aufgegriffen. Zur Analyse dieses Problems wurde eine Kommission eingerichtet, die neben Analysen auch konkrete Reformvorschläge ausarbeiten sollte (vgl. Ziguras 2010: 158 u. 161). „A key issue dealt with by the review was how to best assist families with children, and this led to significant increases to payments for low-income families with children and the introduction of both the child support scheme and the Jobs, Education and Training (JET) scheme for sole parents" (Ziguras 2010: 161). Das JET-Programm unterstützt Alleinerzieher bei den Kosten für anerkannte Kinderbetreuung, wenn sie in der Zeit der Betreuung Weiterbildungs- oder Arbeitsmarktaktivierungsmaßnahmen absolvieren.

Die Erhöhung der Zahlungen an Niedrigverdiener wurde mit einer Umstrukturierung verbunden, die den Universalismus in der Familienpolitik durch einen marktorientierten Ansatz ersetzte, der das Bedürftigkeitsprinzip ins Zentrum rückte. Smyth (2010) erkennt in der Familienpolitik einen Ausdruck eines allgemeinen Trends in der australischen Sozialpolitik: „Critics attacked the retreat from univeralism, arguing that it would end up stigmatizing recipients, creating poverty traps, reducing welfare state electoral support and leading to an overall reduction in the resources available for welfare“ (Smyth 2010: 109f.).

Wie bei den anderen Sozialleistungen orientierte sich Australien insgesamt auch bei den Familienleistungen traditionell an Mindeststandards statt an universalen Leistungsprinzipien. Beispielsweise gab es bis 2010 keine bezahlte Elternkarenz, sondern nur unbezahlte Freistellungsoptionen. Ab 1991 erhielten Familien mit Kindern Geldleistungen, anstatt besseren Zugang zu staatlichen Kinderbetreuungseinrichtungen zu erhalten. Zusätzlich wurde die private Kinderbetreuung finanziell gefördert (vgl. Bryson u. Verity 2009: 79). Frauenrechtlerinnen kritisieren die Folgen dieses Ansatzes, vor allem den Anreiz, als Frau besser daheim beim Kind zu bleiben, statt eine Berufstätigkeit auszuüben, während das Kind in eine staatliche Betreuungseinrichtung gebracht wird.

Als Labor die lang andauernde Regierung Howard 2007 ablöste, wollte der neue Premierminister Kevin Rudd auch familienpolitisch neue Akzente setzen. So wurde eine Jahrzehnte alte Forderung von Labor, Grünen und Gewerkschaften umgesetzt, nämlich ein bezahltes Karenzgeld für Eltern einzuführen. Wer während 10 von 13 Monaten vor der Geburt des Kindes gearbeitet hat und ein Höchsteinkommen von $150,000 im Jahr nicht überschreitet, ist bezugsberechtigt. Die Dauer der Leistung beträgt 18 Wochen, die Höhe ist an den nationalen Mindestlohn gekoppelt, der 2010 mit $570 festgesetzt ist (vgl. The Australian; 17.6.2010).

Weitere familienpolitisch relevante Leistungen sind u. a. das *Family Tax Benefit* (FTB), das *Child Care Benefit* (CCB) und der *Child Care Rebate* (CCR). Das *Family Tax Benefit* ist eine vierzehntägig ausbezahlte, zum Teil einkommensabhängig gestaffelte, Familienbeihilfe für Kinder bis zum Maximalalter von 24 Jahren, das in *Family Tax Benefit A* für Niedrigverdiener und *Family Tax Benefit B* für Gutverdiener mit geringeren Leistungssätzen unterteilt wird. Das *Child Care Benefit* und der *Child Care Rebate* dienen beide zur Kostenreduktion der Kinderbetreuung, wobei ersterer an eine Einkommenshöchstgrenze gekoppelt ist und zweiterer bis zu einem Maximalbetrag 50% der Kosten, die für staatlich anerkannte Kinderbetreuung aufgewendet werden, abdeckt (vgl. Department of Human Services Australia; Online). Das *Child Care Benefit* wird allerdings nur für eine Minderheit von Kindern ausbezahlt, und das nur für eine kurze Periode im Leben des Kindes. Wenn das Kind im schulpflichtigen Alter ist, wird das CCB in der Regel nur mehr selten zuerkannt und bleibt auch finanziell eher unbedeutend (vgl. McDonald 2001: 15f.).

In Summe fördern die familienpolitischen Geldleistungen das traditionelle Modell einer Familie mit männlichem Alleinverdiener:

> *„… Benefit Part B is provided irrespective of the level of the income of the employed parent but it disappears very rapidly when the non-earning partner begins to earn. … it seems inconceivable that the single-income tax rebate should have emerged as the most lucrative government child benefit available to middle or high-income couples. The rebate is inefficient because it is an incentive for women not to work."*
>
> (McDonald 2001: 15)

Bei der Kinderbetreuung ist Australien nach wie vor ein Schlusslicht. Zwar wurden die Betreuungseinrichtungen, die bis Ende der 30er Jahre in der Hand von privaten Organisationen waren, stetig ausgebaut, doch genoss die öffentliche Kinderbetreuung nie den Stellenwert, den sie etwa in den nordischen oder einigen korporatistischen Wohlfahrtsstaaten genießt. Brennan weist in diesem Zusammenhang auch auf die Rolle der feministischen Bewegung und den damit einhergehenden jahrzehntelangen Druck auf die jeweiligen Regierungen hin, die zum Aufbau eines öffentlichen Kinderbetreuungssystems in Australien führten. Sie überschätzt bei ihrer Analyse allerdings sowohl die Quantität als auch die Qualität des tatsächlichen Outcomes (vgl. Brennan 1998).

Tatsache ist aber, dass die Gesamtausgaben für Familienleistungen stetig angestiegen sind, zum Beispiel alleine zwischen 1993/94 und 2003/04 um 115% (vgl. Gray u. a. 2008: 12).

Abbildung 12: ausgewählte Familienleistungen in Australien 2010

Programm	Leistungsempfänger	Jahreseinkommensgrenze (für ein Kind)	Leistungshöhe
Family Tax Benefit A	Eltern mit einem oder mehreren Kindern unter 16 Jahren, Kindern in Ausbildung von 16-20 oder Studenten bis 24	Leistung wird bei Einkommen über \$45,114 um 20 Cent je Dollar gekürzt bis eine Basisrate erreicht wird; bei Einkommen ab \$94,316[25] entfällt die Leistung schrittweise (Reduktion um 30 Cent pro Dollar) völlig	\$4,905.60 (pro Jahr für jedes Kind unter 13 Jahren) \$6,161.20 (13 bis 15 Jahre) \$2,062.25 (16 bis 17 Jahre) \$2,518.50 (18 bis 24 Jahre)

Programm	Leistungsempfänger	Jahreseinkommensgrenze (für ein Kind)	Leistungshöhe
Family Tax Benefit B	Eltern mit einem oder mehreren Kindern unter 16 Jahren oder Kindern in Ausbildung bis 18 Jahre	Das Einkommen des Erstverdieners darf die Grenze von $150,000 nicht überschreiten; Zweitverdiener darf nicht über $4,745 liegen, sonst werden 20 Cent für jeden darüber liegenden Dollar gekürzt	$3,909.15 (pro Jahr für Kinder unter 5 Jahren) $2,832.40 (5 bis 18 Jahre)
Child Care Benefit	Eltern deren Kinder in eine Betreuungseinrichtung gehen	$134,411[26]	$184 pro Woche
Child Care Rebate	Eltern deren Kinderbetreuungskosten das Niveau des Child Care Benefits übersteigen	keine	Maximalbetrag ist jährlich $7,500 (bis zu diesem Betrag werden 50% der Ausgaben rückerstattet, das CCB muss zuvor abgezogen werden)
Parental Leave Scheme	Innerhalb von 10 der letzten 13 Monate vor Geburt des Kindes muss Erwerbsarbeit geleistet werden	$150,000	$570 pro Woche

Quelle: *Department of Human Services Australia*

Exkurs: Die soziale Lage der Aborigines

„The starting-point might be to recognize that the problem starts with us non-Aboriginal Australians. It begins, I think, with that of recognition. Recognition that it was we who did the dispossessing."
(Paul Keating, Premierminister 1991-1996; zitiert in Brown 2002: 195)

Die Präsenz der Ureinwohner in Australien ist nicht mehr verdrängbar. Gab es im Jahr 1976 bloß 156.000 Aborigines in ganz Australien, so hat sich deren Anzahl bis 2006 auf 517.000 Menschen vervielfacht (vgl. Macintyre 2009: 286). Die indigene Bevölkerung Australiens beträgt mittler-

[25] Für jedes zusätzliche Kind erhöht sich die Grenze um weitere $3,796

[26] $139,333 bei zwei Kindern, $157,329 bei drei Kindern und $29,721 pro weiterem Kind

weile wieder 2% der Gesamtbevölkerung. Weil der australische Staat weitaus länger als etwa Kanada an seiner Apartheidpolitik gegenüber den Ureinwohnern festgehalten hatte, sind auch die Folgen teilweise noch viel stärker spürbar als in Kanada und auch die Sozialindikatoren der Aborigines sind noch einmal eine Spur schlechter als jene, ohnehin schon schwachen, in Kanada. Die massenhaften Zwangsumsiedlungen in Reservate, die Wegnahme von Kindern zwischen Weißen und Aborigines und deren Unterbringung in brutalen, unmenschlichen Erziehungsanstalten (*stolen generations*) wirkt bis heute als kollektives Trauma nach. 60 Jahre lang wurden Aborigine-Kinder, vor allem Mischlingskinder, aus ihren Familien entfernt. 50.000 Kinder wuchsen in Heimen, bei Pflege- und Adoptivfamilien auf, die als minderwertig und primitiv wahrgenommene Aborigine-Kultur sollte aus ihnen sprichwörtlich heraus erzogen werden (vgl. Albig 2009).

Erst ab 1966 wurden die Ureinwohner gleichberechtigt in das australische Sozialsystem einbezogen. Die durchschnittliche Lebenserwartung der australischen Aborigines liegt dennoch immer noch unfassbare 17 bis 18 Jahre unter jener der nicht-indigenen Bevölkerungsmehrheit, die Arbeitslosigkeit ist mehr als dreimal so hoch. Viele Aborigines-Communities leben in Wohnvierteln ohne adäquate sanitäre Anlagen, die Zustände sind mit Drittweltländern vergleichbar. Es herrschen große Armut, Gewalt, schlechte Gesundheitsversorgung, Alkoholismus und hohe Selbstmordraten vor (vgl. Bryson u. Verity 2009: 72ff.).

> *„This is partly a reflection of the relatively disadvantaged socio-economic position of many Indigenous people, partly a reflection that many live in rural and remote locations, and partly a legacy of colonisation. Australian health policy has failed to close the gap in life expectancy between Indigenous and non-Indigenous people."* (Lewis 2010: 206)

Was war seit der Wende in der Politik gegenüber den Ureinwohnern in den 60er Jahren falsch gelaufen? 1967 beschloss eine überwältigende Mehrheit der australischen Bevölkerung in einem Referendum, dass Aborigines fortan beim Zensus erfasst und damit Teil der australischen Bevölkerung werden sollten. Außerdem wurden der Bundesregierung größere Gesetzes- und Handlungskompetenzen gegenüber den Provinzen übertragen. Es sollte wieder die Whitlam-Regierung (1972-75) sein, welche diese neuen Kompetenzen offensiv anwandte. So wurden sämtliche Reservate der unter direkter Bundesverwaltung stehenden Northern Territories in den Besitz der Aborigines übertragen und ein Teil der Einkünfte der Minen, die auf traditionellem Territorium erzielt wurden, sollten an die lokalen Gemeinden gezahlt werden. Die staatlichen Ausgaben für Aborigine-Angelegenheiten versiebenfachten sich und eine repräsentative Organisation, das *National Aboriginal Consultative Committee* (NACC), mit gewählten Vertretern der Ureinwohner, wurde zur Beratung der Regierung etabliert. Die Aborigines selbst waren mit dieser eher paternalistischen Lösung nicht ganz glücklich, wollten sie doch Kontrolle über ein eigenes Budget haben und selbst politische Entscheidungen treffen können. Dieses Begehren wurde erst um die 15 Jahre später erfüllt, als die Regierung von Bob Hawke ein neues Gremium ins Leben rief, die *Aboriginal and Torres Strait Islander Commission* (ATSIC), dessen Existenz einen wesentlichen Schritt Richtung Selbstbestimmung darstellte (vgl. Robbins u. Summers 2006: 527ff. u. 537). Zuvor hatte Premierminister Malcolm Fraser mit der Ernennung von drei liberalen Ministern für Aborigine-Angelegenheiten, nämlich Fred Chaney, Ian Viner und Peter Baume, bereits das Feld bereitet, indem er auch gegen den Widerstand seiner konservativer eingestellten Parteikollegen in den Provinzregierungen Aborigine-Organe und Assoziationen etablierte (vgl. Brown 2002: 146f.).

Einen weiteren Meilenstein legte eine Entscheidung des High Courts im Jahre 1992. Im sogenannten *mabo case* wurde die bis dahin gültige Auffassung, dass Australien vor Ankunft der Europäer ein *terra nullius* (Land, das niemand gehört) war, als falsch zurückgewiesen.[27] Die Höchstrichter erkannten damit zum ersten Mal die Existenz von Landrechten vor der Ankunft der weißen Besiedlung an und sahen es als rechtmäßig an, diese auch heute noch unter bestimmten Umständen bei den Bundesgerichten einklagen zu können (vgl. Robbins u. Summers 2006: 538). Die Definition von „bestimmten Umständen" bleibt dabei der Knackpunkt: „ ... die traditionellen Bewohner der Gegend von Darwin etwa wurden 1942 bei der Bombardierung der Stadt evakuiert; erst nach zehn Jahren durften sie wieder zurück. Dadurch, so die Argumentation des Gerichts, hätten sie ihren Anspruch auf das Land verwirkt" (Calma 2009: 162).

Die zunehmende Autonomie der Aborigines fand mit Amtsantritt der ab 1996 regierenden Liberals/Nationals-Koalition von John Howard ein jähes Ende. Ausgerechnet die ATSIC als gewählte und mit beträchtlichen finanziellen Mitteln ausgestattete Institution, in der gewählte Community-Vertreter über politische Programme entschieden, geriet schon bald ins Fadenkreuz. Kritisiert wurde unter anderem die Tatsache, dass man Abori-

[27] Im sogenannten *mabo case* brachte eine Gruppe von Torres Strait Islandern eine Landrechtsklage ein. Es ging dabei um ein Gebiet, das von Generationen bewohnt wurde und zu dem die ansässige Bevölkerung eine Beziehung aufgebaut hatte, die noch auf die Zeit vor der Besiedlung zurückgeführt werden konnte.

gines-Communities mit Wohlfahrtschecks unterstützte, während von den Bewohnern keinerlei Gegenleistung erbracht werden musste und sehr viele Ureinwohner keine sonstigen Einkommensquellen aufwiesen. Die Regierung erklärte die Etablierung der ATSIC für eine historische Fehlentscheidung und schaffte sie kurzer Hand ab. Stattdessen mussten Aborigine-Gemeinden, die um staatliche Unterstützung ansuchten, ab sofort bestimmte Verpflichtungen eingehen bzw. Verhaltensänderungen, zum Beispiel auf dem Gebiet der Hygiene oder der Kindererziehung, nachweisen können (vgl. Robbins u. Summers 2006: 535ff.).

Regierungsvertreter wiesen auf die kooperativen Aspekte der neuen Politik hin: „ … there is an incentive to bring citizens back in, and restore legitimacy, by giving access to decisions that affect their lives at the local level" (Walter u. Strangio 2007: 81). Aborigine-Vertreter wie Tom Calma, der australische Beauftragte für soziale Gleichstellung der Ureinwohner und Rassendiskriminierung, sehen die Angelegenheit dagegen nicht ganz so positiv:

> *„Wohlfahrtsempfänger dürfen 50 Prozent ihres Geldes nur in bestimmten Läden ausgeben – das kommt einer Ausgabe von Lebensmittelkarten gleich. Man sagt, man will damit die Vernachlässigung von Kindern stoppen, deren Angehörige die Sozialhilfe sonst etwa für Alkohol ausgeben könnten. Aber diese Maßnahme trifft sämtliche Ureinwohner, selbst Rentner."* (Calma 2009: 161)

Auch die Landfrage wurde unter der Howard-Regierung wieder konservativer ausgelegt. Niemand solle spezielle Rechte in Australien genießen, und Landtitel sollten nicht auf Kosten der weißen Farmer durchgesetzt werden (vgl. Macintyre 2009: 287ff.). Erst nach der Machtübernahme der Labor Party gab es wieder einen Kurswechsel in der Politik gegenüber den Ureinwohnern. 2007 wurde zum ersten Mal in der australischen Geschichte einem ehemaligen Mitglied der *stolen generations* eine Entschädigung zuerkannt, umgerechnet 330.000 Euro (vgl. Albig 2009: 148). Das 2008 neu geschaffene *National Indigenous Health Equality Council* soll vor allem die gesundheitspolitischen Zielsetzungen überwachen und effiziente Lösungen ausarbeiten (vgl. Lewis 2010: 207). Und während Premierminister Howard mit dem Hinweis, dass alle Taten früherer Generationen im Einklang mit den damaligen Gesetzen standen, nie klare Worte Richtung Ureinwohner vorgebracht hatte, verlas Labor-Premierminister Kevin Rudd 2008 bereits kurz nach seiner Amtsübernahme im Parlament eine Entschuldigungserklärung für in der Vergangenheit erlittenes Unrecht (vgl. Albig 2009: 148).

7. Unterschiede im sozialpolitischen Output und den Outcomes

Die Unterschiede zwischen der Sozialpolitik Australiens und Kanadas erschließen sich nicht auf dem ersten Blick und sind nicht in allen Bereichen der sozialen Wohlfahrt gleich stark ausgeprägt. Nachdem wir es mit zwei Staaten aus dem liberalen Wohlfahrtsstaaten-Cluster zu tun haben, liegen viele Unterschiede im Detail. Das sollte ihre Signifikanz aber nicht schmälern.

Wenn wir etwa einen Blick auf die Entwicklung der Sozialausgaben innerhalb der letzten 30 Jahre werfen, so sind die Unterschiede zwischen Kanada und Australien tatsächlich vernachlässigbar. Während sich die korporatistischen Staaten Österreich und Deutschland sowie die nordischen Staaten Schweden und Dänemark 2007 bei den Sozialausgaben in Prozent des BIP zwischen 25% und 27% bewegten, befanden sich auch die liberalen Wohlfahrtsstaaten USA, Australien und Kanada mit 16,2%, 16% und 16,9%, von einem kleinen Vorsprung Kanadas abgesehen, beinahe gleich auf.

Abbildung 13: Sozialausgaben in % des BIP 1980 bis 2007

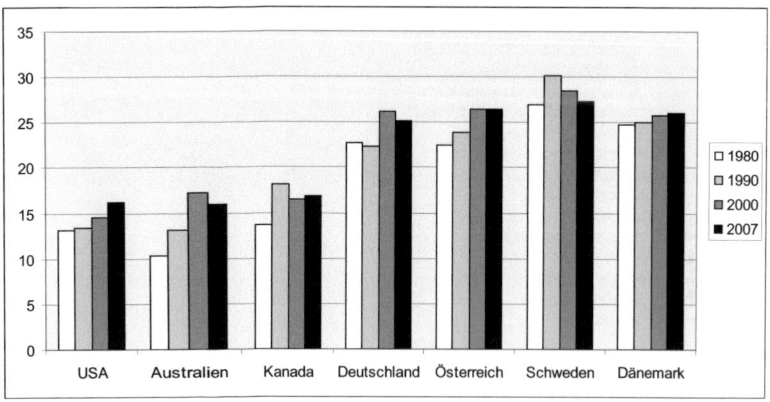

Quelle: *OECD*

Der Indikator Sozialausgaben ist also recht aussagekräftig, um den Unterschied zwischen typisch europäischen und außereuropäischen Wohlfahrtsstaaten aufzuzeigen, sagt jedoch offenbar nichts über die Qualität der Sozialpolitik innerhalb des liberalen Clusters aus. 2007 waren zum Beispiel 16% der Bevölkerung bzw. 45 Millionen Menschen in den USA nicht versichert, obwohl die USA weitaus mehr für ihr Gesundheitssystem ausgaben als alle anderen Industriestaaten. Das kanadische System ist dagegen universal, billiger und effizienter. Ein weiteres Beispiel ist die Kinderarmut, die, obwohl sowohl in Kanada als auch in Australien recht hoch, in den USA einen unrühmlichen Spitzenwert erreicht (siehe Abbildung unten).

Abbildung 14: Kinderarmut am Ende des ersten Jahrzehntes nach der Jahrtausendwende

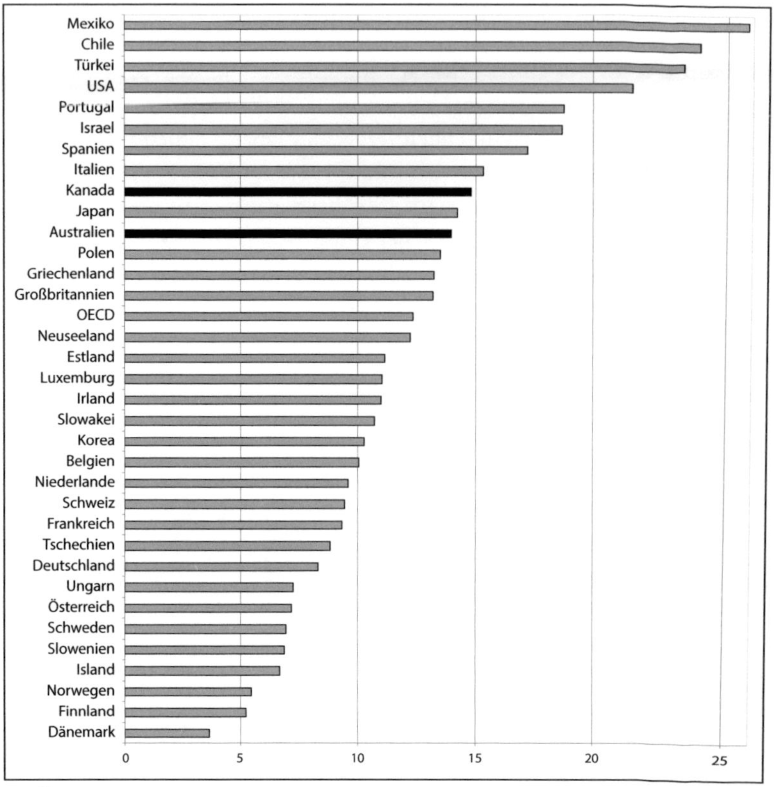

Quelle: OECD

Bei der Sozialhilfe dominieren in beiden Ländern die gleichen liberalen Muster: Es gibt bedarfsgeprüfte stigmatisierende Leistungen auf niedrigem Niveau mit sehr strengen Anspruchsvoraussetzungen. Hier haben sich in beiden Staaten ähnliche Policy-Muster herausgebildet. Auch bei den Familienleistungen gibt es große Übereinstimmungen. Sie sind zwar breiter gestreut und erfassen einen großen Teil der Bevölkerung. Die Mittelschicht bekommt allerdings geringere Leistungen als Niedrigverdiener. Die Familienpolitik war in beiden Ländern nicht in der Lage Kinderarmut zu reduzieren. Sowohl Kanada als auch Australien erreichen hier hohe Werte (siehe Abbildung oben). Eine Studie der OECD aus dem Jahr 2007, in der die Situation der Kinderbetreuung in 14 ausgewählten OECD-Staaten analysiert wurde, positionierte Australien und Kanada, dicht aufeinander folgend, außerdem auf dem 13. bzw. 14. Platz, also am hintersten Ende (vgl. OECD 2006).

Schließlich sind auch die sozialpolitischen Outputs hinsichtlich ihrer Wirksamkeit bei den Ureinwohnern in beiden Ländern als gleichsam wenig effektiv zu beurteilen, auch wenn Australien hier noch mal schlechter da steht als Kanada. Die Lebenserwartung der indigenen Bevölkerung liegt jedenfalls in beiden Ländern weit unter dem Durchschnitt. Erst sehr spät wurden Ureinwohner in die Sozialgesetzgebung integriert und ihre traditionellen Landrechte anerkannt. Armut, Sozialhilfe-Abhängigkeit, Alkohol- und Drogenmissbrauch und hohe Selbstmordraten kennzeichnen noch immer sehr viele Aborigine-Gemeinden in Kanada und Australien.

Wirft man einen Blick auf die beiden Gesamtsysteme, so fällt auf, dass Australien, obwohl von Esping-Andersen in den gleichen Cluster wie Kanada eingeordnet, bei der für die Sozialpolitik aussagekräftigen Höhe der Dekommodifizierung noch hinter den USA das Schlusslicht der Industrieländer darstellt, während Kanada einen um 70% höheren Dekommodifizierungsindex als Australien aufweist. Während föderalistische Länder in der Regel ein niedrigeres Niveau an wohlfahrtsstaatlicher Dekommodifizierung aufweisen, stellen die Schweiz und Kanada hier Grenzfälle dar (vgl. Siegel 2007: 266ff.). Es muss also offenbar neben den oben angeführten klassisch liberalen Policy-Mustern noch andere Bereiche der Sozialpolitik geben, in denen Kanada entgegen den Erwartungen an ein Land im liberalen Wohlfahrtsstaatencluster eine signifikant höhere Sozialstaatlichkeit aufweist als andere liberale Länder bzw. speziell Australien.

Wie schon zu erwarten, findet man die wesentlichsten Unterschiede im sozialpolitischen Output und Outcome der beiden untersuchten Länder in der Gesundheitspolitik, wenn auch nicht auf den ersten Blick. Während zwar beim Anteil der Privatausgaben im Gesundheitssystem oder der Lebenserwartung beide Länder auch hier auf annähernd gleich hohem Niveau liegen (beide z. B. über Österreich) bzw. der Deckungsgrad der Krankenversicherung 100% beträgt (auch das ein Wert den Österreich mit knapp unter 99% nicht erreicht, die USA liegen mit mehr als 30 Millionen Unversicherten sogar weit darunter), gibt es in sehr vielen anderen Kategorien zum Teil riesige Unterschiede.

Das Fritz Beske-Institut für Gesundheits-System-Forschung (vgl. Beske, Drabinski u. Golbach 2005 u. 2005b) hat in einer Untersuchung die Effizienz der Gesundheitssysteme der Industriestaaten an Hand 25 verschiedener Kriterien analysiert. Ich habe aus dieser Studie acht für die sozialpolitischen Outputs und Outcomes besonders wichtige Kriterien heraus genommen und für acht Länder bewertet. Wenn ein Kriterium genau zutraf, habe ich zwei Punkte vergeben, wenn es nicht zutraf keinen Punkt und einen Punkt, wenn das Kriterium nur zum Teil zutraf. Bei der freien Hausarztwahl, Zuzahlungen beim Arzt, Zuzahlungen im Krankenhaus und bei der Wartezeit für stationäre Krankenhausbehandlung gibt es nur ein Ja oder Nein, die Lohnfortzahlung im Krankheitsfall und das Mutterschaftsgeld werden mit den Kategorien gering, begrenzt und hoch eingeteilt. Bei der Leistungsdauer des Mutterschaftsgeldes wird zwischen kurz, mittel und lang unterschieden, während bei der Zurverfügungstellung von Hilfsmitteln wie Rollstühlen oder ähnlichem (unabhängig vom Selbstbehalt) wieder durch Ja oder Nein eingeteilt wird.

Kanada hat nach dieser Tabelle die meisten Effizienzpunkte und ist somit „Testsieger". Natürlich geben die acht verwendeten Kategorien nur einen kleinen Ausschnitt der gesundheitspolitischen Outcomes der entsprechenden Länder wieder, doch ist die Tendenz klar ersichtlich: Australien ist nach den USA bei der Leistungseffizienz Letzter und hinkt weit hinter den Werten Kanadas und anderer Staaten her.

Abbildung 15: Gesundheitspolitische Outputs und Outcomes im Internationalen Vergleich

	USA	Australien	Kanada	Österreich	Deutschland	Niederlande	Schweden	Dänemark
Freie Hausarztwahl	Nein	Ja	Ja	Ja	Ja	Nein	Ja	Nein
Zuzahlungen beim Arzt	Ja	Nein	Nein	Ja	Ja	Nein	Ja	Nein
Zuzahlungen im Krankenhaus	Ja	Nein	Nein	Ja	Ja	Nein	Ja	Nein
Wartezeit im Krankenhaus für stationäre Behandlung	Ja	Ja	Nein	Nein	Nein	Ja	Ja	Ja
Lohnfortzahlung im Krankheitsfall	gering	gering	begrenzt	begrenzt	hoch	hoch	hoch	begrenzt
Mutterschaftsgeld	gering	gering	begrenzt	hoch	hoch	hoch	hoch	hoch

	USA	Australien	Kanada	Österreich	Deutschland	Niederlande	Schweden	Dänemark
Leistungsdauer des Mutterschaftsgeldes	**kurz**	kurz	mittel	mittel	mittel	mittel	lang	lang
Hilfsmittel[28] (Rollstühle, Orthopädie, Prothesen etc.)	**Nein**	Nein	Ja	Ja	Ja	Ja	Ja	Ja
Effizienzpunkte	0	6	13	10	11	11	10	11
Anteil der Gesundheitsausgaben in % des BIP (2007)	16	8,7	10,1	10,1	10,4	9,8	9,1	9,8
von Privathaushalten getragene Ausgaben in % der Gesamtausgaben (2007)	54,4	32,2	29,7	23,8	23,1	17,3	18,7	15,3
Lebenserwartung (2007)	78,1	81,4	80,7	80,1	80	80,2	81	78,4

Quelle: *Fritz Beske-Institut für Gesundheits-System-Forschung (2005), OECD (2009), eigene Recherchen*

Deutlichere Unterschiede zwischen den beiden Staaten sind auch bei den jeweiligen Leistungen im Falle von Arbeitslosigkeit konstatierbar. Zwar weist Kanada traditionell höhere Arbeitslosenraten auf als Australien, vor allem in den strukturschwächeren maritimen Provinzen im Osten, dennoch, oder gerade deshalb, können Arbeitslose mit einem höheren Leistungsniveau als in Australien rechnen. Während es in Australien nämlich überhaupt keine Arbeitslosenversicherung im eigentlichen Sinn gibt, sondern gleich die Sozialhilfe greift, weisen die Nettoersatzraten der Unterstützungsleistungen bei Arbeitslosigkeit in Kanada ein deutlich höheres Niveau auf, und das sowohl bei den Niedrigverdienern (64% versus 43% in Australien) als auch bei den Durchschnittsverdienern, bei welchen der Unterschied zwischen 63% (Kanada) und 31% (Australien) sogar noch deutlicher ausfällt. Sowohl bei jenen Menschen, die nur 67% des Durchschnittseinkommens verdienen, als auch bei den Durchschnittsverdienern, liegt der Wert Kanadas übrigens auch deutlich über dem österreichischen Wert.

[28] mit oder ohne Selbstbehalt

Abbildung 16: Nettoersatzrate bei Arbeitslosigkeit für alleinstehende Niedrigverdiener 2009

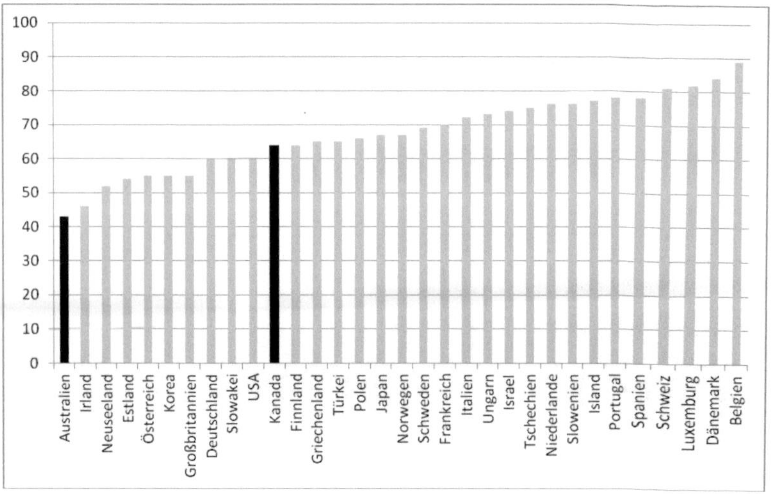

Quelle: *OECD; definiert nach 67% des Durchschnittseinkommens*

Ähnliche Muster sind im Falle der Alterssicherung erkennbar. Das öffentliche Pensionssystem Kanadas erreicht schon allein durch das Vorhandensein einer zusätzlichen beitragsfinanzierten Erwerbssäule in Form des *Canada/Québec Pension Plans* vor allem bei den niedrigeren Einkommen ein höheres Niveau als sein australisches Pendant. Auch wenn vielfach die im Vergleich zu europäischen Staaten niedrigen Nettoersatzraten des kanadischen Alterssicherungsmodells für die Mittelschicht kritisiert worden sind, so ermöglichen diese vielen Niedrigverdienern und Durchschnittsverdienern ein Alterseinkommen über der Armutsgrenze. Ein ganz entscheidender Unterschied ergibt sich folglich bei den Erfolgen bei der Verhinderung von Altersarmut. Während Australien bei diesem Indikator gemeinsam mit Korea das Schlusslicht bildet, rangiert Kanada im Spitzenfeld (siehe Abbildung 17).

Abbildung 17: Altersarmut in % der Personen >65

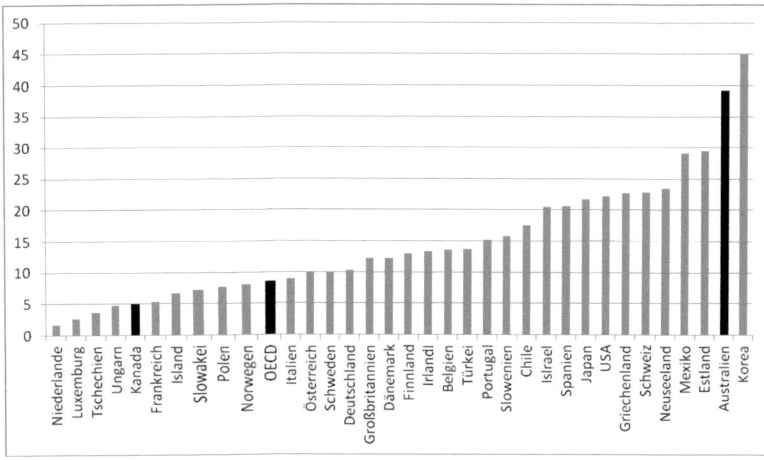

Quelle: *OECD; definiert als <50% des Medianeinkommens; zusammengefasst für Ende des ersten Jahrzehnts 2000*

Abbildung 18 stellt, nochmals zusammengefasst, einige Indikatoren aus den Bereichen Arbeitslosigkeit und Alterssicherung in ausgewählten Ländern gegenüber. Das höhere Niveau der kanadischen Outputs und Outcomes gegenüber jenen Australiens ist dabei bei vier von fünf Indikatoren sichtbar. Nur bei der Nettoersatzrate für Pensionisten mit Durchschnittseinkommen liegt Australien nach den OECD-Daten vorne. Das ist auf den ersten Blick unerwartet und irreführend, kann aber dadurch erklärt werden, dass die OECD-Datensätze für Australien auch die, weil verpflichtend vorgeschriebene, rein private *Superannuation* inkludieren, während bei Kanada private Pensionsbestandteile nicht mit eingerechnet worden sind. Dies relativiert die Aussagekraft der Zahlen bei deren Gegenüberstellung. Mit 3,3% des BIP gibt Australien schließlich auch deutlich weniger für öffentliche Alterssicherung aus als Kanada mit 4,2% des BIP (vgl. OECD 2009 u. 2009b; Online).

Abbildung 18: Indikatoren aus den Bereichen Arbeitslosigkeit u. Alterssicherung im Vergleich

	USA	Australien	Kanada	Österreich	Deutschland	Niederlande	Schweden	Dänemark
Arbeitslosigkeit								
Nettoersatzrate Alleinstehender Nettoverdiener (67% des Durchschnittseinkommens)	60	43	64	55	60	76	69	84
Nettoersatzrate Alleinstehender Nettoverdiener (Durchschnittseinkommens)	51	31	63	55	60	74	48	60
Alterssicherung								
Nettoersatzrate für Einkommen von 50% d. Durchschnitts	63,8	82,5 (Frauen: 79,7)	88,7	91,3	55,6	104,5	71,1	131,9
Nettoersatzrate für Durchschnittseinkommen	50	58,9 (Frauen: 56,9)	57,3	89,9	57,9	99,8	57,7	89,8
Altersarmut (Anteil der Menschen >65 mit weniger als 50% des Medianeinkommens)	22,4	26,9	5,6	7,5	8,4	2,1	6,2	10

Quelle: *OECD, alle Zahlen 2009, außer Altersarmut (= 2008)*

8. Experimentelle Variablen

Wie können nun die Unterschiede in den Outcomes und Outputs der Alterssicherungs-, Gesundheits- und Arbeitslosenpolitik erklärt werden? Betrachtet man die unterschiedliche Rolle der Oberhäuser in den beiden Ländern, könnte man auf den ersten Blick den Senat als experimentelle Variable vermuten. In den 50er, 60er und 70er Jahren war der Senat in Australien in rein konservativer Hand. Danach haben die Wahlen zum Oberhaus in Australien innerhalb der letzten 30 Jahre nur zweimal eine Mehrheit für die Regierung hervorgebracht, nämlich 2004 und 2010. Allein diese Tatsache, aber auch seine höhere Legitimität durch Volkswahl, macht den Senat im Gegensatz zu seinem kanadischen Konterpart zu einem mächtigen Veto-Player. Warum ist die Rolle des Senates dann dennoch eher irrelevant für die dargestellten sozialpolitischen Outputs und Outcomes?

Diese Arbeit geht der Frage nach, wieso Kanada ein höheres Niveau an Sozialleistungen hervor gebracht hat als Australien. Der Senat müsste, der Logik des Vetospieler-Ansatzes folgend, das Unterhaus in Australien beim Ausbau des Sozialstaates also behindert haben. Genau das ist aber überwiegend nicht der Fall: „In withstanding pressures for the retrenchment of welfare expenditure, it is the Senate that has played the key role, becoming the foremost veto point against attempts to pare back existing welfare entitlements" (Castles und Uhr 2005: 85). Der australische Senat, und hier vor allem die Kleinparteien Democrats und Grüne, fungierte zwar tatsächlich als Vetospieler, allerdings die meiste Zeit als Ausgleich zu mehrheitlich konservativen Regierungen. So verhinderte er des öfteren Maßnahmen zum Sozialabbau, und das durchaus auch wenn Labor-Regierungen an der Macht waren:

> *„… the Australian Democrats were successful in getting the budget redrafted to increase levels of tax rebates to low income earners, to retain government health cover for eye tests, and to drop retrospective provisions for some new taxes; and the Greens were successful in obtaining compensation packages for low income earners adversely affected by new taxes. The effect in all cases was to increase public expenditure over the government's preferred levels. …*
>
> *In 2002 the non-government parties in the Senate voted down a proposal to increase user charges for pharmaceutical benefits and also caused the government to withdraw another budget bill designed to tighten eligibility criteria for disability pensions."* (Castles u. Uhr 2005: 86)

Hätte es also das australische Oberhaus als Vetoplayer nicht gegeben, wäre der Sozialstaat in Australien noch ein wenig schwächer ausgeprägt als er ist, und nicht umgekehrt! Wir müssen also für die Erklärung des höheren sozialpolitischen Leistungsniveaus Kanadas aussagekräftigere experimentelle Variablen definieren.

8.1 Föderalismus und der Sonderstatus Québecs

„... in Canada, for example, the provinces as provinces matter within their borders, but provincial voters are unable to use an effective Senate to counteract the weight of Ontario and Québec in the House of Commons. ... in more heterogeneous societies the emphasis has been on regional autonomy, often asymmetrically in favour of the more "distinct" regions, rather than checking and balancing the national government per se."

(Siaroff 2009: 168)

Im Gegensatz zu Australien ist das kanadische Oberhaus kein effektiver Vetospieler, weswegen die bevölkerungsärmeren Provinzen im politischen Prozess in Ottawa unterrepräsentiert sind, da sie ja nur wenige Sitze im Unterhaus besitzen. Dagegen weisen die bevölkerungsstarken „Riesen" Ontario und Québec das größte Gewicht auf. Auf Grund seines speziellen Status als *distinct society* ist Québec sogar weitaus stärker repräsentiert als Ontario, obwohl letzteres um mehr als ein Drittel mehr Einwohner hat. Drei der neun Höchstrichter stammen aus der französischsprachigen Provinz. Von den sieben Premierministern die seit 1948 länger als ein Jahr an der Macht waren stammten gleich vier aus Québec, einer davon, Pierre Trudeau regierte sogar fünfzehneinhalb Jahre lang. Anders ausgedrückt: Kanada wurde während der letzten sechs Jahrzehnte über 40 Jahre lang von frankokanadischen Premierministern regiert!

Es ist nichts Ungewöhnliches, wenn Bundesregierungen nationale Sozialpolitik dazu benutzen, regionale Differenzen und Spannungen zu minimieren und separatistische Tendenzen einzudämmen. Vor allem ärmere Provinzen/Einzelstaaten sind auf die Zuwendungen der Regierung angewiesen. Die Sonderrolle Québecs, das sich auch sprachlich, politisch[29] und kulturell von allen anderen Provinzen Kanadas unterscheidet,

[29] Québec hat ein Parteiensystem welches sich wesentlich von den Parteiensystemen anderer Provinzen unterscheidet und stellt mit dem Bloc Québecoise die einzige Parlamentspartei die ausschließlich in einer einzigen Provinz antritt und die Interessen dieser Provinz über die Interessen Gesamtkanadas stellt.

findet kein Äquivalent in Australien. Der Zusammenhalt der Québecer Gesellschaft wird nämlich vor allem durch die gemeinsame französische Sprache repräsentiert. Sie ist ein kollektives Gut, das geschützt und aktiv gefördert werden muss. Sprache ist in diesem Kontext kein individuelles Recht mehr (vgl. Gagnon u. Iacovino 2008: 344).

> *„Quebec is not a mere administrative unit, subordinate to the central government. It is a political nation within a multinational state, a founding member state with its own legitimate representative institutions, legal traditions, and claims on framing citizenship status."*
>
> (Gagnon u. Iacovino 2008: 336)

Québec verstand es in der Vergangenheit immer wieder, mit der separatistischen Option Druck auf den Bund auszuüben, um diesen sozialpolitisch (sowie auch in anderen Politikfeldern) weiter Richtung der autonomiegeprägten Vorstellungen Québecs zu drängen bzw. ungeliebte Bundesvorstöße zurückzuweisen. „In order to contain centrifugal forces, Quebec enjoys a special status, which enables it to opt in and out of certain policies" (Obinger u. a. 2008: 14).

Diese Taktik brachte zwar auch großen Nutzen für die sozialpolitischen Kompetenzen der anderen kanadischen Provinzen mit sich, konnte aber von keiner von diesen selbständig erreicht werden. Aber auch dann, wenn der Bund sich das Zepter bei so mancher Entscheidung von Québec nicht aus der Hand nehmen ließ, waren doch auch die bundespolitischen Programme und Initiativen zum Teil eine Folge des Druckes aus Québec. Gerade die für einen liberalen Wohlfahrtsstaat relativ hohen Outputs in der Gesundheitspolitik und Alterssicherung, aber ebenso, wenn auch in geringerem Ausmaß, die Einführung einer bundesweiten Familienbeihilfe oder die Verhinderung noch radikalerer Kürzungen in der Arbeitslosenversicherung können auf diesen Prozess zurückgeführt werden, auch wenn er, wie weiter unten darzustellen sein wird, nicht den einzigen Faktor darstellt.

Auch wenn die nationalen Sozialprogramme in Schaffung einer kanadischen Identität in den englischsprachigen Provinzen stärker reüssieren als in Québec, so ist ihre Rolle auch bei den Frankokanadiern nicht zu unterschätzen. Während der Regierungskampagne vor dem Referendum von 1980 betonten Vertreter der Regierung unablässig die großen gemeinsamen Errungenschaften in Form der kanadischen Sozialpolitik, die Québec im Falle einer Unabhängigkeit nicht alleine finanzieren und aufrecht erhalten könnte.

Im Gegensatz dazu sahen die Nationalisten in Québec die Sozialpolitik ihrer Provinz als Methode zur Betonung der sprachlichen und kulturellen Verschiedenartigkeit gegenüber dem Rest Kanadas (vgl. Banting 2005: 132ff.).

Die jahrzehntelangen Spannungen zwischen Québec und der kanadischen Bundesregierung sind geradezu ein Paradebeispiel für Tsebelis` Analyse von Föderalismus als Balanceakt verschiedener Teilglieder eines Gesamtstaatsverbandes (vgl. Tsebelis 2002: 136f.).

Québec war nur unter der Voraussetzung bereit, im kanadischen Gesamtstaat zu verbleiben, wenn der Provinz ein hohes Maß ein Autonomie zugestanden wurde, die durch weiteres Entgegenkommen wie überproportionalem Einfluss in entscheidenden Institutionen oder Anpassungen in verschiedenen Policy-Feldern wie der Sozialpolitik ergänzt werden musste. Was den Politikwechsel und das Entgegenkommen Richtung Québec erleichterte, liegt im kanadischen politischen System selbst begründet. Im Gegensatz zu den USA, wo sich Präsident, Repräsentantenhaus und Senat in vielen Fällen bei bundespolitisch relevanten Entscheidungen gegenseitig blockieren, konnten die kanadischen Regierungen bzw. ihre mit großer Machtfülle ausgestatteten Premierminister Québec sehr weit entgegen kommen. Der Senat spielte in Kanada keine Rolle, Regierungschef und Parlamentsmehrheit gehörten der selben Partei an.

In Australien, dessen politisches System, wie weiter oben ausführlich geschildert, dem kanadischen prinzipiell sehr ähnlich ist, bedrängte keiner der Einzelstaaten die Regierung in Richtung mehr soziale Sicherheit unter Einbeziehung lokaler Präferenzen. Im Gegenteil: der mächtige langdienende Premier von Queensland, Joh Bjelke-Petersen, der sich mit der Hilfe eines perfiden *gerrymandering*-Sytems 20 Jahre lang an der Macht halten konnte, obwohl bei jeder Wahl mindestens 60% der Wahlberechtigten gegen ihn stimmten, leistete erbitterten Widerstand gegen die Labor-Regierungen in Canberra und ihre sozialen Reformen. Der Premier war ein Anhänger der Neuen Rechten, die ihren Einfluss auf Kosten der traditionellen pragmatischen Konservativen, auch in Australien immer weiter ausdehnen konnten. Soziale Wohlfahrt wurde an sich als ein Übel für die australische Gesellschaft angesehen, das Sozialleistungsbezieher passiv und abhängig machen würde und eine überbordende staatliche Bürokratie zur Folge hätte (vgl. Macintyre 2009: 239f. u. 250). Es war niemand geringerer als Bjelke-Petersen, der die Reformregierung von Whitlam durch die Ernennung eines Senators seiner Gnaden vorzeitig zu Fall brachte und der Weiterentwicklung der australischen Sozialpolitik einen schweren Dämpfer verpasste (vgl. z.B. Wear 2002). Simpel formuliert: In Australien gab und gibt es kein Québec und diese Tatsache war der Entwicklung der Sozialpolitik nicht dienlich.

Ich werde nachfolgend die Rolle Québecs bei den beiden Sozialprogrammen, welche die größten Unterschiede in Output und Outcomes zwischen Kanada und Australien aufweisen, nämlich der Gesundheitspolitik und der Alterssicherung, näher beleuchten.

Gesundheitssystem

> *„From the start, Quebec governments demonstrated a more aggressive stance towards professional stakeholders than did the government in the other provinces. Many reforms that were diffused to the other provinces, such as the ban on extra-billing, salary caps on physicians, wide mandates for regional boards, and a pharmacare program, were first implemented in Quebec."* (Maioni 2008: 166)

Québec strebte noch Ende der 60er Jahre ein völlig unabhängiges Gesundheitsprogramm an, ohne jegliche bundesstaatliche Finanzierung und, vor allem, ohne Mitspracherecht der Bundesregierung, schließlich war ja die Zuständigkeit der Provinzen für das Gesundheitswesen verfassungsrechtlich klar abgesichert. Die von den Liberals geführte Bundesregierung erzeugte daraufhin gehörigen Gegendruck, indem sie, zweckgebunden für die Finanzierung der neuen Gesundheitsprogramme, die Einkommensteuer um 2% erhöhte.

Wäre Québec bei seinem Standpunkt geblieben, hätten dessen Einwohner mit ihrer Steuerleistung die Gesundheitsprogramme aller anderen Provinzen mitfinanzieren müssen. Bereits 1970 stieg Québec, zähneknirschend, und, wie acht Jahre zuvor Saskatchewan, gegen den Widerstand der streikenden Fachärzte, in die Kofinanzierung ein (vgl. Boychuk 2008: 130).

Die erfolgreiche Strategie der Bundesregierung wurde auch bei nachfolgenden Reformen beibehalten. Boychuk analysiert hier zum Beispiel das zeitliche Zusammenspiel der beiden Unabhängigkeits-Referenden in Québec mit den bundespolitischen Initiativen im Gesundheitsbereich, die Ottawa beim äußerst knappen Ausgang des Zweiten Referendums sogar mit ziemlicher Sicherheit die entscheidenden Stimmen zur Ablehnung brachten:

„In the wake of the 1980 Québec referendum, the federal government reasserted its role in hospital and physician care insurance through the Canada Health Act of 1984 (CHA). … In the wake of the Québec 1995 referendum, the federal government began another attempt to reinvigorate its role in health care … - positioning itself as the guarantor of social rights in Canada, the defender of the CHA, and proposing initiatives to consolidate and extend the scope of the public health insurance model. These initiatives included proposals to extend coverage for prescription drugs and home care and, later, to provide national wait-time guarantees for services provided under the public system."

(Boychuk 2008: 10f.)

Die Regierung von Québec ging aber bereits lange vor dem Referendum von 1980 über die bundespolitischen Vorgaben hinaus und verbot Selbstbehalte bei Arztbesuchen. Schon wieder war die Bundesregierung in Zugzwang geraten, musste sie doch erklären, wieso ausgerechnet das separatistische Québec bessere, sprich kostenfreie, Leistungen anbot als die meisten englischsprachigen Provinzen. Die Regierung Trudeau gelobte Besserung und ließ in den folgenden Jahren eine entsprechende Regelung in den *Canada Health Act* einarbeiten. In Folge sollte durch das föderalistische Kofinanzierungsmodell demonstriert werden, dass die Zusammenarbeit der Bundesregierung mit den Provinzen erfolgreich funktioniert und so der Unterstützung der Souveränität Québecs der Wind aus den Segeln genommen werden (vgl. Boychuk 2008: 137f. u. 148f). Diese Strategie funktionierte, und es profitierten letztendlich die Einwohner aller Provinzen davon.

Québec hatte inzwischen aber bereits einen anderen Bereich der Gesundheitspolitik gefunden wo es im Vergleich zu den anderen Provinzen ausscheren konnte, und zwar bei den privaten Gesundheitsdienstleistungen. In Québec operieren die meisten privaten Anbieter von Diagnosecentern, ergänzt durch zahlreiche Privatkliniken. In Québec gibt es eine deutlich größere Zustimmung zu einem teilprivatisierten Gesundheitssystem als im Rest Kanadas. Allerdings hatte Québec wie auch fünf andere Provinzen explizit private Versicherungen verboten, einer der signifikantesten öffentlichen Eingriffe in den Gesundheitsmarkt. Der Oberste Gerichtshof Kanadas hob dieses Verbot im Falle Québecs jedoch auf, weil es der strengen *Quebec Charter of Human Rights and* Freedoms widersprach, nicht jedoch der für alle anderen Provinzen geltenden *Canadian Charter of Rights* (vgl. Boychuk 2008: 151 u. 159).

Québec nimmt auch bei den Medikamentenzusatzversicherungen eine Vorreiterrolle ein, diese sind nämlich bis heute nur in der frankokanadischen Provinz universal, und nicht, wie in anderen Provinzen, auf Pensionisten und Sozialhilfeempfänger beschränkt (vgl. Boychuk 2008: 166). Insgesamt ist das Gesundheitssystem in Québec sogar billiger als jene in anderen Provinzen. Das liegt zum einen an der hohen Anzahl der sogenannten *community clinics*, zum anderen am strengeren Gehaltsschema, das für ärztliche Leistungen weniger bezahlt als anderswo bzw. Gehaltsobergrenzen für Ärzte vorgibt. Québec war auch die erste Provinz, die das Verhältnis von praktischen Ärzten zu Fachärzten regulierte, sowie regionale Ärztequoten einführte (vgl. Maioni 2008: 173).

Pensionen

„If you touch old-age security, it may be the straw that breaks the camel`s back, and we`ll lose all that elderly vote in Québec."
(Jean Chrétien, Premierminister 1993-2003; zitiert in Martin 2003:102)

Sieht man sich die Entwicklung des kanadischen Pensionssystems an, entdeckt man von Anfang an ähnliche Interaktionen zwischen Bundesregierung und der Provinz Québec wie beim Gesundheitssystem. So sah sich die Regierung von Lester Pearson bei der Präsentation des umlagefinanzierten *Canada Pension Plans* umgehend mit einem Nein von Québecs Premier Jean Lesage konfrontiert. Die Regierung von Québec wollte ein eigenes Pensionssystem, mit weiterreichendem Erfassungsgrad. So sollten etwa auch Selbständige inkludiert, und höhere Leistungen als im Entwurf Ottawas vorgesehen werden. Außerdem sollten die angesparten Pensionsbeiträge in die Entwicklung der sozialen Infrastruktur der Provinz wie Schulen oder Straßen fließen (vgl. Little 2008: 25ff.). Québec wollte also ein eigenes System und Ottawa musste der Provinz irgendwie entgegenkommen, um die nötige Verfassungsmehrheit für die Änderung des Pensionssystems im Bundesparlament zu erreichen. Es gab nichtsdestoweniger zumindest eine wesentliche Gemeinsamkeit: beide, zum Zeitpunkt der Auseinandersetzung, liberal geführten Regierungen wollten ein öffentliches System. Während aber Ottawa bloß einen Beitragssatz von 2% anstrebte, forderte Québec den doppelten Satz, nämlich 4%. Supplementär sollte eine recht hohe Freibetragsgrenze von $1,000 auch einen Umverteilungseffekt lancieren und regelmäßig eine Inflationsanpassung erfolgen (vgl. Little 2008: 28ff.). Während Ontario die Vorschläge Ottawas im Gegensatz zu Québec als zu weitgehend ablehnte, entschied sich Ottawa wieder einmal, die Angst vor dem rasch zunehmenden frankokanadischen Separatismus im Nacken, eher Québec als dem größeren Ontario entgegen zu kommen.

> *„Ottawa accepted Quebec`s proposal to exempt the first $600 of annual income from contributions, a part-way move to the $1,000 exemption in the province's original outline of its own plan. The ceiling on annual contributory income – the income on which contributions would be levied – would be $5,000, higher than Ottawa's $4,500, but lower than Quebec`s $6,000. Retirement pensions would amount to Quebec`s 25 per cent of earnings rather than Ottawa's 20 per cent. Pensions would be adjusted for inflation up to 2 per cent a year, a form of protection that had been missing from the federal plan. Quebec would support the constitutional amendment allowing the CPP to include disability and survivor benefits."*
>
> (Little 2008: 31)

Des weiteren erreichte Québec einen Beitragssatz von 3,6% statt der von der Bundesregierung ursprünglich vorgeschlagenen 2%. Alles in allem also ein großer Erfolg für die Regierung von Jean Lesage in Québec. Diese schuf mit ihrem Veto ein sozialeres und besseres Pensionssystem für alle Kanadier, das im April 1964 präsentiert werden konnte. Der *Québec Pension Plan* durfte von der Provinz selbst verwaltet werden und konnte so mit den Beiträgen auch die einheimische Wirtschaft fördern. Die Wähler dankten es den Liberalen in Québec dennoch nicht. Die Separatisten sollten 1966, kurz nach dem Inkrafttreten von CPP und QPP, die Wahlen gewinnen. Einen Wehrmutstropfen beinhaltete das neue System ja trotzdem: Ottawa kaufte der Provinz Ontario ihr Ja sehr teuer ab. Zukünftige Pensionsänderungen würden einer Verfassungsmehrheit von zwei Drittel der Provinzen mit zwei Drittel der Bevölkerung erfordern. Das bedeutete in Zukunft ein absolutes Veto für die bevölkerungsreichste Provinz Ontario bei Änderungen der erwerbsabhängigen Pensionssäule.

Zehn Jahre später waren die Pensionsversicherungen fest etabliert und es konnten zum ersten Mal Pensionen in voller Höhe an jene Kanadier ausbezahlt werden, die zehn Jahre lang Beiträge einbezahlt hatten. Nach Ansicht Québecs war daher Zeit genug verstrichen, um eine weitere Verbesserung der Rentenpolitik in Angriff zu nehmen. Mit der Unterstützung des kanadischen Gewerkschaftsdachverbandes CLC wurde 1975 eine neue Pensionsdebatte entfacht, die unter anderem die Verdoppelung der Pensionsleistungen forderte. Die Regierung Trudeau war einer Verbesserung der finanziellen Situation der Pensionisten nicht abgeneigt, jedoch lehnten die meisten Provinzen eine solche Veränderung ab (vgl. Banting 2005: 109f.).

Québec hatte aber noch andere Ideen in petto. So wurde 1977 ein Ehegattensplitting eingeführt, das im Falle einer Trennung oder Scheidung die Pensionsbeiträge für die gemeinsam in einem Haushalt verbrachte Zeit aufteilte, auch wenn ein Partner gar keine Beiträge einbezahlt hatte. Von dieser Maßnahme profitierten folglich vor allem Frauen. Die kanadische Bundesregierung übernahm diese Regelung unverzüglich. 1984 preschten die Frankokanadier ein weiteres Mal vor und führten eine Frühpension ab 60 Jahren ein, welche mit einer um 6% pro Jahr reduzierten Pensionshöhe einherging. Umgekehrt bekamen jene Pensionisten, die später in Pension gingen als mit 65 Jahren bis zu einem Alter von 70 Jahren pro Jahr des verzögerten Rentenantritts 6% mehr Pension. Der *Canada Pension Plan* übernahm auch diese Regelung innerhalb kurzer Zeit.

Nicht durchsetzen konnte sich Québec gegen den Widerstand de facto aller anderen Provinzen in der Frage der Beitragserhöhungen. So schlug die Regierung von Québec in einem *White Paper* eine Verdoppelung der Beitragsraten innerhalb von sieben Jahren ab 1987 vor, um die Finanzierung der Pensionen längerfristig sicher zu stellen. Dieses Thema war jedoch nur vorläufig verschoben und sollte alsbald wieder an prominenter Stelle auf die Agenda zurückkehren. Selbstverständlich konnten die Regierungen in Ottawa nicht zulassen, dass alle medienwirksamen pensionspolitischen Reformideen, vor allem jene, die eine Leistungsausweitung vorsahen, aus Québec zu kommen schienen. So initiierte Ottawa seinerseits Reformmaßnahmen wie die Anrechenbarkeit von Kindererziehungszeiten oder die Einbeziehung von in Familienbetrieben arbeitenden Ehegatten in das Pensionsregime, die wiederum von Québec übernommen wurden (vgl. Little 2008: 40f. u. 58).

Vor, während und nach der Erstellung des Budgets von 1995 wurde über die Anhebung des Pensionsalters debattiert, eine Idee, die neben den Provinzen Ontario und Manitoba auch von Québec zurück gewiesen wurde. Die Regierung von Jean Chrétien musste vor allem Québec entgegen kommen, schließlich stand die Provinz kurz vor einem Referendum zur Unabhängigkeit von Kanada und es waren besonders die frankokanadischen Pensionisten, die eher föderal eingestellt waren, und das galt es auf keinen Fall zu verspielen. Auch gegen die Kürzung der Invaliditätspensionen machten Ontario und Québec gemeinsam mobil. Québec preschte noch weiter vor und verwehrte sich ferner strikt gegen weitere auch außerhalb der Provinz unpopuläre Bundesvorschläge wie eine Kürzung der 25-prozentigen Einkommensersatzrate, eine Verlängerung des Durchrechnungszeitraumes und eine Aussetzung der vollen Inflationsanpassung der Pensionsleistungen (vgl. Little 2008: 109f., 139 u. 187).

Nachdem die vorgeschlagenen Kürzungen abgelehnt worden und auch Privatisierungspläne auf wenig Gegenliebe gestoßen waren, blieb Ottawa schließlich doch nichts anderes übrig, als die alte Forderung Québecs aufzugreifen, und die Beitragssätze zu erhöhen, und das sehr deutlich: von 5,5% auf 9,9% innerhalb von 10 Jahren (vgl. Banting 2005: 121). „On the face of it, Quebec had just scuttled any chance of reducing the cost of retirement benefits for the CPP as well as the QPP" (Little 2008: 187).

8.2 Parteipolitische Zusammensetzung von Regierung und Parlament

Sowohl Kanada als auch Australien sind gute Lehrbeispiele für den Powerressourcenansatz. Beide Länder waren eine lange Periode hindurch von der Dominanz einer Regierungspartei geprägt, im Falle Kanadas waren das die sozialliberal ausgerichteten Liberals, im Falle Australiens die konservative Liberal Party. Die Outputs und Outcomes unterscheiden sich dabei so sehr wie die Ideologien der beiden Parteien. In Kanada wurde der Effekt der langen Regierungsdauer der Liberals durch linke/progressive Oppositionsparteien weiter verschärft. Vor allem die sozialdemokratische NDP konkurrierte zeitweise mit großem Erfolg mit den Liberals um die sozialpolitisch progressiv eingestellten Wähler. In Australien ist dagegen „kein Wettbewerb zweier pro-wohlfahrtsstaatlicher Parteien zu konstatieren" (vgl. Siegel 2007: 271).

Die Analyse der Sozialpolitik Australiens und Kanadas stellt Esping-Andersens Einteilung (vgl. Esping-Andersen 1990: 26ff.) von Kanada in den liberalen Wohlfahrtsstaatencluster etwas in Frage. Das für einen liberalen Typ gut ausgebaute Alterssicherungs- bzw. Gesundheitssystem deutet eher auf ein ungewöhnliches Mischmodell hin, welches klassisch liberale Ansätze in den Bereichen Grundsicherung und Familienpolitik, sowie zumindest teilweise bei den Leistungen bei Arbeitslosigkeit, mit eher universalen Pensions- und Gesundheitsleistungen kombiniert.

Trotz der in Teilbereichen positiven Umverteilungseffekte rangiert Australien dagegen bei den meisten sozialpolitischen Indikatoren wie schon mehrfach dargestellt unter den Letzten der Industriestaaten (vgl. dazu auch Kapitel 7). Sei es bei den Gesamtausgaben für Sozialpolitik oder sei es bei Indikatoren zur Einkommensverteilung. Die ideologische Ausrichtung der Regierungen scheint im Falle Australiens auf Grund der jahrzehntelangen Dominanz der Liberal Party in diesem Zusammenhang einen besonders nachhaltigen Einfluss hinterlassen zu haben:

> *„Research on the determinants of welfare spending and public expenditure more generally suggests that a crucial factor is the ideology of the party in office. ... Only where a party of the right can win a majority of parliamentary seats – and, in plurality systems, that may require far less than a majority of votes – can it hold the line against the advance of the welfare state."* (Castles 2002: 36f.)

Es ist wenig verwunderlich, dass Labor, so bald an der Macht, versuchte, möglichst viele Reformen möglichst schnell durchzubringen. So nutzten die Labor-Regierungen die längere Regierungszeit von 1942-49, um die Witwenpension, die Arbeitslosenversicherung, Gesundheitsleistungen sowie eine Familienbeihilfe durchzusetzen, auch wenn sie dabei, ausgenommen bei letzterem, dem liberalen Prinzip in Form von Einheitsleistungen, die von der Bedürftigkeit abhängen, treu blieben (vgl. Castles u. Uhr 2005: 74). Auch sonst unterschieden sich die Zugänge von Labor im Grunde nicht allzu sehr von den Konservativen. Die Verzögerung der Einführung der 40-Stunden-Woche, die schließlich 1948 doch noch Realität wurde, sowie der Widerstand der Regierung von Ben Chifley, Lohnerhöhungen zuzulassen, entfremdete nicht zuletzt viele Gewerkschafter. Der Konflikt kumulierte in einem Streik der Minenarbeiter, auf den die Labor-Regierung mit der Verhaftung der Gewerkschaftsführer und dem Aufmarsch der Armee in den Minen reagierte (vgl. Macintyre 2009: 206). Gough Whitlams kurzlebige Labor-Regierung von 1972-75 trat weitaus gewerkschaftsfreundlicher auf als seine Vorgänger und setzte u. a. die Krankenversicherung *medibank*, später *medicare* genannt, durch, schaffte die Studiengebühren ab und führte eine Grundpension für alle ein. Es sollte das letzte Mal gewesen sein, dass Labor einen solchen Reformwillen an den Tag legte. Schließlich folgte die australische Wählerschaft nicht einmal in den progressiven frühen 70er Jahren dem Pro-Wohlfahrtsstaats-Kurs. Um auch weitere Male, und vor allem längerfristig, die Regierung stellen zu können, nahm man einen Kurswechsel Richtung Mitte und darüber hinaus hin.

Ideologische Anziehungseffekte im Sinne der Parteiendifferenz-Hypothese gab es in Australien folglich fast ausschließlich Richtung rechts. Eine erwähnenswerte Ausnahme bildet eine kurze Phase während der 60er Jahre, als nach jahrzehntelanger uneingeschränkter konservativer Macht die

Wählergunst für die linke Opposition gefährlich nahe an jene der Regierung heranreichte. Auch Hicks und Swank führen dieses Beispiel bei ihrem einflussreichen Artikel zur Parteiendifferenzhypothese an (vgl. Hicks u. Swank 1992: 668). So erhielt die Australian Labor Party bei den Wahlen von 1969 47% der Stimmen und wurde die mit Abstand erfolgreichste Partei. Aufgrund des australischen Wahlrechtes erzielte sie jedoch keine Mandatsmehrheit und musste in Opposition bleiben, konnte aber, der Theorie der Parteindifferenzhypothese entsprechend, entscheidenden Druck auf die Regierung von John Gorton ausüben. Es sollte jedoch eine Anomalie in der Geschichte der Sozialpolitik Australiens bleiben, aus der heraus ein ganz bestimmter Marktwirtschaftstypus entstand: „der marktgesteuerte Kapitalismus mit schlankem Staat und löchriger sozialer Sicherung" (vgl. Schmidt u. Ostheim 2007: 57).

Während die Regierung Whitlam die anderen Parteien nicht einmal in den reformwilligen frühen 70er Jahren weiter nach links ziehen konnte, sondern alsbald selbst verdrängt wurde, versuchten die Labor-Kabinette von Bob Hawke und Paul Keating, um sich selbst länger an der Macht zu halten, erst gar nicht, linksideologische Debatten zu führen, sondern verfolgten bereits 14 Jahre vor Tony Blair in Großbritannien eine Art Dritten Weg der Sozialdemokratie, bevor es diesen überhaupt noch offiziell gab.

> *„ ... I struck the Government's famous trilogy commitment. This was a promise to the Australian people that there would be no increase in taxation as a proportion of gross domestic product (GDP), no increase in public expenditure as a proportion of GDP, and no increase in the deficit as a proportion of GDP. Indeed I committed the Government to a reduction of the deficit in absolute terms."*
>
> (Bob Hawke; Premierminister 1983-93; in: Hawke 1994: 262)

Unter den Labor-Regierungen von Bob Hawke und Paul Keating vergrößerte sich durch die Deregulierungspolitik das Vermögen der obersten 10% in großem Ausmaß, während die Mittelschicht Einkommensverluste hinnehmen musste. Sozialpolitik hatte außer für die Bedürftigsten nicht mehr den höchsten Stellenwert (vgl. Macintyre 2009: 253 u. 263). Das zeigte sich auch viel später im Wahlkampf von 2007, der das Ende der langen Regierungszeit von John Howard besiegelte und mit Kevin Rudd wieder einen Labor-Premierminister an die Macht brachte. Sozialpolitik spielte im Wahlkampf kaum mehr eine Rolle und die Labor Party war sehr vorsichtig, Wähler aus der Mitte nicht zu verprellen. Die kurz vor dem Regierungswechsel vorgebrachte Einschätzung von Arnie Olbrich, einem ehemaligen Berater des Labor-Premierministers Bob Hawkes, sollte sich im Wesentlichen bewahrheiten: „Sozial- und wirtschaftspolitisch sind die Weichen bereits gestellt. Weder im Bereich der Arbeitslosenunterstützung noch bei der Gesundheit oder den Pensionen wird sich etwas ändern. … Kevin Rudd ist eigentlich auch ein konservativer Typ" (vgl. Bolkovac 2007b).

Umgekehrt gab es in Australien auch kein Äquivalent zur kanadischen *red tory*-Bewegung. John Howards lange Amtszeit und seine kompromisslose national-konservative Politik blieben indessen auch für die anderen Mitbewerber nicht folgenlos:

> *„He oversaw one of the most radical reverse shifts in social philosophy since Federation. … He took Australia step by step further to the Right. Other parties in Parliament, with the exception of the Greens, followed. … institutions from charities to universities felt the pinch, as queues for public hospital beds increased, as reports of appalling conditions in some nursing homes continued, as conditions for Aboriginals remained depressed, and as funding for many worthwhile non-government organisations was withdrawn." (Brown 2002: 212 u. 222)*

Die Existenz einer Partei links von den Liberalen kann dagegen als gar nicht bedeutend genug für die Ausprägung der kanadischen Sozialpolitik angesehen werden. Man denke dabei zum Beispiel an die Unterstützung der beiden Minderheitenkabinette von Lester Pearson (1963-68), dem Minderheitenkabinett von Pierre Trudeau 1972-74 bzw. von Paul Martin 2004-06 durch die kanadischen Sozialdemokraten, die mit der Einforderung konkreter sozialpolitischer Maßnahmen junktimiert wurde. Aber auch darüber hinaus ließen sich die Liberalen mehr als einmal von der sozialreformerischen Politik der NDP infizieren.

Vor der Vereinigung mit der Reform Party waren die damaligen Progressive Conservatives ebenfalls anfällig für Ansteckungseffekte von links. So war bereits Premierminister Mulroney mit zwei Oppositionsparteien konfrontiert, die deutlich links von ihm standen, den Liberalen und der NDP. Pierson und Weaver (vgl. Pierson u. Weaver 1993) erklären an Hand der kanadischen Alterssicherungspolitik, wie sich die konservative Mulroney-Regierung davor scheute, unpopuläre Reformen im Pensionssystem, wie sie andere angloamerikanischen Länder wie die USA oder Großbritannien in dieser Zeit initiierten, durchzuführen. Zwar hätte die Partei einen Sparkurs präferiert, doch war die Furcht vor dem Verlust der Mehrheit größer als das strenge Durchsetzen ihrer sozialpolitischen Ideologie.

Neben den Ansteckungseffekten von außen trat noch lange Zeit hindurch der Einfluss der *red tories* innerhalb der Konservativen hinzu. Unter Stephen Harper ist deren Einfluss zwar mittlerweile verschwunden. Allerdings hat er gleich mit drei progressiveren Parteien in Opposition zu kämpfen: mit den Liberalen, der zur offiziellen Opposition aufgestiegenen NDP und dem Bloc Québécoise. Auch der Druck aus den (Stand: 2011) mehrheitlich liberal oder sozialdemokratisch regierten Provinzen sollte in diesem Zusammenhang nicht unterschätzt werden.

Unabhängig davon dürfen die *red tories* in ihrer historischen Bedeutung für die Sozialpolitik nicht übersehen werden. Alle konservativen Premierminister, die zwischen 1930 und 1980 an der Macht waren, kann man im Grunde zu den *red tories* zählen und sie alle waren, wie ihre liberalen Gegenspieler, von Sozialreformen überzeugt. Arthur Slade geht in seiner Biographie von Premierminister Diefenbaker (1957-63) sogar so weit, von *socialist leanings* zu sprechen. Wie auch immer man dessen konservative Regierung beurteilen mag, Tatsache bleibt, dass die öffentlichen Pensionen angehoben, die Unterstützungen für Farmer erweitert wurden, die Bezugsdauer für Arbeitslosengeldbezug verlängert sowie ein Spitalsprogramm initiiert wurde, das einen ersten Schritt in Richtung des kurze Zeit später von den liberalen Nachfolgeregierungen vollendeten *medicare*-System darstellte. Zu den sozialreformerischen Ansätzen von Diefenbaker traten auch gesellschaftsliberale Positionen wie die Gegnerschaft zur Todesstrafe sowie sein aktiver Einsatz für die Belange der Ureinwohner und sein Engagement, als zu diesem Zeitpunkt einziger weißer Regierungschef des Commonwealth, gegen die Apartheid in Südafrika (vgl. Slade 2001: 84 u. 91ff.).

Die Initiierung von Gesundheitsreformen während der Diefenbaker-Regierung kam ihrerseits selbstverständlich nicht aus dem politischen Nichts heraus. Die Gesundheitspolitik der 60er ist vielmehr ein oft übersehenes Beispiel für den Einfluss der NDP auf sowohl konservative als auch liberale Regierungen in Kanada. Die Liberalen waren ursprünglich nicht nur gegen ein universales nationales Gesundheitswesen, sondern hatten sogar den Ärztestreik von 1962 unterstützt. Als die Sozialdemokraten aber die Regierungsverantwortung in der Provinz Saskatchewan an die Liberalen abgeben mussten, behielten diese deren Reformen zum Ärger der Ärztevertreter bei. Die liberale Bundesregierung schwenkte ebenfalls zur klaren Befürworterin einer allgemeinen, öffentlichen Krankenversicherung um und trieb diese in Folge sogar massiv voran (vgl. Boychuk 2008: 110 u. 122ff.). Der öffentlich finanzierte Gesundheitssektor gilt für viele Kanadier immer noch als Juwel der kanadischen Sozialpolitik, das tatsächlich auch von Konservativen nur mit Samthandschuhen angegriffen wird. Zwar propagieren diese durchaus Privatisierungen im Gesundheitsbereich, allerdings in einem Ausmaß, das weit unter den Realitäten der meisten europäischen Staaten liegt. Und ausgerechnet die konservative Regierung von Premierminister Stephen Harper gab eine Garantieerklärung für maximale Wartezeiten bei Spitalsbehandlungen ab.

Im Pensionsbereich waren es ebenfalls die Sozialdemokraten, die bereits 1926/27 die liberale Minderheitsregierung von Mackenzie King dazu zwangen, eine staatliche Pension einzuführen. Auch gegen die Zusammenlegung der beiden staatlichen Säulen OAS und GIS bzw. eine Leistungsreduzierung opponierten sie, gemeinsam mit der Provinz Québec, in den 1990er Jahren erfolgreich. Die Aufwertung der *Family Allowance* in den frühen 70er Jahren ging ihres Gleichen auf den Druck der NDP zurück (vgl. Banting 2005: 99, 107 u. 119ff.). Die Beispiele ließen sich noch lange fortsetzen ...

Unabhängig vom Einfluss der NDP und den damit einhergehenden Ansteckungseffekten war es, ebenfalls ganz dem Powerressourcenansatz entsprechend, zweifelsohne zu einem guten Teil die lange Regierungsdauer und Dominanz der Liberals in der Phase des Ausbaus und der Stabilisierung des Sozialstaates, die für das höhere Leistungsniveau der Sozialpolitik entscheidend war. Die Liberalen waren im Zeitraum von 1940 bis 1984 schließlich über 37 Jahre lang an der Macht. Unter Premierminister Trudeau fuhren sie von 1968 bis 1984 einen klar linksliberalen Kurs, der bei insgesamt vier Wahlsiegen bestätigt wurde. Zum Vergleich: die australische Labor Party war im selben Zeitraum nur 13 Jahre lang an der Macht, und davon unglücklicher Weise über acht in den schwierigen Weltkriegs- und Nachkriegsjahren mit all ihren ökonomischen Folgekosten. Die „Macht der Arbeiterklasse" und die damit einhergehende Kraft, Marktprozesse abzumildern und soziale Rechte auszuweiten, war daher viel schwächer ausgeprägt als im progressiver orientierten Kanada.

> *„With the exception of just a few years in the 1970s, Australian welfare growth lagged well behind that of other western nations, just as it had throughout the inter-war years. In `old politics´ terms, the obvious reason was the virtual absence of reforming governments of the left during these years."* (Castles u. Uhr 2005: 62)

FAZIT

Die Sozialpolitik Australiens und Kanadas weist auf den ersten Blick viele Gemeinsamkeiten auf. Beide Länder weisen typische Merkmale des liberalen Wohlfahrtsstaatenclusters, wie eine niedrige Sozialquote oder ein primäres Fokussieren auf Leistungen für Niedrigverdiener, auf. Zuberis (vgl. Zuberi 2006) Abgrenzung der Sozialpolitik Kanadas von anderen liberalen Sozialstaaten, in dem er diese treffend als *high road* innerhalb der liberalen Wohlfahrtstaatspolitik bezeichnet, kann vor allem an der Alterssicherung und der Gesundheitspolitik festgemacht werden. Hier hebt sich das höhere Leistungsniveau Kanadas deutlich von jenem Australiens ab. Die staatlichen Pensionen sind in Kanada höher und das öffentliche Gesundheitssystem weist einen wesentlich breiteren Leistungskatalog auf. Die klassisch liberalen Politikmuster Australiens bei der Mindestsicherung oder den Familienleistungen dominieren dagegen auch in Kanada.

Was die Erklärung der unterschiedlichen Ausprägung der Sozialpolitik betrifft, so konnten beide eingangs formulierten Hypothesen bei der Analyse der Sozialpolitik der beiden Länder bestätigt werden:

» Zum einen sind die unterschiedlichen Ergebnisse in den sozialpolitischen Outputs und Outcomes von Australien und Kanada auf die unterschiedliche Parteiendominanz zurückzuführen. Während in Kanada zu zwei Drittel der relevanten Zeitperiode (links-)liberale Regierungen an der Macht waren, war es im Falle Australiens genau umgekehrt: hier dominierte eine rechtsgerichtete Koalition zwischen den konservativen Liberals und den Nationals, die Australien einen sehr konservativen sozialpolitischen Stempel aufdrückte.

» Auch die zweite Hypothese hat sich bestätigt. Der Sonderstatus der kanadischen Provinz Québec ist tatsächlich ein nicht zu unterschätzender und permanenter Faktor bei der Implementierung sozialpolitischer Gesetze und Maßnahmen. Der selbstbewusste Druck der frankokanadischen Provinz, verbunden mit der fortwährend im Raum schwebenden Drohung einer unilateralen Abspaltung, rang den jeweiligen kanadischen Regierungen regelmäßig gewichtige Zugeständnisse ab, die in Folge auch allen anderen Provinzen und damit dem generellen Ausbau der Sozialpolitik zugute kamen. In Australien fand und findet sich dagegen kein Äquivalent zur Sonderrolle Québecs.

Die jahrzehntelange linksliberale Parteiendominanz in Kanada, verbunden mit dem Sonderstatus von Québec, führte also trotz der großen Übereinstimmung der politischen Systeme Kanadas und Australiens, zu den oben erwähnten zum Teil erheblichen Unterschieden im Output und den Outcomes der Sozialpolitik der beiden Staaten.

Im Falle Australiens und Kanadas stößt auch der Vetoplayer-Ansatz an seine Grenzen. Beide Länder weisen eine große Anzahl institutioneller Vetoplayer auf. Aber auch die formal stärksten unter ihnen, wie der australische Senat oder die Obersten Gerichtshöfe beider Länder, fungierten nicht als Blockierer oder Verhinderer des Ausbaus von Sozialstaatlichkeit. Im Gegenteil: wie oben dargestellt wurde, bremste der australische Senat eher den Abbau vorhandener Leistungen. Die Höchstgerichte fungierten in vielen Fragen, vor allem was die Lage der Ureinwohner betrifft, sogar als Vorreiter. Und schließlich verhinderte der kanadische Föderalismus nicht den Ausbau von Leistungen, sondern trieb diesen umgekehrt voran.

Exkurs: Sozialdemokratie auf dem Höhenflug. Kann Kanada ein Vorbild für die österreichische Sozialdemokratie sein?

> *„Von einer sozialdemokratischen Sichtweise her betrachtet sieht die Zukunft sehr positiv aus!"*
>
> (Rick Williams, Deputy Minister von Nova Scotia)

Selten findet man innerhalb der sozialdemokratischen Bewegung so viele Optimisten wie in Kanada. Die Genossen über dem Teich haben auch allen Grund, euphorisch zu sein: Zum einen war kaum ein westliches Land von der Finanzkrise so wenig betroffen wie Kanada, zum anderen erlebte die kanadische Sozialdemokratie bei den Parlamentswahlen von 2011 ihren größten Erfolg in der Geschichte des Landes: Mit 30,6% der Stimmen (ein Plus von 12,5% gegenüber den letzten Wahlen) wurden sie zur *official opposition* im kanadischen *House of Commons*. Und das, obwohl sie einen sehr prononcierten und kompromisslosen antirassistischen und ökologischen Kurs fuhr, vor dem sich viele europäische Sozialdemokraten leider aus Angst vor den Wählern immer noch fürchten.

Ähnlich erfolgreich die Situation in den Provinzen: Im ostkanadischen Nova Scotia erreichte die NDP (*New Democratic Party*) unter ihrem Vorsitzenden Derrell Dexter beispielsweise gar 45,2%, ebenfalls ein neuer Rekordwert. Damit erhielten die Sozialdemokraten zum ersten Mal in Ostkanada eine Mehrheit und konnten so ab 2009 die Regierung stellen. Dem Wahlsieg lag eine schrittweise Ausdehnung der traditionell eher städtischen Wählerbasis auf die, besonders stark von Arbeitslosigkeit betroffenen, ländlichen Regionen zu Grunde. Der konservativen Vorgängerregierung war es nicht gelungen der massiven Landflucht Einhalt zu gebieten. Dörfer, in denen jedes fünfte Haus leer steht oder verfallen ist, sind keine Seltenheit mehr. Vor allem junge Leute im Erwerbsalter ziehen in die Hauptstadt oder überhaupt in eine andere Provinz. Premier Dexter ist ein Arbeiterkind und war das erste Mitglied seiner Familie, das eine Universität von innen sah. Er scheint den Bürgern seiner Provinz das Gefühl zu vermitteln, ihre Sorgen zu verstehen.

Zu den ersten Reformen der Sozialdemokraten gehörten die Erhöhung des Budgets für Frauenhäuser, ein Schuldendeckel für Studenten und die Einrichtung von acht neuen *emergency rooms (ER)*. Die Gesundheitsversorgung in abgelegenen ländlichen Regionen war immer schwieriger geworden und die Entfernungen zur nächsten medizinischen Versorgungseinrichtung zum Teil lebensbedrohlich lange. Deshalb wurden in acht besonders betroffenen Gebieten ERs eingerichtet. Auch wenn dort nicht rund um die Uhr ein Arzt zur Verfügung steht, so sind diese zumindest telefonisch jederzeit für den diensthabenden Sanitäter erreichbar.

Auch die Gewerkschaftsrechte wurden gegen den Widerstand beider Oppositionsparteien gestärkt. Wenn die Mehrheit der Arbeitnehmer in einem Betrieb fortan für die Einrichtung gewerkschaftlicher Vertretung im Betrieb votiert, aber keine Einigung mit dem Arbeitgeber erzielen kann, so wird verpflichtend ein staatlicher Vermittler eingesetzt.

In Ottawa regiert unterdessen nach wie vor eine konservative Regierung unter Premierminister Stephen Harper. Rick Williams, Regierungsmitglied in Nova Scotia, den ich in seinem Büro in Downtown Halifax treffe, sieht darin einen fast ironischen Widerspruch: „Die kanadische Öffentlichkeit ist im Schnitt ein bisschen links von der Mitte eingestellt!" Die Kanadier würden eine starke Regierung wollen, sowie Unabhängigkeit gegenüber den USA, größere Gleichheit und eine ausreichende Zurverfügungstellung von öffentlichen Leistungen. Dem hätte aber das relative Merhheitswahlrecht einen Strich durch die Rechnung gemacht. 60% der Kanadier haben gegen die jetzige Regierung gestimmt, dennoch hält diese mit 39,6% der Stimmen eine absolute Mehrheit.

Das soll sich laut Williams bald ändern: „Jetzt nimmt die NDP als nationale Alternative Gestalt an!" Williams streckt mir seine beiden Hände entgegen, eine steht für die Konservative Partei und die andere für die Liberalen. Er legt sie teilweise übereinander. Drei Finger jeder Hand überlappen sich, womit er die große Übereinstimmung der beiden traditionellen Parteien in vielen Belangen darstellen möchte. Da käme jetzt die NDP ins Spiel.

Die Konservativen scheinen tatsächlich in Bedrängnis zu kommen, sind doch bereits acht der zehn kanadischen Provinzen in oppositioneller Hand. In einem Land mit derart stark ausgebautem Föderalismus wie in Kanada ist das ein sehr ernstzunehmender Faktor.

Ein großer Konfliktpunkt mit Ottawa stellt der Bereich der Pensionen dar. Die von der Harper-Regierung geplante Anhebung des Regelpensionsalters von 65 auf 67 Jahre hätte problematische Auswirkungen auf Nova Scotia. Das Argument der Bundesregierung, dass Personen die Möglichkeit bekommen sollten, länger in ihrem Job zu verbleiben, wenn sie ihn gerne ausüben und fit genug dafür wären, läuft im Falle Nova Scotias völlig ins Leere, legt Williams dar. „Ein hoher Prozentsatz unserer Arbeitnehmer sind Working Poor. ... Sie sind weniger gesund, ihre Jobs sind weniger erfüllend, die Bezahlung ist schlecht." Sie wollen so bald wie möglich in den Ruhestand. „Das heißt, sie werden ein bis zwei Jahre ohne Einkommen sein und beantragen Sozialhilfe."

Unabhängig davon, wie der Konflikt um die Pensionen ausgeht, plant die Provinzregierung in Halifax bereits die nächsten Sozialprogramme: Uni-Stipendien sollen erhöht, Leistungen für Behinderte ausgeweitet und die finanziellen Unterstützungen für die Ärmsten angehoben werden. Und das, obwohl gut 40% des Budgets der Provinz aus Bundeszuschüssen kommt.

Zu den Ärmsten gehören auch die *First Nations*, die Ureinwohner der Provinz. Wie auch in den anderen Provinzen Kanadas leiden sie unter „hohen Drop-Out-Raten in der Schule, hohen Drogenmissbrauch, hoher Arbeitslosigkeit, und sie leben in Regionen wo es keine leichten Lösungen für diese Probleme gibt." Rick Williams war allerdings fast 40 Jahre lang in der regionalen Entwicklung tätig und kommt nach seiner jahrzehntelangen Arbeit zu einem leicht optimistischen Schluss: „Trotzdem ist die Situation heute besser als sie je war. Wir sind heute in einer Situation schwindendenden Arbeitskräfteangebotes. Die Geburtenrate der First Nations ist aber drei bis viermal höher als die der anderen Kanadier. Das heißt es gibt mehr und mehr junge Aborigines, die in den Arbeitsmarkt eintreten. Wir haben viele Unternehmen die jetzt zu uns kommen und sagen, wir benötigen Arbeitskräfte, wir würden auch First Nations nehmen, sofern ihr uns bei deren Ausbildung helft. Und die Regierung von Nova Scotia tut genau das!"

Was würde eigentlich passieren, wenn die kanadischen SozialdemokratInnen nicht nur in den Provinzen Erfolge feiern könnten, sondern tatsächlich die nächsten nationalen Wahlen zum Bundesparlament gewinnen würden? Wären europäische „Erfolgs"modelle ala Tony Blair und Gerhard Schröder für Kanada nachahmenswert? Wohl kaum, winkt Rick Williams ab. „Ich glaube wir wissen über die Limitationen dieser Politik heute alle Bescheid!" Das wäre zu hoffen.

(Dieser Artikel erschien zum ersten Mal in der Arbeit und Wirtschaft 09/2012.)

Exkurs: Kanada – migrations- und bildungspolitisches Vorzeigeland?

„Im Gegensatz zu Europa kann keine Anti-Migrations- oder rassistische Partei in Kanada damit rechnen, eine Wahl zu gewinnen."
(Haroon Siddiqui, kanadischer Journalist; in: Siddiqui 2011: 19)

Kanada ist das Land mit der höchsten Nettozuwanderungsrate in der Welt. Jedes Jahr kommen ca. 250.000 Menschen neu nach Kanada. Die Ausländerquote beträgt 20%. In Kanadas größter Stadt, Toronto, sprechen gar 25% der Einwohner zu Hause eine andere Sprache als die offiziellen Landessprachen Englisch oder Französisch.

Interessant ist, dass die Kanadier trotzdem mehrheitlich Immigration positiv beurteilen. So antworteten bei einer Untersuchung der renommierten kanadischen Meinungsforschungsagentur „Nanos" 4 von 5 Befragten, dass Migration ein positiver Schlüsselfaktor für Kanada sei. Und immerhin zwei Drittel gaben an, dass die kanadische Regierung mehr Sprach- und Arbeitsmarktunterstützungen für Migranten zur Verfügung stellen soll als bisher, auch wenn das mit Mehrkosten verbunden ist (siehe Nanos 2010: 10).

Für europäische Beobachter von besonderem Interesse war in diesem Zusammenhang auch die Fernsehdiskussion der Spitzenkandidaten vor den Wahlen zum kanadischen Parlament 2011. Alle vier Diskutanten versuchten ihre promigrantische Haltung herauszustreichen und überlegten sich, wie die Bedürfnisse der Zuwanderer erfüllt werden könnten, anstatt sich, wie bei europäischen Diskussionen üblich, dabei zu übertrumpfen, wer die härteste Position zur Abwehr von Neuzuwanderung einnimmt. Auch wurde nicht mit rassistischen Verunglimpfungen versucht, politisches Kleingeld zu gewinnen oder Wähler gegeneinander aufzuhetzen.

Was ist das Geheimnis der kanadischen Migrationspolitik?

„The good thing about Canada, and what makes it less racist than many places in the world, is that we have reached the point where everyone is a member of a minority. There is no longer one dominant religion, or ethnic group, or place of origin, or even language in parts of our biggest cities. Some people view this as a problem, but for many of us it is a strength."
(Peshkov-Chow 2010: 39f.)

Als im kanadischen Parlament 1971 das sogenannte Multikulturalismus-Gesetz beschlossen wurde, machte dies Kanada zum Vorreiter. Kein anderes Land der Welt hatte zuvor eine offizielle Multikulturalismus-Agenda in Gesetzesform gegossen. Es war darüber hinaus eine scharfe Gegenposition zum US-amerikanischen *melting pot*-Ansatz, bei dem Assimilation im Zentrum stand. Kanada plädierte dagegen für ein kulturelles Mosaik, durch das alle Bevölkerungsgruppen ihre eigenen Werte und kulturellen Gepflogenheiten beibehalten konnten (siehe Klewitz 2011: 22). Es überrascht daher kaum, dass in der Verfassung von 1982 die Tradition und Pflege des Multikulturalismus-Ansatzes festgeschrieben wurde.

Zwei wesentliche Faktoren begünstigen die im internationalen Vergleich vorbildliche Integration von Neuzuwanderern im besonderen Ausmaß: zum einen das, bereits 1967 eingeführte, Einwanderungs-Punktesystem, zum anderen das kanadische Bildungssystem. Das Punktesystem führt dazu, dass Immigranten im Durchschnitt besser gebildet sind als Menschen, die in Kanada geboren sind. Wer 67 Punkte erreicht, darf nach Kanada einreisen. Punkte werden aber nicht nur für gute Sprachkenntnisse und das Ausbildungsniveau vergeben, sondern auch für Berufserfahrung. Bei letzterer Kategorie können sogar alleine bis zu maximal 21 Punkte erreicht werden, womit auch ältere Arbeitnehmer durchaus Chancen haben, nach Kanada einwandern zu dürfen. Auch kommen nicht, wie man erwarten würde, in erster Linie Einwanderer aus englisch- oder französischsprachigen Ländern nach Kanada. Ganz klar die Nase vorne haben vielmehr die Asiaten, die beinahe 60% der Neuzuwanderer stellen.

Nach fünf Jahren Aufenthalt bekommt man in der Regel die kanadische Staatsbürgerschaft, allerdings muss auch in Kanada zuvor ein, stark kritisierter, Einbürgerungstest absolviert werden. Unsinnige Regelungen, wie die hierzulande bestehende Vorgabe, dass Familienangehörige vor dem Zuzug Deutsch lernen müssen, gibt es in Kanada aber nicht.

Gute Bildungschancen für Migranten und Kinder aus bildungsfernen Schichten

Die Kinder der Migranten sind im kanadischen Bildungssystem sehr gut aufgehoben. Die Gemeinsame Schule der 6 bis 15-Jährigen ist als Ganztagesschule mit gemeinsamen Essen konzipiert. Nachdem es keine Hausaufgaben gibt, werden Kinder von Eltern mit Migrationshintergrund (bzw. auch Kinder aus bildungsferneren Schichten) nicht benachteiligt, weil ihre Eltern sie bei den Hausaufgaben weniger gut unterstützen können als etwa Eltern mit Universitätsabschluss. Dazu kommen spezielle Förderungen durch Assistenzlehrer. Die Konsequenz ist, dass Kanada bei internationalen Bildungsvergleichen immer in den vorderen Rängen angesiedelt ist und kaum Unterschiede im Leistungsniveau von Kindern aus Migrantenfamilien und „Einheimischen" feststellbar sind. Übrigens werden *social skills* wie Eigeninitiative oder Konflikt- und Problemlösung eigens beurteilt und im Zeugnis auch ausgewiesen.

Abbildung 19: PISA-Ranking 2009, 65 Teilnehmerländer

	Mathematik	Naturwissenschaften	Leseverständnis
Finnland	Platz 6	Platz 2	Platz 3
Kanada	Platz 10	Platz 8	Platz 6
Australien	Platz 15	Platz 10	Platz 9
USA	Platz 30	Platz 23	Platz 17
Österreich	Platz 24	Platz 30	Platz 39

Quelle: *OECD*

Anmerkung: Shanghai/China ist in allen Kategorien auf dem ersten Platz gelandet, während Kirgistan in allen Kategorien den 65. und letzten Platz belegt.

Selbstverständlich gibt es auch in Kanada Probleme und Dinge, die weniger gut funktionieren. Doch hat man den Eindruck, dass beim Auftauchen solcher Probleme versucht wird, so rasch als möglich darauf zu reagieren. Das jüngste Beispiel ist die Einrichtung der ersten, öffentlich finanzierten, afrozentristischen Schule in Kanada. In der Provinz Ontario durchgeführte Leistungstests haben zuvor herausgefunden, dass die Performance von schwarzen Schülern ab der 10. Klasse rapide abnahm. Als Ursache wurde die Sozialisierung durch die Lehrer identifiziert. Die mehrheitlich weißen Erzieher vermittelten Werte, mit denen sich schwarze Schüler ab einem gewissen Alter nicht mehr identifizieren konnten, weil sie nicht den Realitäten in schwarzen Haushalten entsprachen. Die neue afrozentristische Schule in Toronto legt nun im Lehrplan einen Schwerpunkt auf afrozentristische Perspektiven und Geschichte, um das Selbstbewusstsein der schwarzen Schüler zu steigern. Die 2009 eröffnete Schule ist bereits so erfolgreich dabei, dass bereits die Einrichtung einer zweiten Schule genehmigt wurde.

Die Schichtdurchlässigkeit des kanadischen Bildungssystems setzt sich übrigens bei der tertiären Ausbildung fort: Nur in Korea findet man noch mehr Menschen mit Universitätsabschluss als in Kanada. 56% der 25-34-Jährigen hatten laut OECD 2009 einen tertiären Bildungsabschluss. Auch Australien stieg mit 44,8% recht gut aus (siehe OECD 2011).

Anstelle eines Schlusswortes: Was können wir in Österreich von diesem Vergleich lernen?

Österreichs Sozialstaat wird, vor allem in Österreich selbst, oft als das Non-Plus-Ultra der Sozialpolitik vorgestellt. Tatsächlich weist unser Land in vielen sozialpolitischen Indikatoren, was auch auf den Einsatz der österreichischen Arbeitnehmervertreter zurückzuführen ist, ein sehr gutes Leistungsniveau auf. Denken wir an die Nettoersatzraten bei den Pensionen, denken wir an die Arbeitsmarktpolitik, denken wir an die Mindestsicherung, denken wir an die Bereitstellung von Gesundheitsleistungen oder denken wir an die Elternkarenz. In allen diesen Bereichen gibt es sicherlich den einen oder den anderen Verbesserungsbedarf, dennoch gehören wir hier ins Spitzenfeld der Industriestaaten.

Trotzdem weist die Sozialpolitik Österreichs einige deutliche Mankos auf, die mit Anregungen und Lerneffekten aus den Erfahrungen anderer Länder verbessert werden könnten:

Manko 1: Bildungssystem

Nur ein einziges westeuropäisches Land hatte 2009 weniger Universitätsabsolventen in der Gruppe der 25-34-Jährigen als Österreich, nämlich unser Nachbar Italien (21,1% zu 20,2%), ebenfalls ein Land des korporatistisch-konservativen Wohlfahrtstypus. Im Vergleich zum angloamerikansichen Raum ist Österreich damit stark abgeschlagen. Ein hoher Anteil an gut ausgebildeter Bevölkerung ist eine Grundvoraussetzung für gute Wettbewerbsfähigkeit und soziale Stabilität. Somit besteht hier ein großer Nachholbedarf.

Der korporatistischen Systemlogik des Statuserhaltes folgend, war die soziale Schichtdurchlässigkeit im österreichischen Bildungssystem bisher ebenfalls sehr limitiert. Der Sohn eines Tischlers soll wieder Handwerker werden und die Tochter eines Akademikers soll studieren. In Österreich kommen Kinder desto öfter in die Hauptschule, je weniger ihre Eltern verdienen. Umgekehrt besuchen hierzulande nicht die begabtesten Schüler das Gymnasium, sondern überproportional viele Kinder von Eltern, die entweder ein überdurchschnittliches Einkommen haben, selbst höhere Bildungsabschlüsse aufweisen oder beides.

Unser selektives Bildungssystem schafft es also nach wie vor nicht, die Ausbildungsgräben zwischen In- und Ausländern, Akademiker- und Arbeiterkindern zu schließen. Als Ursachen für strukturelle Nachteile im Bildungserfolg gelten die zu frühen Laufbahnentscheidungen, die Differenzierung des Schulsystems, die zu kurze Pflichtschuldauer, sowie eine unzureichende pädagogische Ausbildung der Lehrer, vor allem im Hinblick auf kulturelle Sensibilität.

Das Schulsystem Kanadas, aber durchaus auch jenes Australiens, können uns dagegen vorzeigen, wie eine Gemeinsame Schule in Kombination mit gezielten individuellen Förderungen die Bildungsgräben überbrücken sowie das Bildungsniveau der Gesamtbevölkerung auf ein hohes Niveau bringen kann, ohne Kindern aus Migranten- oder Arbeiterfamilien bewusst hohe Hürden in den Weg zu legen.

Manko 2: Migration und Integration

In der österreichischen Migrationspolitik dominiert mehr der Abwehrgedanke als der Integrationsgedanke. Im Gegensatz zu Kanada stehen bei politischen Diskussionen immer die Probleme im Vordergrund, die Beleidigung anderer Religionen bzw. rassistische Hetze auf Plakaten und bei Fernsehauftritten sind kein Tabu. Solange die politischen Parteien aber zu stark auf ausländerfeindliche Wähler schielen und das Trennende stärker betonen als das Gemeinsame, solange das Bildungssystem (siehe oben) Ausländer nicht adäquat fördert und integriert, solange Assimilation statt kulturelle Vielfalt gefördert wird, solange wird sich weder die Lage der Migranten, noch das damit einhergehende Konfliktpotential verbessern.

Die praktische Konsequenz der Abwehrhaltung vieler politischer Entscheidungsträger gegenüber Migranten ist eine Gesetzeslage, die für die Betroffenen schwer durchschaubar ist und den Einwanderern (aus Nicht-EU-Ländern) Alltag und Arbeitsleben erschwert. Das reicht von den Hürden beim Arbeitsmarktzugang, denn anders als in Kanada darf in Österreich längst nicht jeder, der sich legal im Land aufhält auch arbeiten, bis zum Familiennachzug, der 2011 durch die Regelung, dass Familienangehörige nun bereits vor der Einreise in Österreich Deutschkenntnisse auf A1-Niveau des Europäischen Referenzrahmens für Sprachen (GERS) nachweisen müssen, zusätzlich erschwert wurde. Auch was die Möglichkeit der Einbürgerung betrifft, fährt Österreich eine besonders harte Linie. Im internationalen Vergleich haben wir eines der striktesten Staatsbürgerschaftsrechte und eine der niedrigsten Einbürgerungsraten. Das liegt an den hohen Kosten, den überdurchschnittlich langen Wartefristen und den zahllosen bürokratischen Hürden. Der europäische Trend geht dagegen in Richtung kostenfreie Staatsbürgerschaft. Es kann daher auch wenig verwundern, dass Österreich im „Migration Policy Index“ (MIPEX), der die Gesetzeslage aller europäischen Staaten plus Kanada und USA bezüglich Aufenthaltsregelungen, Familienzusammenführung, Arbeitsmarktbeschränkungen, und Einbürgerung etc. in Bezug auf Integration evaluiert, äußerst bescheiden abschneidet und nur den 24. Platz erreicht.

Manko 3: Universale Gesundheitsversorgung

Ein Problem des österreichischen Gesundheitssystems ist seine Nicht-Universalität. Zwar hat sich die Deckungsrate der Bevölkerung, die hierzulande von einer Krankenversicherung erfasst ist, in den letzten Jahren deutlich verbessert und liegt jetzt bei ca. 99%, doch sind mehr als 100.000 Menschen in unserem Land immer noch ohne Krankenversicherung:

Migranten aus Rumänien und Bulgarien sind wegen den Übergangsfristen zur EU-Osterweiterung oft nicht im Versicherungssystem integriert. Das selbe gilt für Asylwerber, die aus der Bundesbetreuung fallen, manche Studenten, prekär Beschäftigte oder zahlreiche Obdachlose. Fast immer sind Leute aus der Gruppe der Niedrig- bis Niedrigstverdiener betroffen. Ein Zustand, der in Kanada und Australien undenkbar wäre und der gelöst gehört.

Es sollte darüber hinaus auch kein Tabu mehr sein, den steuerfinanzierten Anteil bei der Finanzierung des österreichischen Gesundheitssystems zu erweitern, um dieses langfristig finanziell abzusichern, aber auch um den Krankenkassen einen Spielraum zu geben, um einzelne Leistungen auszudehnen. Tut man das nicht, werden immer mehr Menschen, nämlich vor allem die Gesündesten und die Wohlhabensten, in das private Zusatzversicherungssystem wandern, welches weitere Schritte in Richtung Zwei-Klassen-Medizin setzt. Bereits jetzt besitzen 12% der österreichischen Bevölkerung eine private Zusatzversicherung.

Manko 4: Altersarmut

Wie aus Abbildung 17 weiter oben ersichtlich ist, erreicht Österreich bei weitem nicht so schlechte Werte bei der Kategorie „Alterarmut" wie Australien, die USA oder unser Nachbarland, die Schweiz. Dennoch liegen wir mit einem Wert von ca. 10% deutlich über dem OECD-Schnitt und doppelt so hoch wie Kanada. Kein Grund also, sich zurückzulehnen.

Die kanadische Grundpensionssäule verhindert fast immer ein Abfallen unter die Armutsgrenze, während die österreichische Ausgleichszulage dies nicht immer gewährleisten kann. Denn viele Pensionen liegen unterhalb des Niveaus des Ausgleichszulagen-Richtsatzes von EUR 815,- (2012). Vor allem Frauen und Invaliditätspensionisten sind von Armut im Alter betroffen. Pflegebedürftigkeit führt ebenso sehr oft zu Altersarmut. Manche Menschen (auch hier vor allem Frauen) dürfen überhaupt keine Pension beziehen und sind auf das Einkommen des Partners angewiesen.

Als Rezepte gegen die Altersarmut werden in den österreichischen Zeitungen immer öfter private Vorsorgemechanismen angepriesen. Doch diese sind für Menschen, die ohnehin nur ein geringes Einkommen haben, keine sinnvolle oder realistische Option. Das kanadische Pensionsmodell zeigt uns, dass eine Grundsicherung im Alter der effektivste Weg ist, um Armut zu verhindern. Wenn dagegen ein privatisierter Pensionsmarkt wirklich die effektivste Option wäre, dann müssten nicht mehr als ein Fünftel der US-amerikanischen Pensionisten in Armut leben.

Manko 5: Angst vor Minderheitsregierungen

Minderheitsregierungen stärken den Parlamentarismus und sind in vielen Ländern Realität. In Österreich herrscht aber nach wie vor die abstrakte Angst vor angeblich völlig instabilen, ja geradezu chaotischen Regierungen. Es ist schon richtig, dass Minderheitsregierungen oft eine kürzere Regierungszeit aufweisen als Koalitions- oder Alleinregierungen mit parlamentarischer Mehrheit, doch darf die erhöhte Gesetzgebungskompetenz nicht unterschätzt werden.

Kanada hatte innerhalb der letzten 50 Jahre sieben Minderheitskabinette, die zum Teil auch sozialpolitisch vorzeigten, wie durch die Aufwertung des Parlamentes Reformen initiiert werden können. Derzeit macht auch Australien mit einem Labour-Minderheitskabinett Erfahrungen. Dieses wird zwar von den Grünen unterstützt, aber auch mit allen grünen Abgeordneten hat es keine Mehrheit im Unterhaus und ist auf zusätzliche Stimmen angewiesen. Da Australien ohnehin spätestens alle drei Jahre wählt, ist auch die Angst vor einer stark verkürzten Legislaturperiode weniger relevant.

Ob das Festhalten an Mehrheitskoalitionen um jeden Preis bzw. die Verlängerung der österreichischen Legislaturperiode auf fünf Jahre wirklich gute Ideen sind, bleibt dagegen dahingestellt.

Literaturverzeichnis

Alber, Jens (1982): Der Sozialstaat in der Bundesrepublik 1950-1983. Frankfurt/New York

Albig, Jörg-Uwe (2009): Die geraubten Kinder. In: Geo Epoche Nr. 36; Australien. Von Aborigines und Traumpfaden, von Sträflingen und Kolonisten: Die Geschichte des Fünften Kontinents: 140-148

Anderson, Geoff (2006[8]): Executive Government. In: Government, Politics, Power and Policy in Australia, eds. Andrew Parkin u. a. Australien: 93-112

Armitage, Andrew (2003[4]): Social Welfare in Canada. Oxford

Asylum Seeker Resource Centre (2008): Annual Report 2007-2008. Melbourne

Australian Government (2010): Newstart Payment Rates 1st January-19th March 2010

Australian Government Solicitor (2006): Australia's Constitution. With Overview and Notes by the Australian Government Solicitor. Canberra

Bamber, Greg J. und Edward M. Davis (19992): Industrial Relations. In: Institutions in Australian Society, ed. John Henningham. Oxford: 110-136

Banting, Keith (2005): Canada. Nation-building in a Federal Welfare State. In: Federalism and the Welfare State. New World and European Experiences, eds. H. Obinger, F. G. Castles und S. Leibfried. Cambridge: 89-137

Barrett, Garry F. und Yi-Ping Tseng (2008): Retirement Savings in Australia. In: Canadian Public Policy Vol. XXXIV, Supplement: 177-193

Béland, Daniel und John Myles (2005): Stasis Amidst Change: Canadian Pension Reform in an Age of Retrenchment. In: Ageing and Pension Reform Around the World. Evidence From Eleven Countries, eds. Giuliano Bonoli/Toshimitsu Shinkawa. Cheltenham/Northampton: 252-273

Béland, Daniel (2009): The Threat to Retirement Security. In: Policy Options 30(2): 55-58

Bélanger, Éric und Richard Nadeau (2009): The Bloc Québécois: Victory by Default. In: The Canadian Federal Election of 2008, eds. Jon H. Pammett und Christopher Dornan. Toronto: 136-161

Bell, Stephen und John Quiggin (2006): Employment Policy: Unemployment and Labour Market Insecurity. In: Social Policy in Australia. Understanding for Action (eds. Alison McClelland und Paul Smyth), Oxford/New York: 147-160

Bellefeuille, Gerard (2004): Rethinking the Distributive Paradigm: the Canadian Welfare State. In: Journal of Societal and Social Policy 3/1: 23-36

Beske, Fritz, Thomas Drabinski u. Ute Golbach (2005): Leistungskatalog des Gesundheitswesens im internationalen Vergleich – Eine Analyse von 14 Ländern – Band I. Struktur, Finanzierung und Gesundheitsleistungen. Schriftenreihe des Fritz Beske-Institutes für Gesundheits-System-Forschung Band 104. Kiel

Beske, Fritz und Thomas Drabinski (2005b): Leistungskatalog des Gesundheitswesens im internationalen Vergleich – Eine Analyse von 14 Ländern – Band II. Geldleistungen. Schriftenreihe des Fritz Beske-Institutes für Gesundheits-System-Forschung Band 104. Kiel

Bhattacharyya, Sambit und Timothy J. Hatton (2010): Australian Unemployment in the Long Run, 1903-2007. Australien

Bolkovac, Martin (2000): Alterssicherung in Kanada und Österreich im Vergleich. Diplomarbeit zur Erlangung des Magistergrades der Philosophie an der Grund- und Integrativwissenschaftlichen Fakultät der Universität Wien. Wien

Bolkovac, Martin und Peter Autengruber (2003): Liberalismus. VÖGB/AK-Skriptum PZG-4. Wien

Bolkovac, Martin (2007): Sozialpolitik im Internationalen Vergleich. VÖGB/AK-Skriptum SR-2. Wien

Bolkovac, Martin (2007b): Australien. Vor den Herbst-Wahlen. In: Arbeit und Wirtschaft 9-10/2007

Bolkovac, Martin (2009): Am Ende der Welt. In: Arbeit und Wirtschaft 12/2009

Borowski, Allan (2005): Die gescheiterte Revolution: Zwei Jahrzehnte Reform des australischen Altersvorsorgesystems. In: Internationale Revue für Soziale Sicherheit (Bd. 58, Nr. 4): 55-82

Bothwell, Robert (2006): The Penguin History of Canada. Toronto

Boychuk, Gerard W. (2008): National Health Insurance in the United States and Canada. Race, Territory, and the Roots of Difference. Washington

Brede, Falko und Rainer-Olaf Schultze (2008): Das politische System Kanadas. In: Die politischen Systeme Nord- und Lateinamerikas. Eine Einführung, eds. Klaus Stüwe und Stefan Rilke. Wiesbaden: 315-340

Brennan, Deborah (1998²): The Politics of Australian Child Care. Philanthropy to Feminism and Beyond. Melbourne

Brett, Judith (2006[8]): The Liberal Party. In: Government, Politics, Power and Policy in Australia, eds. Andrew Parkin u. a. Australien: 206-225

British Columbia Citizens` Assembly on Electoral Reform (2004): Making Every Vote Count. The Case of Electoral Reform in British Columbia. Final Report. British Columbia

Brooks, Stephen (2007[5]): Canadian Democracy. An Introduction. Oxford

Brown, Wallace (2002): Ten Prime Ministers. Life Among the Politicians. Double Bay

Bryson, Lois und Fiona Verity (2009[2]): Australia: From Wage-Earners to Neo-Liberal Welfare State. In: International Social Policy. Welfare Regimes in the Developed World, eds. Pete Alcock und Gary Craig. Great Britain: 66-87

Burke, Mike und Susan Silver (2006): Universal Health Care: Normative Legacies Adrift. In: Canadian Social Policy. Issues and Perspectives, ed. Anne Westhues. Waterloo: 375-396

Calma, Tom (2009): Australiens schweres Erbe. Interview mit Geo Epoche. In: Geo Epoche Nr. 36; Australien. Von Aborigines und Traumpfaden, von Sträflingen u. Kolonisten: Die Geschichte des Fünften Kontinents: 160-163

Campbell, Iain (2008): Pressing Towards Full Employment? The Persistence of Underemployment in Australia. In: Journal of Australian Political Economy No. 61: 156-180

Canada Revenue Agency (2010): Canada Child Benefits. Including Related Federal Provincial and Territorial Programs. Ottawa

Castles, Francis G. (1983): The Working Class and Welfare. Sydney

Castles, Francis G. (2002): Australia`s Institutions and Australia`s Welfare. In: Australia Reshaped. 200 Years of Institutional Transformation, ed. Geoffrey Brennan/Francis G. Castles. Cambridge: 25-52

Castles, Francis G. und John Uhr: (2005): Australia. Federal Constraints and Institutional Innovations. In: Federalism and the Welfare State. New World and European Experiences, eds. H. Obinger, F. G. Castles und S. Leibfried. Cambridge: 51-88

Chenoweth, Lesley (2008): Redefining Welfare: Australian Social Policy and Practice. In: Asian Social Work and Policy Review (2/2008): 53-60

Combet, Greg (2004): Superannuation: Past, Present and Future. An Interview with Greg Combet, Secretary of the ACTU. In: Journal of Australian Political Economy No. 53: 17-26

Comeau, Pauline und Aldo Santin (1995²): The First Canadians. A Profile of Canada`s Native People Today. Toronto

Costar, Brian (2006⁸): The Electoral System. In: Government, Politics, Power and Policy in Australia, eds. Andrew Parkin u. a. Australien: 189-205

Courchene, Thomas J. und John R. Allan (2009): A Short History of EI, and a Look at the Road Ahead. In: Policy Options 30(8): 19-28

Coward, Kenneth (2000): A History of the Canada Assistance Plan. Kanada

Crosby, Michael (2009): Power at Work. Die Rückgewinnung gewerkschaftlicher Macht am Beispiel Australiens, ed. (deutsche Übersetzung) Detlef Wetzel. Hamburg

Cross, Wjiliam, ed. (2002): Political Parties, Representation and Electoral Democracy in Canada. Oxford University Press

Day, David (1996): Claiming a Continent. A New History of Australia. Australien

Denniss, Richard (2007): Crisis of Cash or Crisis of Confidence: The costs of ageing in Australia. In: Journal of Australian Political Economy No. 59: 30-47

Diefenbaker, John G. (1972): Those Things we Treasure. A Selection of Speeches on Freedom and in Defence of Our Parliamentary Heritage. Toronto

Die Welt, (2.9.2008): Flying Doctors. Australien gehen die Luftretter aus, Vera Sprothen

Die Zeit, (51/1999): Die Welt der direkten Demokratie. Ein Überblick, Bruno Kaufmann

Dodd, Lawrence C. (1976): Coalitions in Parliamentary Government. Princeton University Press

Dornan, Christopher (2009): The Outcome in Retrospect. In: The Canadian Federal Election of 2008, eds. Jon H. Pammett und Christopher Dornan. Toronto: 7-15

Dyck, Rand (1973): Poverty and Policy-Making in the 1960s: The Canada Assistance Plan. Kingston

Economou, Nick (2006⁸): The Labor Party. In: Government, Politics, Power and Policy in Australia, eds. Andrew Parkin u. a. Australien: 226-244

Ellis, Faron und Peter Woolstencroft (2009): Stephen Harper and the Conservatives Campaign on Their Record. In: The Canadian Federal Election of 2008, eds. Jon H. Pammett und Christopher Dornan. Toronto: 16-62

English, John und William R. Young (2006): The Federal Government and Social Policy at the Turn of the Twenty-first Century: Reflections on Change and Continuity. In: Canadian Social Policy. Issues and Perspectives, ed. Anne Westhues. Waterloo: 47-67

English, John (2009): Just Watch Me. The Life of Pierre Elliott Trudeau 1968-2000. Toronto

Erickson, Lynda und David Laycock (2009): Modernization, Incremental Progress, and the Challenge of Relevance: The NDP's 2008 Campaign. In: The Canadian Federal Election of 2008, eds. Jon H. Pammett und Christopher Dornan. Toronto: 98-135

Esping-Andersen, Goesta (1990): The Three Worlds of Welfare Capitalism. Princeton

Evans, Patricia M. (2002): Downloading the Welfare State, Canadian Style. In: Diminishing Welfare. A Cross-National Study of Social Provision, ed. Gertrude Schaffner Goldberg und Marguerite G. Rosenthal. Westport/London: 75-102

Feigenbaum, Harvey/Richard Samuels/R. Kent Weaver (1993): Innovation, Coordination, and Implementation in Energy Policy. In: Do Institutions Matter? Eds. R. Kent Weaver und Bert A. Rockman. Washington D.C.: 42-109

Fournier, Suzanne und Ernie Crey (1997): Stolen from Our Embrace: The Abduction of First Nations Children and the Restoration of Aboriginal Communities. Vancouver

Fox, Graham (2009): Making Minority Government Work. In: Policy Options 30(10): 63-65.

Frenette, M. und G. Pinot (2003): Life After Welfare: The Economic Well Being of Welfare Leavers in Canada During the 1990s, ed. Statistics Canada. Ottawa

Friendly, Martha und Linda A. White (20082): From Multilateralism to Bilateralism to Unilateralism in Three Short Years: Child Care in Canadian Federalism. In: Canadian Federalism. Performance, Effectiveness, and Legitimacy, eds. Herman Bakvis und Grace Skogstad. Oxford University Press: 182-204

Gagnon, Alain-G. und Iacovino, Raffaele (20082): Canadian Federalism and Multinational Democracy: `Pressures´ from Quebec on the Federation. In: Canadian Federalism. Performance, Effectiveness, and Legitimacy, eds. Herman Bakvis und Grace Skogstad. Oxford University Press: 334-254

Granatstein, J.L. und Norman Hillmer (1999): Prime Ministers. Ranking Canada`s Leaders. Toronto

Gray, Gwendolyn (2004): The Politics of Medicare. Who Gets What, When and How. Sydney

Gray, Gwendolyn (2006[8]): Health Policy. In: Government, Politics, Power and Policy in Australia, eds. Andrew Parkin u. a. Australien: 498-522

Gray, Matthew, Lixia Qu und Ruth Weston (2008): Fertility and Family Policy in Australia. Australian Institute of Family Studies, Research Paper No. 41, Australien

Hawke, Bob (1994): The Hawke Memoirs. Victoria

Hein, Till (2009): Hilfe aus der Luft. In: Geo Epoche Nr. 36; Australien. Von Aborigines und Traumpfaden, von Sträflingen und Kolonisten: Die Geschichte des Fünften Kontinents: 138-139

Hess, Melanie (1993): An Overview of Canadian Social Policy. Ottawa

Hibbs, Douglas A. (1977): Political Parties and Macroeconomic Policy. In: American Political Science Review No. 71: 1467-1487

Hick, Steven (2007[2]): Social Welfare in Canada. Understanding Income Security. Toronto

Hicks, Alexander M. Und Duane H. Swank (1992): Politics, Institutions, and Welfare Spending in Industrialized Democracies, 1960-1982. In: American Political Science Review No. 86: 658-674

Huber, Evelyne, Charles Ragin und John D. Stephens (1993): Social Democracy, Christian Democracy, Constitutional Structure and the Welfare State. In: American Journal of Sociology 99(3): 711-749

Ibbitson, John (2009): Open & Shut. Why America has Barack Obama, and Canada has Stephen Harper. Toronto

Jackson, Robert J. und Doreen Jackson (2009[7]): Politics in Canada. Culture, Institutions, Behaviour and Public Policy. Toronto

Jahn, Detlef (2006): Einführung in die Vergleichende Politikwissenschaft. Wiesbaden

Jones, David T. und David Kilgour (2007): Uneasy Neighbo(u)rs. Canada, The USA and the Dynamics of State, Industry and Culture. Ontario

Katz, Richard und Peter Mair (2002): The Ascendancy of the Party in Public Office: Party Organisational Change in Twentieth Century Democracies.

In: Political Parties: Old Concepts and New Challenges, eds. Richard Gunther u. a. Oxford: 113-135

Kitchen, Brigitte (2005): Life-Chance Guarantees: A New Agenda for Social Policy. Centre for Social Justice/Toronto

Kheiriddin, Tasha (2010): Contraband Tobacco: Inaction is not an Option. In: Policy Options 32(1): 53-60

Klewitz, Bernd (2011), ed.: Canada. Dreams and Realities. Berlin 2011

Korpi, Walter (1983): The Democratic Class Struggle. London

Laakso, Markku und Rein Taagepera (1979): "Effective" Number of Parties: A Measure with Application to West Europe. In: Comparative Political Studies 12(1): 3-27

Lauth, Hans-Joachim und Jürgen Winkler (2006[2]): Methoden der Vergleichenden Regierungslehre. In: Hans-Joachim Lauth (Hg.), Vergleichende Regierungslehre. Eine Einführung. Wiesbaden: 37-69

Lewis, Jenny M. (2006): Health Policy in Australia: Mind the Growing Gaps. In: Social Policy in Australia: Understanding for Action, eds. Alison McClelland/Paul Smyth. Oxford: 195-208

Lewis, Jenny (2010[2]): Health Policy: Tackling the Gaps? In: Social Policy in Australia. Understanding for Action, eds. Alison McClelland u. Paul Smyth. Oxford: 194-209

Lightman, Ernie S. und Graham Riches (2009[2]): Canada: One Step Forward, Two Steps Back? In: International Social Policy. Welfare Regimes in the Developed World, eds. Pete Alcock und Gary Craig. Great Britain: 45-65

Lijphart, Arend (1971): The Comparable-Cases Strategy in Comparative Research. In: Comparative Political Studies 8(2): 158-177

Lijphart, Arend (1999): Patterns of Democracy. Government Forms and Performance in Thirty-Six Countries. New Haven and London

Lijphart, Arend (2002): Negotiation Democracy Versus Consensus Democracy: Parallel Conclusions and Recommendations. In: European Journal of Political Research 41(1): 107-113

Little, Bruce (2008): Fixing the Future. How Canada`s Usually Fractious Governments Worked Together to Rescue the Canada Pension Plan. Toronto

Lorenz, Astrid (2005): How to Measure Constitutional Rigidity? Four Concepts and Two Alternatives. In: Journal of Theoretical Politics 17(3): 339-361

Lundell, K. und L. Karvonen (2003): A Comparative Data Set on Political Institutions (Abo Akademi). Finnland

Macintyre, Stuart (2009[3]): A Concise History of Australia. Cambridge

Mack, Andrew (2005): Class, Ideology and Australian Industrial Relations. In: Journal of Australian Political Economy 56: 156-171

Maioni, Antonia (2008[2]): Health Care. In: Canadian Federalism. Performance, Effectiveness, and Legitimacy, eds. Herman Bakvis und Grace Skogstad. Oxford University Press: 161-181

Malcolmson, Patrick und Richard Myers (2005[3]): The Canadian Regime. An Introduction to Parliamentary Government in Canada. Ontario

Martin, Lawrence (2003): Iron Man. The Defiant Reign of Jean Chrétien. Volume Two. Toronto

Nanos, Nik (2010): Canadians strongly support Immigration, but don`t want current levels increased. In: Policy Options 31(7) :10-14

McClure, Patrick (2000): Participation Support for a More Equal Society. Final Report of the Reference Group on Welfare Reform (Reference Group on Welfare Reform, Department of Family and Comm. Services). Canberra

McDonald, Catherine und Greg Marston (2005): Workfare as Welfare: Governing Unemployment in the Advanced Liberal State. In: Critical Social Policy 25(3): 374-401

McDonald, Peter (2001): Family Support Policy in Australia: The Need for a Paradigm Shift. In: People and Place (Vol.9/2) 14-20

McWhinney, Edward (2005): The Governor General and the Prime Ministers. The Making and Unmaking of Governments. Vancouver

Miragliotta, Narelle (2006): One party, Two Traditions: Radicalism and Pragmatism in the Australian Greens. In: Australian Journal of Political Science 41(4): 585-596

National Post, (15.10.2008)

Obinger, Herbert, Francis G. Castles und Stephan Leibfried (2005): Introduction: Federalism and the Welfare State. In: Federalism and the Welfare State. New World and European Experiences, eds. H. Obinger, F. G. Castles und S. Leibfried. Cambridge: 1-48

O`Connor, Julia (1993): Gender, Class and Citizenship in the Comparative Analysis of Welfare State Regimes: Theoretical and Methodological Issues. In: The British Journal of Sociology Volume 44 (No. 3/1993) 501-518

OECD (2005): Pensions at a Glance. Public Policies Across OECD Countries

OECD (2006): Starting Strong II: Early Childhood Education and Care. Paris

OECD (2007): Health at a Glance

OECD (2009): Health at a Glance

OECD (2011): Education at a Glance

Olson, Mancur (1971): The Logic of Collective Action. Public Goods and the Theory of Groups. Harvard University Press

Olson, Mancur (1982): The Rise and Decline of Nations: Economic Growth, Stagflation, and Social Rigidities. Yale University Press

Orloff, Ann Shola (1993): Gender and the Social Rights of Citizenship: The Comparative Analysis of Gender Relations and Welfare States. In: American Sociological Review Volume 58 (3/1993) 303-328

Ostheim, Tobias und Manfred G. Schmidt (2007): Die Machtressourcentheorie. In: Schmidt 2007: 40-50

Papillon, Martin (2008[2]): Canadian Federalism and the Emerging Mosaic of Aboriginal Multilevel Governance. In: Canadian Federalism. Performance, Effectiveness, and Legitimacy, eds. Herman Bakvis und Grace Skogstad. Oxford University Press: 291-313

Parkin, Andrew und John Summers (2006[8]): The Constitutional Framework. In: Government, Politics, Power and Policy in Australia, eds. Andrew Parkin u. a. Australien: 46-67

Parliamentary Library/Department of Parliamentary Services (2008[31]): Parliamentary Handbook of the Commonwealth of Australia. Australien

Patapan, Haig (2006[8]): The High Court. In: Government, Politics, Power and Policy in Australia, eds. Andrew Parkin u. a. Australien: 160-176

Peshkov-Chow, Ernesto Raj (2010): Great Multicultural North. A Canadian Primer for Hosers, Immigrants and Socialists. Vancouver

Pierson, Paul D. und R. Kent Weaver (1993): Imposing Losses in Pension Policy. In: Do Institutions Matter? Eds. R. Kent Weaver u. Bert A. Rockman. Brookings Institutions Press: 100-150

Przeworski, Adam und Henry Teune (1970): The Logic of Comparative Social Inquiry. Florida

Przeworski, Adam (2003): Capitalism, Democracy and Science. Interview with Adam Przeworski, ed. Gerardo L. Munck. New York

(Das Interview erschien vier Jahre später auch in folgendem Sammelband: Passion, Craft, and Method in Comparative Politics, ed. Gerardo L. Munck und Richard Snyder (Johns Hopkins University Press 2007): 456-503

Robbins, Jane (2006[8]): Welfare Policy. In: Government, Politics, Power and Policy in Australia, eds. Andrew Parkin u. a. Australien: 473-497

Robbins, Jane und John Summers (2006[8]): Indigenous Affairs Policy. In: Government, Politics, Power and Policy in Australia, eds. Andrew Parkin u. a. Australien: 524-544

Rogers, Alison (2004): The Natasha Factor. Politics, Media & Betrayal. Melbourne

Rohrbacher, Rainer (2006): Die Kosten-Nutzen-Bewertung von Arzneimitteln als Instrument der Gesundheitspolitik. Erfahrungen aus Australien, Kanada und Großbritannien. Stuttgart

Romanow, Roy J. (2002): Building on Values. The Future of Health Care in Canada. Final Report. Saskatoon

Sartori, Giovanni (1976): Parties and Party Systems: a Framework for Analysis. Cambridge

Saunders, Peter (2002): The Ends and Means of Welfare. Coping with Economic and Social Change in Australia. Cambridge

Sawer, Geoffrey (1977): Federation Under Strain. Australia 1972-1975. Melbourne

Schiller, Theo (1994): Sozialpolitik in Kanada in den 80er Jahren. Baden-Baden

Schmidt, Manfred G. (2005[3]): Sozialpolitik in Deutschland. Historische Entwicklung und Internationaler Vergleich. Wiesbaden

Schmidt, Manfred G. u. a./ed. (2007): Der Wohlfahrtsstaat. Eine Einführung in den historischen und internationalen Vergleich. Wiesbaden

Schmidt, Manfred G. und Tobias Ostheim (2007): Die Lehre von der Parteiendifferenz. In: Schmidt 2007: 51-62

Schmidt, Manfred G. und Tobias Ostheim (2007b): Politisch-institutionalistische Theorien. In: Schmidt 2007: 63-74

Schnapp, K-U. und P. Harfst (2005): Parlamentarische Informations- und Kontrollressourcen in 22 westlichen Demokratien. In: Zeitschrift für Parlamentsfragen 36(2): 348-372

Schunter-Kleemann, Susanne/ed. (1992): Herrenhaus Europa: Geschlechterverhältnisse im Wohlfahrtsstaat. Berlin

Sears, Robin V. (2009): American Health Care is Sick … But so is Ours. In: Policy Options 30(10): 37-42

Siaroff, Alan (1999): Corporatism in 24 Industrial Democracies: Meaning and Measurement. In: European Journal of Political Research 36: 175-205

Siaroff, Alan (2000): Comparative European Party Systems: An Analysis of Parliamentary Elections Since 1945. New York und London

Siaroff, Alan (2003): Varieties of Parliamentarism in the Advanced Industrial Democracies. In: International Political Science Review 24(4): 445-464

Siaroff, Alan (2009[2]): Comparing Political Regimes. A Thematic Introduction to Comparative Politics. Toronto

Siddiqui, Haroon (2011): The Canadian Mosaic. The Genius and Magic of Canada. In: Canada. Dreams and Realities, ed. Bernd Klewitz, Berlin: 19-21

Siegel, Nico A. (2007): Welten des Wohlfahrtskapitalismus und Typen wohlfahrtsstaatlicher Politik. In: Schmidt 2007: 260-276

Slade, Arthur (2001): John Diefenbaker. An Appointment with Destiny. Canada

Smith, David. E. (2003): The Canadian Senate in Bicameral Perspective. Toronto

Smyth, Paul (2010[2]): The Historical Context for Action. In: Social Policy in Australia. Understanding for Action, eds. Alison McClelland u. Paul Smyth. Oxford: 95-111

Snyder, Linda (2006): Workfare: Ten Years of Pickin` on the Poor. In: Canadian Social Policy. Issues and Perspectives, ed. Anne Westhues. Waterloo: 309-330

Soutphommasane, Tim (2009): The New Republic. In: The Monthly/November 2009: 10-12

Spies-Butcher, Ben (2008): Restocking the Economic Toolkit: Changes to Social Policy and the Ability of the State to Manage the Economy. In: Journal of Australian Political Economy 61: 267-295

Stilborn, Jack (2009): The Role of the Governor General: Time to Revisit the Visits. In: Policy Options 30(7): 98-103

Summers, John (2006[6]): The Federal System. In: Government, Politics, Power and Policy in Australia, eds. Andrew Parkin u. a. Australien: 135-159

Summers, John (2006b[6]): Parliament and Responsible Government. In: Government, Politics, Power and Policy in Australia, eds. Andrew Parkin u. a. Australien: 68-92

The Age (17.6.1998): War and Peace. The Full, Dramatic Account of the Battle to Break Australia`s Waterfront Union, David Ellis

The Australian (18.9.2008): Leader Barnaby Joyce Still a Maverick, David Harper

The Australian (17.6.2010): Australia Gets First National Paid Parental Leave Scheme, Patricia Karvelas

The Australian (7.8.2010): Co-payments Keep Patients at Bay: Healthcare Reform, Stephen Leeder

The Australian (12.8.2010): JULIA Gillard is Channelling John Howard on „Mutual Obligation" but Using her Own New Buzzwords of „Opportunity and Responsibility", Stephen Lunn

The Chronicle Herald (29.9.2008)

The Globe and Mail (5.12.2005): Is Medicare Dead? Private Health Care has Already Left the Station. Don`t Expect the Leaders to Hop Aboard, Sean Fine

The Globe and Mail (28.9.2008)

The Globe and Mail (30.6.2009): We‘re Inferior no More, Roy MacGregor

The Globe and Mail (28.8.2009): Harper Looks to Even out the Senate, Daniel Leblanc

The Globe and Mail (27.7.2010): Battling Aboriginal Tradition, Jeffrey Simpson

The New York Times (14.11.2003): Chrétien Leaves at Ease, Even if Bush is Displeased, Clifford Krauss

The Star (2.6.2009): Designing New Architecture for Ontario Social Assistance, John Stapleton

Thorburn, Hugh G. und Alan Whitehorn, eds. (2001[8]): Party Politics in Canada. Prentice Hall

Titmuss, Richard M. (1974): Social Policy. An Intruduction. Eds. Brian Abel-Smith und Kay Titmuss. London

Trudeau, Pierre Elliott (1993): Memoirs. Toronto

Tsebelis, George (1995): Decision Making in Political Systems: Veto Players in Presidentialism, Parliamentarism, Multicameralism and Multipartyism. In: British Journal of Political Science 25(3): 289-325

Tsebelis, George (2002): Veto Players. How Political Institutions Work. Princeton University Press

UNICEF (2007), Child Poverty in Perspective: A Comprehensive Assessment of the Lives and Well-being of Children and Adolescents in the Economically Advanced Nations

United Nations Development Programme/UNDP (2008): Human Development Indices. A Statistical Update 2008

Van Wegen, Bob und Ron Wood (2001): Quotations from Chairman Jean. Inside the Mind of Canada`s Prime Minister. In His Own Words. Calgary

Vatter, Adrian (2005): Bicameralism and Policy Performance: The Effects of Cameral Structure in Comparative Perspective. In: Journal of Legislative Studies 11(2): 194-205

Vatter, Adrian (2009): Lijphart Expanded: Three Dimensions of Democracy in Advanced OECD Countries? In: European Political Science Review 1(1): 125-154

Voigt, Johannes H. (2000): Australien. München

Vromen, Ariadne und Katharine Gelber (2005): Powerscape. Contemporary Australian Political Practise. Crows Nest

Wagschal, Uwe und Herbert Obinger (2000): Der Einfluss der Direktdemokratie auf die Sozialpolitik. In: Politische Vierteljahreszeitschrift 41(3): 466-497

Walter, James und Paul Strangio (2007): No, Prime Minister. Reclaiming Politics From Leaders. Sydney

Ward, Ian (1999[2]): Federal Government. In: Institutions in Australian Society, ed. John Henningham. Oxford: 13-33

Wear, Rae (2002): Johannes Bjelke-Petersen: The Lords Premier. Queensland

Weaver, R. Kent (1986): The Politics of Blame Avoidance. In: Journal of Public Policy Vol. 6(3): 371-98

Winkler, Jürgen R. (2006[2]): Parteien und Parteiensysteme. In: Vergleichende Regierungslehre. Eine Einführung, ed. Hans-Joachim Lauth. Wiesbaden: 181-201

Woodward, Dennis (2006[8]): The National Party. In: Government, Politics, Power and Policy in Australia, eds. Andrew Parkin u. a. Australien: 245-255

Ziguras, Stephen (2006): Labour Market Transition and Risks of Exclusion. In: Australian Bulletin of Labour 32(3): 203-226

Ziguras, Stephen (2010[2]): Social Security Policy: Doing More With Less? In: Social Policy in Australia. Understanding for Action, eds. Alison McClelland u. Paul Smyth. Oxford: 158-175

Zuberi, Dan (2006): Differences that Matter. Social Policy and the Working Poor in the United States and Canada. New York

Verwendete Internetquellen
(alle Zugriffe erfolgten ausnahmslos zwischen Juli 2009 und Juli 2011)

Australian Bureau of Statistics: **www.abs.gov.au**
» Australian Social Trends, Trade Union Members
» Australian Social Trends, Industrial Disputes

Australian Government Cultural Portal: **www.cutureandrecreation.gov.au**

Citizens for a Canadian Republic: **www.canadian-republic.ca**

Department of Human Services Australia: **www.centrelink.gov.au**
Diverse Unterseiten:
» Illness or Disability
» Retirement
» Parent of Guardian
» Looking for Work

Elections Canada: **www.elections.ca**

Electoral Commission NSW: **www.elections.nsw.gov.au**

Electoral Commission Queensland: **www.ecq.qld.gov.au**

Fair Work Australia: **www.fairwork.gov.au**

Government of Nova Scotia: **www.gov.ns.ca**

Governor-General of the Commonwealth of Australia: **www.gg.gov.au/governorgeneral**

Greens (2007): Policy Snapshots for the 2007 Federal Election; **www.greens.org.au/about/policy**

Human Ressources and Skills Development Canada: **www4.hrsdc.gc.ca**

Latham, Mark (2010): No Exit. The ALP. In: The Monthly 62 (November 2010); Online-Ausgabe; **www.themonthly.com.au**

Malouf, David (2010): The States of the Nation. In: The Monthly 59 (August 2010); Online-Ausgabe; **www.themonthly.com.au**

NDP (2009): Canadian Federalism and Public Institutions; **www.ndp.ca/platform/otherpriorities/federalism**

OECD (2009): Australia. Highlights from OECD Pensions at a Glance 2009; **www.oecd.org/els/social/pensions**

OECD (2009b): Canada. Highlights from OECD Pensions at a Glance 2009; **www.oecd.org/els/social/pensions**

Parliament of Australia/Senate (2009): Senate Brief No 1 – October 2009 (Electing Australia`s Senators); **www.aph.gov.au/Senate/pubs/briefs/brief01.htm**

Service Canada: **www.servicecanada.gc.ca**

The Pharmaceutical Benefits Scheme – an Overview (2010); **www.aph.gov.au/library/intguide/SP/pbs.htm**

The Senate of Canada: **www.sen.parl.gc.ca**

UBC Centre for Health Services and Policy Research: **www.chspr.ubc.ca**

UNDP (2007/2008): Human Development Report; **hdrstats.undp.org/indicators/18.html**

Zusammenfassung

Diese Arbeit stellt an Hand der Methode des *most similar systems designs* dar, dass sich die sozialstaatlichen Outputs und Outcomes (in dieser Arbeit als *abhängige Variablen* definiert) in Kanada und Australien trotz weitgehender Ähnlichkeit der formalpolitischen Ebene in den beiden Ländern zum Teil erheblich unterscheiden.

Die weitgehende Ähnlichkeit der formalen Regeln der Politik kann durch die Gegenüberstellung diverser *unabhängiger Variablen* (wie z. B. Parteiensystem, Parlament, Regierungszusammensetzung und -kompetenzen, Wahlsystem, Struktur der Verfassung, Macht des Staatsoberhauptes, Föderalismus etc.) aufgezeigt werden. Es zeigt sich durch eine solche Gegenüberstellung, dass die politischen Systeme Australiens und Kanadas sehr ähnlich aufgebaut sind. Einzig der durch Volkswahl zusammengesetzte australische Senat nimmt eine stärkere Position ein als sein kanadisches Pendant, das nach englischer Tradition durch Ernennungen zusammengesetzt wird.

Auch im Bereich der Sozialpolitik gibt es durchaus Überschneidungen. So herrschen bei der Arbeitsmarktpolitik oder in der Familienpolitik in beiden Staaten klassische liberale Wohlfahrtsstaatsmuster vor: Die Anspruchsvoraussetzungen für Arbeitslosenunterstützung sind streng, bei der Familienpolitik dominieren primär Geldleistungen für Bezieher niedriger Einkommen. Dennoch lassen sich für Kanada höhere Nettoersatzraten bei der Arbeitslosenunterstützung konstatieren. Deutlichere sozialpolitische Unterschiede zeigen sich schließlich vor allem bei den Outputs und Outcomes der Systeme der Alterssicherung und bei der Gesundheitspolitik. So weist etwa das öffentliche Pensionssystem in Kanada deutlich höhere Lohnersatzraten auf als jenes in Australien und kann dadurch Altersarmut sehr effektiv verhindern, während Australien zu den Ländern mit den höchsten Armutslevels unter der älteren Bevölkerung gehört. Kanada weist auch in der Gesundheitspolitik breitere und großzügigere Leistungen auf als Australien, von der Lohnfortzahlung im Krankheitsfall bis zur Bereitstellung von medizinischen Hilfsmitteln.

Man kann für das höhere Leistungsniveau der kanadischen Sozialpolitik vor allem zwei Ursachen lokalisieren. Zum einen waren in der entscheidenden Phase des Aufbaus der Sozialstaaten linke bzw. liberale Kräfte, die sich für den Ausbau von Sozialstaatlichkeit stark machten, in Kanada dreimal so dominant wie in Australien. So waren von 1940 bis 1984 die Liberalen in Kanada 37 Jahre lang an der Regierung, während die Labor Party in Australien im selben Zeitraum nur auf 13 Jahre kam. Aber auch die

Rolle der sozialdemokratischen NDP als *third party* im kanadischen Parlament und dem von ihr ausgehenden Druck in Richtung Ausweitung von sozialpolitischen Leistungen darf nicht unterschätzt werden.

Eine weitere Ursache zur Erklärung des höheren Sozialleistungsniveaus in Kanada liegt in der Rolle der frankophonen Provinz Québec begründet. Diese übte lange Zeit hindurch durch die Drohung nach einem Mehr an Souveränität bzw. sogar einer generellen Abspaltung von Kanada politischen Druck auf Ottawa aus. In vielen sozialpolitischen Fragen, vor allem aber in den Bereichen Gesundheitspolitik und in der Alterssicherung, kamen die jeweiligen kanadischen Regierungen Québec entgegen, um den Separatisten den Wind aus den Segeln zu nehmen und die Mehrheit der frankokanadischen Bevölkerung auf der föderalen Seite zu halten. Die dadurch initiierten Reformen kamen allen kanadischen Provinzen zugute. In Australien gab es indessen keine Provinz die mit der separatistischen Karte Druck auf die Bundesregierung ausüben konnte.

Abbildung: Premierminister in Kanada und Australien seit 1950

Jahr	Kanadischer Regierungschef	Australischer Regierungschef
1950	Louis Saint-Laurent (ab 15. November 1948)	Robert Menzies (ab 19. Dezember 1949)
1951		
1952		
1953		
1954		
1955		
1956		
1957	John Diefenbaker (ab 21. Juni 1957)	
1958		
1959		
1960		
1961		
1962		
1963	Lester Pearson (ab 22. April 1963)	
1964		
1965		
1966		Harold Holt (ab 26. Jänner 1966)
1967		John McEwen (ab 19. Dezember 1967)
1968	Pierre Trudeau (ab 20. April 1968)	John Gorton (ab 10. Jänner 1968)
1969		
1970		
1971		William McMahon (ab 10. März 1971)
1972		
1973		Gough Whitlam (ab 5. Dezember 1972)
1974		
1975		
1976		Malcolm Fraser (ab 11. November 1975)
1977		
1978		
1979	Joe Clark (ab 4. Juni 1979)	
1980	Pierre Trudeau (ab 3. März 1980)	
1981		
1982		
1983		Bob Hawke (ab 11. März 1983)

Jahr	Kanadischer Regierungschef	Australischer Regierungschef
1984	John Turner (ab 30. Juni 1984)	
1985		
1986		
1987		Bob Hawke (ab 11. März 1983)
1988	Brian Mulroney (ab 17. September 1984)	
1989		
1990		
1991		
1992		
1993	Kim Campbell (ab 25. Juni 1993)	Paul Keating (ab 20 Dezember 1991)
1994		
1995		
1996		
1997		
1998	Jean Chrétien (ab 4. November 1993)	
1999		
2000		
2001		John Howard (ab 11. März 1996)
2002		
2003		
2004	Paul Martin (ab 12. Dezember 2003)	
2005		
2006		
2007		
2008		Kevin Rudd (ab 3. Dezember 2007)
2009	Stephen Harper (ab 6. Februar 2006)	
2010		
2011		Julia Gillard (ab 24. Juni 2010)
2012		

Hellgrau: *Premierminister gehört zu Liberals in Kanada oder Labor in Australien*

Dunkelgrau: *Premierminister gehört zu den Konservativen in Kanada oder zur Liberal/National-Koalition in Australien*

(bei Jahren wo sich konservative und progressive Premierminister überschneiden, ist die Farbe jener Partei zugeordnet, die in diesem Jahr überwiegend den Premierminister gestellt hat)